古典文獻研究輯刊

二三編

潘美月・杜潔祥 主編

第 2 冊

《荀子》校補（上）

蕭 旭 著

國家圖書館出版品預行編目資料

《荀子》校補（上）／蕭旭 著 -- 初版 -- 新北市：花木蘭文
化出版社，2016〔民 105〕
目 2+200 面；19×26 公分
（古典文獻研究輯刊 二三編：第 2 冊）
ISBN 978-986-404-841-0（精裝）
1. 荀子 2. 校勘
011.08　　　　　　　　　　　　　　　　　105015200

ISBN-978-986-404-841-0

古典文獻研究輯刊
二三編　第二冊　　　　　　ISBN：978-986-404-841-0

《荀子》校補（上）

作　者　蕭旭
主　編　潘美月　杜潔祥
總 編 輯　杜潔祥
副總編輯　楊嘉樂
編　輯　許郁翎、王筑　美術編輯　陳逸婷
企劃出版　北京大學文化資源研究中心
出　版　花木蘭文化出版社
社　長　高小娟
聯絡地址　235 新北市中和區中安街七二號十三樓
　　　　　電話：02-2923-1455／傳真：02-2923-1452
網　址　http://www.huamulan.tw 信箱 hml 810518@gmail.com
印　刷　普羅文化出版廣告事業
初　版　2016 年 9 月
全書字數　554401 字
定　價　二三編 21 冊（精裝）新台幣 40,000 元

《荀子》校補(上)

蕭旭 著

作者簡介

　　蕭旭，男，漢族，1965 年 10 月 14 日（農曆）出生，江蘇靖江市人。中國訓詁學會會員，中國敦煌吐魯番學會會員，江蘇省語言學會會員。現在靖江廣播電視臺工作。

　　無學歷，無職稱，無師承。竊慕高郵之學，校讀群書自娛。出版學術專著《古書虛詞旁釋》、《群書校補》、《群書校補（續）》、《淮南子校補》、《韓非子校補》、《呂氏春秋校補》；發表學術論文 90 餘篇，120 餘萬字。

提　　要

　　《荀子》是儒家最重要的著作之一。自唐代楊倞注《荀子》始，歷代整理校注《荀子》者甚眾，成就斐然。然其為先秦古籍，疑義尚多，還有待匡補修正，此《荀子校補》之所由作也。

目次

前　言

　　《荀子》20 卷 32 篇，戰國末期荀況著。荀子是曠世大儒，《荀子》是儒家最重要的著作之一。

　　自唐代楊倞注《荀子》始，歷代整理校注《荀子》者甚眾。宋代錢佃《荀子考異》〔註 1〕，明·傅山《荀子評注》〔註 2〕，明·董斯張《荀子中字義略記》〔註 3〕皆繼其踵。有清以還，小學大興，成果迭出：惠棟《荀子微言》〔註 4〕，王懋竑《荀子存校》〔註 5〕，盧文弨、謝墉《荀子》校本、《荀子校勘補遺》〔註 6〕，劉台拱《荀子補注》、《荀子補注續》〔註 7〕，王念孫《荀子雜志》、《荀子雜志補遺》〔註 8〕，郝懿行《荀子補注》〔註 9〕，顧廣圻《荀

〔註 1〕　宋·錢佃《荀子考異》，收入《續修四庫全書》第 932 冊，上海古籍出版社 2002
　　　　　年版，第 385～390 頁。
〔註 2〕　明·傅山《荀子評注》，收入《續修四庫全書》第 932 冊，第 391～462 頁。
〔註 3〕　明·董斯張《荀子中字義略記》，收入《吹景集》卷 11，《叢書集成續編》第
　　　　　188 冊，第 545 頁。是書但略記楊倞注，無所發明，本書不作徵引。
〔註 4〕　惠棟《荀子微言》，收入《續修四庫全書》第 932 冊，第 463～483 頁。
〔註 5〕　王懋竑《荀子存校》，《讀書記疑》卷 11，收入《續修四庫全書》第 1146 冊，
　　　　　第 351～358 頁。
〔註 6〕　盧文弨、謝墉《荀子》校本，附《荀子校勘補遺》，收入《諸子百家叢書》，
　　　　　上海古籍出版社影印浙江書局本 1989 年版。《補遺》在第 178～182 頁，本書
　　　　　標注《補遺》頁碼。
〔註 7〕　劉台拱《荀子補注》、《荀子補注續》，收入《劉氏遺書》卷 4，《叢書集成續編》
　　　　　第 15 冊，第 477～483 頁。
〔註 8〕　王念孫《荀子雜志》、《荀子雜志補遺》，收入《讀書雜志》卷 10～12，中國書
　　　　　店 1985 年版。
〔註 9〕　郝懿行《荀子補注》，《郝氏遺書》本，收入《四庫未收書輯刊》第 6 輯第 12
　　　　　冊，北京出版社 2000 年版，第 1～38 頁；又收入《郝懿行集》第 6 冊，齊魯

子校記》、《荀子》校本〔註10〕，江有誥《荀子韻讀》〔註11〕，許瀚《〈荀子‧成相篇〉句例說》、《〈賦篇〉衍文》〔註12〕，吳汝綸《荀子點勘》〔註13〕，俞樾《荀子平議》、《荀子詩說》〔註14〕，孫詒讓《荀子札迻》、《荀子校勘記》〔註15〕，王先謙《荀子集解》〔註16〕，于鬯《荀子校書》〔註17〕，陶鴻慶《讀孫卿子札記》〔註18〕，繆荃孫《宋台州本〈荀子〉與熙寧本同異記》〔註19〕，梁啓超《〈荀子〉評諸子語彙釋》〔註20〕，劉師培《荀子詞例舉要》、《荀子斠補》、《荀子補釋》、《荀子佚文輯補》〔註21〕，鍾泰《荀注訂補》、《〈荀注訂補〉補》〔註22〕，梁啓雄《荀子柬釋》、《荀子簡釋》〔註23〕，劉文典《讀

書社 2010 年版，第 4547～4662 頁。

〔註10〕顧廣圻《荀子校記》，收入蔣光煦《斠補隅錄》，收入《叢書集成初編》第 113 冊，第 233～250 頁。顧廣圻《荀子》校本，王念孫《荀子雜志補遺附錄》，收入《讀書雜志》卷 12，中國書店 1985 年版。

〔註11〕江有誥《荀子韻讀》，《江氏音學十書‧先秦韻讀》，收入《續修四庫全書》第 248 冊，第 206～211 頁。

〔註12〕許瀚《〈荀子‧成相篇〉句例說》、《〈賦篇〉衍文》，收入《攀古小廬全集（上）》，齊魯書社 1985 年版，第 144～146 頁。

〔註13〕吳汝綸《荀子點勘》，宣統六年衍星社排印本。

〔註14〕俞樾《荀子平議》，收入《諸子平議》，上海書店 1988 年版，第 225～303 頁。俞樾《荀子詩說》，收入《曲園雜纂》卷 6，光緒二十五年《春在堂全書》本。

〔註15〕孫詒讓《荀子札迻》，收入《札迻》卷 6，中華書局 1989 年版，第 184～193 頁。孫詒讓《荀子校勘記》，收入《籀廎遺著輯存》，中華書局 2010 年版，第 497～565 頁。本書引後者注其出處。

〔註16〕王先謙《荀子集解》，中華書局 1988 年版。

〔註17〕于鬯《荀子校書》，收入《香草續校書》，中華書局 1963 年版，第 122～176 頁。

〔註18〕陶鴻慶《讀孫卿子札記》，收入《讀諸子札記》，浙江人民出版社 1998 年版，第 219～259 頁。

〔註19〕繆荃孫《宋台州本〈荀子〉與熙寧本同異記》，收入《繆荃孫全集‧雜著卷》，鳳凰出版社 2014 年版，第 621～627 頁。

〔註20〕梁啓超《〈荀子〉評諸子語彙釋》，收入《飲冰室專集》之七十八。

〔註21〕劉師培《荀子詞例舉要》、《荀子斠補》、《荀子補釋》，並收入《劉申叔遺書》，江蘇古籍出版社 1997 年版，第 410～416、907～941、943～987 頁。劉師培《荀子佚文輯補》，北京《中國學報》1916 年第 1 期，第 1～2 頁。

〔註22〕鍾泰《荀注訂補》，商務印書館 1936 年版。鍾泰《〈荀注訂補〉補》（蔣禮鴻輯錄），收入《蔣禮鴻集》卷 6，浙江教育出版社 2001 年版，第 454～461 頁。本書引用後者標示出處。

〔註23〕梁啓雄《荀子柬釋》，收入《民國叢書》第 5 編，（上海）商務印書館 1936 年版。梁啓雄《荀子簡釋》，中華書局 1983 年版。後者是前者修訂本。本書取其增訂本《簡釋》之說。

荀子偶識》〔註 24〕，楊樹達《讀荀子小箋》、《鍾泰〈荀注訂補〉》〔註 25〕，
于省吾《荀子新證》〔註 26〕，金其源《荀子管見》〔註 27〕，邵瑞彭《荀子小
箋》〔註 28〕，劉念親《〈荀子·正名篇〉詁釋》〔註 29〕，馮振《荀子講記》
〔註 30〕，伍非百《〈荀子·正名〉解》〔註 31〕，余戴海《荀子字義疏證》、《荀
子字義疏證（續）》、《荀子詩說》〔註 32〕，張蔭麟《〈荀子·解蔽篇〉補釋》
〔註 33〕，鄧憂鳴《荀子札記》、《荀子札記（續）》〔註 34〕，潘重規《讀王先
謙〈荀子集解〉札記》、《〈荀子集解〉訂補》〔註 35〕，劉盼遂《〈荀子·正名
篇〉札記》、《荀子校箋》〔註 36〕，沈颺民（祖縣）《讀荀臆斷》〔註 37〕，沈

〔註 24〕劉文典《讀荀子偶識》，收入《群書斠補》，《劉文典全集（3）》，安徽大學出
　　　　版社、雲南大學出版社 1999 年版，第 640～650 頁。
〔註 25〕楊樹達《讀荀子小箋》，收入《積微居讀書記》，上海古籍出版社 2006 年版，
　　　　第 177～187 頁。楊樹達《鍾泰〈荀注訂補〉》，《清華學報》第 11 卷第 1 期，
　　　　1937 年版，第 219～239 頁。
〔註 26〕于省吾《荀子新證》，收入《雙劍誃諸子新證》，上海書店 1999 年版，第 312
　　　　～336 頁；又中華書局 2009 年版，第 451～548 頁。
〔註 27〕金其源《荀子管見》，收入《讀書管見》，（上海）商務印書館 1957 年初版，
　　　　第 355～361 頁。
〔註 28〕邵瑞彭《荀子小箋》，《唯是》第 3 期，1920 年版，第 22～29 頁。
〔註 29〕劉念親《〈荀子·正名篇〉詁釋》，《華國月刊》第 1 卷第 9、10、11 期，1924
　　　　年版；第 2 卷第 3、5、7、9 期，1925 年版。
〔註 30〕馮振《荀子講記》，無錫《國光》第 1 期，1929 年版，第 33～44 頁。馮振《荀
　　　　子講記（續）》，《大夏季刊》第 1 卷第 2 期，1929 年版，第 165～174 頁。
〔註 31〕伍非百《〈荀子·正名〉解》，收入《中國古名家言》，中國社會科學出版社 1983
　　　　年版，第 713～753 頁。
〔註 32〕余戴海《荀子字義疏證》、《荀子字義疏證（續）》，《實學》第 1、3 期，1926
　　　　年版，第 22～27、35～40 頁。二文未完，續篇吾未見。余戴海《荀子詩說》，
　　　　《實學》第 2 期，1926 年版，第 45～50 頁。此文未完，續篇吾未見。
〔註 33〕張蔭麟《〈荀子·解蔽篇〉補釋》，《清華週刊》十五週年紀念增刊，1926 年版；
　　　　又收入《張蔭麟全集》卷中，清華大學出版社 2013 年版，第 873～877 頁。
〔註 34〕鄧憂鳴《荀子札記》，《國專月刊》第 2 卷第 2 期，1935 年版，第 60～64 頁。
　　　　鄧憂鳴《荀子札記（續）》，《國專月刊》第 2 卷第 5 期，1936 年版，第 49～
　　　　52 頁。
〔註 35〕潘重規《讀王先謙〈荀子集解〉札記》，《制言》第 12 期，1936 年版。又易題
　　　　名作《〈荀子集解〉訂補》，國立東北大學《志林》第 3 期，1942 年版；又載
　　　　《師大學報》第 1 期，1956 年版。本書引用據《制言》。
〔註 36〕劉盼遂《〈荀子·正名篇〉札記》，《清華週刊》第 25 卷第 10 期，1926 年版，
　　　　第 603～605 頁；又收入《劉盼遂文集》，北京師範大學出版社 2002 年版，第
　　　　336～338 頁。《劉盼遂先生未曾刊佈的〈荀子校箋〉手稿》，收入《劉盼遂文
　　　　集》，第 1～9 頁。其手稿極難辨識，本書僅取其中二條。

延國《讀書雜錄·荀子》〔註38〕，蔣禮鴻《讀〈荀子集解〉》、《荀子餘義（上）》〔註39〕，楊明照《〈雙劍誃荀子新證〉評》〔註40〕，魯實先《荀子札記》〔註41〕，徐復《荀子臆斷》、《荀子臆斷補》〔註42〕，牟宗三《名家與荀子》〔註43〕，章書簡《荀子札記》〔註44〕，尚節之《荀子古訓考》、《荀子古訓考續》〔註45〕，朱師轍《〈荀子·成相篇〉韻讀補釋》〔註46〕，徐仁甫《荀子辨正》、《荀子舉正》、《跋對雨樓本〈荀子考異〉》〔註47〕，方竑《讀〈荀子·解蔽篇〉札記》〔註48〕，周大璞《荀子札記》〔註49〕，胡懷琛《王念孫〈讀書雜志〉正誤·荀子》〔註50〕，高亨《荀子新箋》、《讀荀箋記》〔註51〕，王

〔註37〕 沈祖民《讀荀臆斷》，《制言》第 58 期，1939 年版。

〔註38〕 沈延國《讀書雜錄·荀子》，《制言》第 16 期，1936 年版。

〔註39〕 蔣禮鴻《讀荀子集解》，收入《蔣禮鴻集》卷 3，浙江教育出版社 2001 年版，第 275～291 頁。蔣禮鴻《荀子餘義（上）》，《中國文學會集刊》第 3 期，1936 年版，第 61～88 頁；此文《蔣禮鴻集》失收，下篇未見。本書引用《餘義》標示出處。

〔註40〕 楊明照《〈雙劍誃荀子新證〉評》，《燕京學報》第 22 期，1937 年版；收入《學不已齋雜著》，上海古籍出版社 1985 年版，第 223～226 頁。

〔註41〕 魯實先《荀子札記》，《責善》半月刊，第 1 卷第 23～24 期，1941 年版，第 10～15、7～12 頁。

〔註42〕 徐復《荀子臆斷》，《責善》半月刊，第 2 卷第 17 期，1942 年版，第 22～23 頁；徐氏後增刪收入《徐復語言文字學叢稿》，江蘇古籍出版社 1990 年版，第 133～136 頁；又易題作《荀子雜誌》，收入《後讀書雜志》，上海古籍出版社 1996 年版，第 73～77 頁。徐復《荀子臆斷補》，收入《徐復語言文字學晚稿》，江蘇教育出版社 2007 年版，第 261～263 頁。

〔註43〕 牟宗三《名家與荀子》，收入《牟宗三先生文集（2）》，聯經出版事業有限公司 2003 年版，第 219～241 頁。

〔註44〕 章書簡《荀子札記》，安慶《學風》第 7 卷第 2 期，1937 年版，第 1～8 頁。

〔註45〕 尚節之《荀子古訓考》，北京《雅言》1941 年第 5～7 期。

〔註46〕 朱師轍《〈荀子·成相篇〉韻讀補釋》，《中山大學學報》1957 年第 3 期，第 42～47 頁。

〔註47〕 徐仁甫《荀子辨正》，收入《諸子辨正》，成都出版社 1993 年版，第 119～159 頁。徐仁甫《荀子舉正》，成都《志學月刊》第 1、2、4 期，1942 年版，第 14～20、21～23、12～18 頁。徐仁甫《跋對雨樓本〈荀子考異〉》，《志學》第 13 期，1944 年版，第 14～15 頁。

〔註48〕 方竑《讀〈荀子·解蔽篇〉札記》，重慶《中國文學》第 1 卷第 5 期，1945 年版，第 11-31 頁。

〔註49〕 周大璞《荀子札記》，《清議》第 1 卷第 9 期，1948 年版，第 25～28 頁。

〔註50〕 胡懷琛《王念孫〈讀書雜志〉正誤·荀子》，收入《叢書集成續編》第 24 冊，新文豐出版公司 1988 年印行，第 667～668 頁。

〔註51〕 高亨《荀子新箋》，《山東大學學報》1957 年第 1 期，第 1～24 頁；又收入

叔岷《荀子斠理》〔註52〕，郭在貽《荀子札記》〔註53〕，龍宇純《荀子集解補正》、《讀荀卿子札記》、《讀荀卿子三記》、《荀卿子記餘》〔註54〕，林源河《荀子義辨》〔註55〕，金德建《荀子零箋》、《荀子零箋續》、《荀子零箋再續》〔註56〕，章詩同《荀子簡注》〔註57〕，包遵信《讀〈荀子〉札記（上、下）》〔註58〕，劉如瑛《荀子箋校商補》〔註59〕，李滌生《荀子集釋》〔註60〕，楊柳橋《荀子詁譯》〔註61〕，駱瑞鶴《荀子〉補正》〔註62〕，高正《荀子窺管》〔註63〕，李中生《荀子校詁叢稿》〔註64〕，熊公哲《荀子今注今譯》〔註65〕，廖名春《荀子新探》〔註66〕。

　　自宋以降的學術筆記中也有涉及《荀子》者：王應麟《困學紀聞》卷 10

　　　　《高亨著作集林》第 6 卷，清華大學出版社 2004 年版，第 139～184 頁。高亨《讀荀箋記》，《東北叢刊》第 17 期，1931 年版，本文 1～12 頁。

〔註52〕王叔岷《荀子斠理》，收入《諸子斠證》，中華書局 2007 年版，第 177～259 頁。

〔註53〕郭在貽《荀子札記》，收入《郭在貽文集》卷 3，中華書局 2002 年版，第 7～10 頁。

〔註54〕龍宇純《荀子集解補正》、《讀荀卿子札記》、《讀荀卿子三記》，並收入《荀子論集》，學生書局 1987 年版，第 107～325 頁。龍宇純《荀卿子記餘》，《中國文史研究集刊》第 15 期，1999 年版，第 199～259 頁。

〔註55〕林源河《荀子義辨》，收入《荀儒考釋與中國國樂考原》，新加坡青年書局 2007 年版，第 3～80 頁。

〔註56〕金德建《荀子零箋》、《荀子零箋續》、《荀子零箋再續》，並收入《先秦諸子雜考》，中州書畫社 1982 年版，第 176～211 頁。

〔註57〕章詩同《荀子簡注》，上海人民出版社 1974 年版。

〔註58〕包遵信《讀〈荀子〉札記（上）、（下）》，《文史》第 5、6 輯，1978～1979 年出版，第 205～224、217～235 頁。

〔註59〕劉如瑛《荀子箋校商補》，收入《諸子箋校商補》，山東教育出版社 1995 年版，第 14～33 頁。

〔註60〕李滌生《荀子集釋》，學生書局 1979 年版。其中《〈荀子·正名篇〉集釋》單獨發表於國立中興大學《文史學報》第 4 期，1974 年版，第 1～21 頁。本書引用依據前者。

〔註61〕楊柳橋《荀子詁譯》，齊魯書社 1985 年版。

〔註62〕駱瑞鶴《荀子補正》，武漢大學出版社 1997 年版。

〔註63〕高正《荀子窺管》，收入《諸子百家研究》，中國社會科學出版社 1997 年版，第 303～308 頁。

〔註64〕李中生《荀子校詁叢稿》，廣東高等教育出版社 2001 年版。本書引其《讀〈荀子〉札記》不標出處，引其他論文則標示出處。

〔註65〕熊公哲《荀子今注今譯》，臺灣商務印書館 1975 年版。

〔註66〕廖名春《荀子新探》，文津出版社 1994 年版。

〔註67〕，王紹蘭《讀書雜記·荀子》〔註68〕，洪頤煊《讀書叢錄》卷15〔註69〕，姚範《援鶉堂筆記》卷50〔註70〕，徐時棟《煙嶼樓讀書志》卷14〔註71〕，蔣超伯《南漘楛語》卷7《讀荀子》〔註72〕，姚鼐《惜抱軒筆記》卷7〔註73〕，朱亦棟《群書札記》卷9〔註74〕，车廷相《雪泥書屋雜志》卷2〔註75〕，文廷式《純常子枝語》卷15〔註76〕，王汝璧《芸簏偶存》卷2〔註77〕，章太炎《膏蘭室札記》卷2、3〔註78〕，馬敘倫《讀書續記》卷2〔註79〕，陳直《讀子日札·荀子》〔註80〕，蔣禮鴻《義府續貂》、《〈廣雅疏證〉補義》、《誤校七例》〔註81〕。

董治安、鄭傑文《荀子彙校彙注》〔註82〕，王天海《荀子校釋》〔註83〕，

〔註67〕王應麟《困學紀聞》卷10，景印文淵閣《四庫全書》第854冊，臺灣商務印書館1986年初版，第342～343頁。

〔註68〕王紹蘭《讀書雜記·荀子》，收入《叢書集成續編》第18冊，第112～114頁。

〔註69〕洪頤煊《讀書叢錄》卷15，收入《續修四庫全書》第1157冊，第687～691頁。

〔註70〕姚範《援鶉堂筆記》卷50，收入《續修四庫全書》第1149冊，第171頁。

〔註71〕徐時棟《煙嶼樓讀書志》卷14，收入《續修四庫全書》第1162冊，第570～574頁。

〔註72〕蔣超伯《讀荀子》，收入《南漘楛語》卷7，《續修四庫全書》第1161冊，第355～358頁。

〔註73〕姚鼐《惜抱軒筆記》卷7《子部·荀子》，收入《叢書集成三編》第5冊，新文豐出版公司1985年版，第670頁：又收入《續修四庫全書》第1152冊，上海古籍出版社2002年版，第199頁。

〔註74〕朱亦棟《群書札記》卷9，收入《續修四庫全書》第1155冊，第122～123頁。

〔註75〕牟廷相《雪泥書屋雜志》卷2、4，收入《續修四庫全書》第1156冊，第488、490、493、494、521頁。

〔註76〕文廷式《純常子枝語》卷15，收入《續修四庫全書》第1165冊，第203～208頁。

〔註77〕王汝璧《芸簏偶存》卷2，收入《續修四庫全書》第1462冊，第79～80頁。

〔註78〕章太炎《膏蘭室札記》卷2、3，收入《章太炎全集（1）》，上海人民出版社1982年版，第149～150、227、241、296頁。

〔註79〕馬敘倫《讀書續記》卷2，中國書店1985年版，本卷第52～53頁。

〔註80〕陳直《讀子日札·荀子》，中華書局2008年版，第237～275頁。

〔註81〕蔣禮鴻《義府續貂》，收入《蔣禮鴻集》卷2，浙江教育出版社2001年版，第61～64、80、137、140、151、207、223～224頁。蔣禮鴻《〈廣雅疏證〉補義》、《誤校七例》，並收入《懷任齋文集》，《蔣禮鴻集》卷4，浙江教育出版社2001年版，第10、24、32、136～137頁。

〔註82〕董治安、鄭傑文《荀子彙校彙注》，收入《齊文化叢書（2）》，齊魯書社1997年版。

二書彙錄《荀子》研究諸家成果，是近年《荀子》的集釋性著作。

董氏《彙校彙注》一書集而未釋。王天海《校釋》一書晚出，引錄了一些不易見到的日本學者的意見，此其所長也。但缺點明顯，主要表現在以下幾個方面：一是引錄前人成果，按己意取捨，採擇不當，往往把前人正確的意見遺漏，所謂「以不俗爲俗，以不狂爲狂」也；又通篇好言「諸說未得」，指責天下學者。二是失引有清以來許多學者的新成果，如《校釋》第 719 頁引包遵信說，校「形制」作「形埶」，不知久保愛本作「形勢」，章書簡亦早校作「形埶」〔註84〕。三是著者不通小學，隔於古音，疏於訓詁，憑空增添無數的錯誤說法，所出新見常常牽強附會，匪夷所思；凡逢作者自出手筆，便多荒陋可笑。其所說音轉通假，除常見通假字外，甚無可取。四是引錄別人意見，常有錯字，鈔書不認眞〔註85〕；又常常讀不懂原文，而致標點錯誤〔註86〕。另外，王天海《校釋》第 504 頁指出盧文弨襲用王應麟《困學紀聞》

〔註83〕　王天海《荀子校釋》，上海古籍出版社 2005 年版。

〔註84〕　章書簡《荀子札記》，安慶《學風》第 7 卷第 2 期，1937 年版，第 4 頁。

〔註85〕　這類錯誤不勝枚舉，我在本書隨文舉正，這裏另舉數例：《校釋》第 254 頁引鍾泰說：「『道』與『謟』同。」鍾氏原文「謟」作「謟」，「道」、「謟」音之轉耳，「謟諛」或音轉作「道諛」，是其例也。《校釋》第 477 頁引王先謙說，引《易略例》「大闇謂之蔀」，王天海把「大」誤鈔作「夫」，則不知所云。《校釋》第 552 頁引久保愛說「瘁，妨害之意」，「意」誤作「害」。《校釋》第 554 頁引梁啓雄說，「漫」誤作「慢」，「流蕩」誤作「流淫」。《校釋》第 674 頁引郝懿行說，引《少儀》「埽席前曰拚」，「前」誤作「見」。第 675 頁「扞」誤作「干」；又引《意林》「不救流矢」，「救」誤作「見」。《校釋》第 690 頁引俞樾說引《說文》「茍，自急敕也」，「茍」誤作「苟」，俞氏又云「經傳通作亟」，王天海不思「苟」無自急敕之訓，亦無通「亟」之理，二字音義全別（此承中華書局《荀子集解》點校本第 312 頁之誤，董治安《彙校》第 551 頁引亦誤）。《校釋》第 791 頁引《士喪禮》鄭注「軸，輁軸也，輁狀如牀」，「狀」誤作「牀」。《校釋》第 811 頁引鄭注「盡於此不可過」，「盡」誤作「益」；引孔疏「形見也」，當作「形，見也」。

〔註86〕　茲舉三個顯例，《校釋》第 1049 頁正文「如之何憂禮之長也」，王氏竟以「如之」二字爲句。《校釋》第 167 頁引劉師培說：「《御覽》卷 740 引《荀卿子》『周公僂背希麟』，《續一切經音義》卷 6 引《荀子》『周公背傴』。」王氏居然不知「希麟」是《續一切經音義》的作者而誤屬上句；《希麟音義》並非僻書，即使不之知而強作《校釋》，但只要檢查一下《御覽》原文，也能發現《御覽》沒有「希麟」二字，且董治安《彙校彙注》不誤，王氏讀書不細歟？《校釋》第 1043 頁引物双松說：「《路史》曰：『禹師於大成摯，暨墨如子高，學於西王悝。』」王氏於「暨墨」及「子高」旁標人名專線，則是以「暨墨」爲人名，王氏居然不知「暨」是連詞，「墨如」、「子高」二個人名並列。《潛夫論·讚學》：「禹師墨如。」即《路史》卷 24 亦云：「禹師墨如，或云墨台。」

說，又指摘李滌生《荀子集釋》「迻述他人之說而不指明出處，亦是其病」
〔註87〕。必須指出，王天海徵引文獻雖不完備，但其書自居創獲之見，實則
攘竊他人之說而不言出處者極多，余於《校補》正文所涉及的條目中分別指
出，《校補》未及的條目，茲舉數證如下，以示所言不誣：以短篇《仲尼篇》
的《校釋》爲例，《校釋》第244頁說「安，語詞，乃也」，是剽竊楊樹達的
說法〔註88〕；第246頁說「廣，厚也」云云，是剽竊龍宇純的說法〔註89〕；
第249頁說「徒、獨雙聲」云云，是剽竊包遵信的說法〔註90〕；第251頁說
「理，猶順也」，是剽竊楊柳橋的說法〔註91〕。龍、包、二楊的論著，王天
海都引用過，於此等處不指明出處，以按語作爲自己的創見，非竊而何？王
天海於八年後又對《仲尼篇》作修訂，以論文單獨發表，上舉四例，他仍然
作爲自己的說法〔註92〕，看來是「自樂而不改」了。《校釋》第483頁注（36）
（37）、第521頁注（19）的校語，是剽竊劉師培的說法〔註93〕；《校釋》第
502頁「及猶追也」，第1039頁注（12）疑楊注「器用」是「用器」誤倒，
是剽竊龍宇純的說法〔註94〕。《校釋》第640頁云「『粥』通『鬻』」，是剽竊
梁啓雄、董治安的說法〔註95〕。《校釋》第806頁云「動，通『慟』」，是剽
竊劉如瑛的說法〔註96〕。《校釋》第830頁注（13）云「『是』疑因『足』字
而衍」，是剽竊劉師培的說法〔註97〕。《校釋》第894頁舉《天論篇》駁楊注

此其確證。又上文引「《世紀》尹壽爲許由友」八字亦《路史》羅苹注之語，
王氏標於羅氏注語引號外，亦疏甚矣。

〔註87〕王天海《荀子校釋前言》，第8頁：又見王天海《〈荀子〉校勘注釋源流考》，
《貴州民族學院學報》2005年第5期，第101頁。
〔註88〕楊樹達《詞詮》，中華書局1954年版，第459頁。
〔註89〕龍宇純《讀荀卿子三記》，收入《荀子論集》，學生書局1987年版，第246頁。
〔註90〕包遵信《讀〈荀子〉札記（上）》，《文史》第5輯，1978年出版，第208頁。
〔註91〕楊柳橋《荀子詁譯》，齊魯書社1985年版，第144頁。
〔註92〕王天海、宋漢瑞《〈荀子·仲尼篇〉校釋訂補》，《邯鄲學院學報》2013年第3
期，第10、11、12、13頁。
〔註93〕劉師培《荀子斠補》，收入《劉申叔遺書》，江蘇古籍出版社1997年版，第917頁。
〔註94〕龍宇純《讀荀卿子三記》，收入《荀子論集》，學生書局1987年版，第262、
319頁。
〔註95〕梁啓雄《荀子簡釋》，中華書局1983年版，第204頁。董治安、鄭傑文《荀
子彙校彙注》，收入《齊文化叢書（2）》，齊魯書社1997年版，第501頁。梁
氏原文說「粥是鬻字之誤省」，王氏稍易其辭。
〔註96〕劉如瑛《荀子箋校商補》，收入《諸子箋校商補》，山東教育出版社1995年版，
第23頁。
〔註97〕劉師培《荀子斠補》，收入《劉申叔遺書》，江蘇古籍出版社1997年版，第925頁。

「天官」包含「心」說，是剽竊劉念親的說法〔註98〕。《校釋》第909頁注（16）云「楊注『麗同』下似脱『儷』字」，是剽竊盧文弨的說法〔註99〕。《校釋》第930頁說「粥，通『育』，養也」，是剽竊于省吾的說法〔註100〕。《校釋》第961頁注（5）駁王念孫據《御覽》改「苦」爲「共」之失，是剽竊駱瑞鶴的說法〔註101〕。更舉一顯證，《校釋》第244頁云：「天海按：《意林》卷1引《管子》、《新語・無爲篇》、《說苑・尊賢篇》、《論衡・書虛篇》等，皆言及桓公淫其姑姊妹之事。」所引四書史實，皆鈔自魯實先說〔註102〕，《管子》見今《小匡篇》，魯實先未能檢得出處，從《意林》轉引，王天海也轉引，只是補出了《意林》見卷1，算有一點進步。至可笑者，王天海指摘李滌生不指明出處，而自己却又剽竊李滌生說，《校釋》第385頁說「備，滿也」云云，即是剽竊李氏的說法〔註103〕。更有甚者，王天海連王念孫的說法，也大膽地竊爲己有，如《王制篇》「詐故」一詞，王先謙指出參見《王霸篇》，在《王霸篇》的《集解》中引了王念孫的說法，王念孫的說法出自王引之《經義述聞》卷13〔註104〕，而在《荀子雜志》中沒有出現，《校釋》第417頁移花接木，引用其中一部分材料作爲自己的按語。《校釋》第591～592頁引郝懿行說「險當爲儉」，王天海謂「郝說是，他說非」，而不引王念孫證成郝氏的說法〔註105〕，王天海的做法實是陰竊王念孫說而陽沒其名者也。《校釋》第625頁引劉師培說，謂「『貢』疑『貰』訛，『貰』與『赦』同」，王氏不知劉氏後來已自訂其說，改作「『貢』字係『置』字之訛」，蔣

〔註98〕劉念親《〈荀子・正名篇〉詁釋》，《華國月刊》第1卷第11期，1924年版，第3頁。王天海此篇別處注釋引過劉念親說，可證他是知道劉氏此文的。

〔註99〕盧文弨、謝墉《荀子》校本，收入《諸子百家叢書》，上海古籍出版社影印浙江書局本1989年版，第134頁。盧氏原文曰：「注『麗與儷同』，舊本脱『與儷』二字，今補。」王氏改作「麗同儷」耳。

〔註100〕于省吾《荀子新證》卷3，收入《雙劍誃諸子新證》，中華書局2009年版，第533頁。

〔註101〕駱瑞鶴《荀子補正》，武漢大學出版社1997年版，第166～167頁。

〔註102〕魯實先《荀子札記》，《責善》半月刊，第1卷第23期，1941年版，第14頁。王天海是知道魯氏此文的，見《校釋》第1275頁附錄《〈荀子校釋〉引用及參攷文獻列目》第103種，可以排除暗合的可能性。

〔註103〕李滌生《荀子集釋》，學生書局1979年版，第183頁。

〔註104〕王先謙《荀子集解》，第227頁。王引之《經義述聞》卷13，江蘇古籍出版社1985年版，第303頁。

〔註105〕王念孫《荀子雜志》，收入《讀書雜志》卷11，中國書店1985年版，本卷第43頁。

禮鴻說同〔註106〕，皆不知引徵，此又其疏也。自盧、王而下，無人不竊。余讀書三十年，也可不謂少矣，所見如此公然鈔襲者，亦已希矣！前幾年作敦煌變文校補，發現西南一個名滿天下的教授雖然徧鈔當代學者的成果，但也沒有敢鈔清代樸學家的說法，其視王天海又不如遠甚矣！洪亮吉詩云：「著書空費萬黃金，剽竊根源尚可尋。《呂覽》、《淮南》盡如此，兩家賓客太欺心。」〔註107〕梁啓超指出「正統派之學風」的特色之一是「凡採用舊說，必明引之，剿說，認爲大不德」〔註108〕。前人目學者剿竊爲大不德和欺心，深惡痛疾之矣！錢鍾書曰：「一切義理、考據，發爲文章，莫不判有德、無德。寡聞匱陋而架空爲高，成見恐破而詭辯護前，阿世譁眾而曲學違心，均文之不德、敗德；巧偷豪奪、粗作大賣、弄虛造僞之類，更鄶下無譏爾。黑格爾教生徒屢曰：『治學必先有眞理之勇氣。』每歎茲言，堪箋文德。窮理盡事，引繩披根，逢怒不恤，改過勿憚，庶可語於眞理之勇、文章之德已。」〔註109〕王天海的《校釋》，錢先生如見之，必亦斥作「不德、敗德」，王氏其不善自爲地乎？！黃侃先生說：「學問之道有五：一曰不欺人；一曰不知者不道；一曰不背所本（恪守師承，力求聞見）；一曰負責後世；一曰不竊。」〔註110〕於此五端，王天海都沒有做到。章太炎先生曾對黃侃說：「人輕著書，妄也；子重著書，吝也。妄，不智；吝，不仁。」〔註111〕余於今又見一妄著書者矣！徐復先生去世前一年給王天海《校釋》作《序》，稱此書「體大思精，鉅細無遺」，又云：「余閱其部分篇目，覺其體例妥善，勝義稠疊，允爲荀學功臣，欽遲無已。」這是前輩學者厚道，是鼓勵的話，《校釋》一書絕非蘭陵功臣。王繼如教授說：「徐老爲許多後進者寫了序言，多事表彰，有的恐怕拔高了。這樣做是有其心曲的，因爲研究古漢語是極其艱苦的工

〔註106〕劉師培《荀子補釋》，收入《劉申叔遺書》，江蘇古籍出版社 1997 年版，第960 頁。蔣禮鴻《讀荀子集解》，收入《蔣禮鴻集》卷3，浙江教育出版社 2001年版，第 284 頁。

〔註107〕洪亮吉《更生齋詩》卷 8《讀史》，收入《續修四庫全書》第 1468 冊，上海古籍出版社 2002 年版，第 197 頁。

〔註108〕梁啓超《清代學術概論》，上海古籍出版社 1998 年版，第 47 頁。

〔註109〕錢鍾書《管錐編》，中華書局 1986 年版，第 1506 頁。

〔註110〕李慶富《蘄春黃先生雅言札記》，《制言》第 41 期，1937 年版，本文第 3 頁。徐復《金陵大學憶舊》「不欺人」作「不欺我」，蓋誤記；收入《徐復語言文字學晚稿》，江蘇教育出版社 2007 年版，第 465 頁。

〔註111〕徐復《金陵大學憶舊》，收入《徐復語言文字學晚稿》，江蘇教育出版社 2007年版，第 467 頁。

作，研究的人相當少，所得的待遇相當微薄，不得不多加鼓勵和獎掖……從言談中，我得知其心曲蓋如是。可見助人爲樂也有其委曲呢。」〔註112〕我能體諒徐復先生晚年的心曲。荀子說：「以仁心說，以學心聽，以公心辨。」〔註113〕徐先生以仁心說之，余則以公心辨之也。廖名春據王天海在 2002～2005 年發表的六篇論文，稱讚王氏「學風規範，視野開闊，考辨精細而富有創見」〔註114〕，曹景年稱譽王天海的《校釋》爲「校釋的集大成之作……足可以取《荀子集解》而代之」〔註115〕，皆非持平之論。張啓成譽之云「王天海的《荀子校釋》，是繼晚清王先謙《荀子集解》之後對《荀子》校勘注釋的又一集大成之作……校釋者治學嚴謹，博學多識，有很強的辨析能力與創新能力。他既善於廣泛地吸取前賢的學術成果，又善於力排眾議，有理有據地提出自己的新見，時時閃爍出能思善辨智慧的光芒」〔註116〕，極盡諛辭，無一而當，可謂無識。《校釋》實是集剽竊之大成，王天海自詡《校釋》「越來越受到學界重視，被廣大荀學研究者置爲案頭必備的參考書」〔註117〕，恐學人爲其言所惑，吾通讀其書，並盡可能參考所能見到的《荀》學論著，知其書妄也。《荀子》說「有之不如無之」〔註118〕，其此之謂乎！某名家推薦《校釋》列於《中華要籍集釋叢書》，實是糟蹋中華要籍之舉！

王天海發表過幾篇《荀子》考釋的論文，凡《校釋》出版前發表的，本書不作徵引，依《校釋》爲準；《校釋》出版後發表的，隨文引錄，注明出處。

〔註112〕王繼如《心存三樂，學求通精～追思徐老》，紀念徐復先生誕辰一百周年學術研討會論文，2012 年南京師範大學，收入《古文獻研究集刊》第 7 輯，鳳凰出版社 2013 年版，第 35 頁。

〔註113〕《荀子・正名》。

〔註114〕廖名春《20 世紀後期大陸的荀子文獻整理研究》，原刊於臺灣《漢學研究集刊》第 3 期《荀子》研究專號，2006 年版；又刊於《邯鄲學院學報》2007 年第 4 期，第 27 頁。據作者補記，此文是提交 2006 年 2 月在臺灣召開的國際學術會議論文，廖氏當時尚未見到 2005 年 12 月出版的《校釋》一書。

〔註115〕曹景年《〈荀子校釋〉疑義舉例》，《畢節學院學報》2008 年第 1 期，第 94、97 頁。

〔註116〕張啓成《〈荀子校釋〉之我見》，《貴州民族學院學報》2006 年第 6 期，第 203 頁；此文又易題作《〈荀子校釋〉的創新之處》，《貴州教育學院學報》2007 年第 1 期，第 53 頁。一篇頌文，一字不易，有何必要重複發表？此文所舉王氏「閃爍光芒」的例證多不當，吾於文中各條分別辨之。

〔註117〕王天海《〈荀子集解〉點校本校勘檢討（上）》，《邯鄲學院學報》2013 年第 4 期，第 17 頁。

〔註118〕《荀子・王霸》。

　　日本學者有《荀子》研究著作多種：吾僅見久保愛（1759～1835）《荀子
增注》、豬飼彥博（1761～1845）《荀子增注補遺》、服部元雅（1768～1832，
名元雅，號小山）《荀子雜錄》三種〔註119〕。另外，物双松《讀荀子》，冢田
虎《荀子斷》，朝川鼎《校定荀子箋釋》、《荀子述》，村岡良弼《增評荀子箋
釋》，宇野哲人《荀子補注》，帆足萬里《荀子標注》，安積信《荀子略說》，
吾皆未見，有所引用，皆係轉引，謹此說明。

　　惠士奇、惠棟、沈大成校明刻六子全書本《荀子》〔註120〕，顧洵荜《荀
子異同》，陳碩甫《荀子異同》，陳觀樓《荀子正誤》，戴望《荀子校勘記》
〔註121〕，劉光蕡《〈荀子・議兵篇〉節評》〔註122〕，吳國泰《荀子解故》
〔註123〕，王伯沆批註本《荀子》〔註124〕，方光《〈荀子・非十二子篇〉釋》
〔註125〕，嚴靈峰《荀子讀記》〔註126〕，阮廷卓《荀子斠證》〔註127〕，趙
海金《荀子校補》、《荀子校釋》、《荀子校釋（上篇）〈荀子集解〉補正》、《荀
子補遺（之一）》、《〈荀子集解〉補正》〔註128〕，韋政通《〈荀子・天論篇〉
試釋》、《〈荀子・解蔽篇〉試釋》、《〈荀子・性惡篇〉試釋》〔註129〕，張亨
《讀〈荀子〉札記》、《荀子假借字譜》〔註130〕，黃淑灝《〈荀子・非十二子

〔註119〕久保愛《荀子增注》（土屋型重訂本），附豬飼彥博《荀子增注補遺》，青木嵩
　　　　山堂刊本。服部元雅《荀子雜錄》，早稻田大學藏寫本。

〔註120〕藏上海圖書館。

〔註121〕戴望《荀子校勘記》，藏浙江大學圖書館。

〔註122〕劉光蕡《〈荀子・議兵篇〉節評》，收入《煙霞草堂遺書》，民國12年刻本。

〔註123〕吳國泰《荀子解故》，居易簃叢著之三，巴蜀書社2006年版。

〔註124〕王伯沆批註本《荀子》，廣陵書社2008年版。

〔註125〕方光《〈荀子・非十二子篇〉釋》，民國十七年排印本。

〔註126〕嚴靈峰《荀子讀記》，成文出版社1977年排印本。

〔註127〕阮廷卓《荀子斠證》，1959年自印本。

〔註128〕趙海金《荀子校補》，《大陸雜誌》第21卷第3期，1960年版。趙海金《荀
　　　　子校釋》，《大陸雜誌》第23卷第3期，1961年版。趙海金《荀子校釋（上
　　　　篇）〈荀子集解〉補正》，《國科會報告》，1962年。趙海金《荀子補遺（之一）》，
　　　　《大陸雜誌》第24卷第7期，1962年版。趙海金《荀子集解〉補正》，《成
　　　　功大學學報》1972年第7期。

〔註129〕韋政通《〈荀子・天論篇〉試釋》、《〈荀子・解蔽篇〉試釋》、《〈荀子・性惡篇〉
　　　　試釋》，（香港）《人生》第20卷第2期、第20卷第9～10期、第21卷第11
　　　　期，1960～1961年版。

〔註130〕張亨《讀〈荀子〉札記》，《大陸雜誌》第22卷第8、9期，1961年版。張亨
　　　　《荀子假借字譜》，《臺灣大學中文研究所》1959年版。

篇〉辨證》、《〈荀子・非十二子篇〉詮論》〔註131〕，韋日春《〈荀子・天論篇〉纂注》〔註132〕，毛子水《荀子訓解補正》〔註133〕，饒彬《荀子疑義集釋——〈勸學篇〉第一》、《荀子疑義輯釋》、《〈荀子・非相篇〉研究》〔註134〕，王顯《〈荀子・成相〉校注》〔註135〕，吾皆未見，特此說明。

　　茲取《古逸叢書之七》影摹南宋台州本爲底本作校補，所引清代以來諸家說法，凡董治安、王天海未引者，除常見書外，其餘本書皆注明出處。宋刻元明遞修本《纂圖互注荀子》簡稱作「遞修本」。另外，吾尚見《荀子》的新注釋本多種，皆係鈔撮眾說而成，無所發明，本書一概不取。

〔註131〕黃淑灌《〈荀子・非十二子篇〉辨證》，（台）《師範大學國文研究所》，1966年版。黃淑灌《〈荀子・非十二子篇〉詮論》，（台）《師大國文研究所集刊》第 11 期上，1967 年版。

〔註132〕韋日春《〈荀子・天論篇〉纂注》，（台）《中華學苑》1972 年第 9 期。

〔註133〕毛子水《荀子訓解補正》，華正書局 1980 年版。

〔註134〕饒彬《荀子疑義集釋——〈勸學篇〉第一》，（台）《文風》第 20 期，1971 年版。饒彬《荀子疑義輯釋》，臺灣蘭台書局 1977 年版。饒彬《〈荀子・非相篇〉研究》，《國文學報》第 5 期，1976 年版。

〔註135〕王顯《〈荀子・成相〉校注》，《古籍研究》總第 4 期，1987 年第 2 期。

卷第一

《勸學篇》第一校補

此篇與《大戴禮記·勸學》同，下引省稱作「《大戴》」。

（1）青，取之於藍而青於藍

按：《韓詩外傳》卷5：「藍有青，而絲假之青於藍；地有黃，而絲假之黃於地。」《淮南子·俶真篇》：「今以涅染緇則黑於涅，以藍染青則青於藍。」《史記·三王世家》引《傳》曰：「青采出於藍而質青於藍者，教使然也。」王念孫據《史記》，謂「取之於藍」本作「出於藍」，云：「元刻作『出之藍』，即本於建本；監本作『取之於藍』者，用《大戴記》改之也。」久保愛曰：「取，舊作『出』，今據宋本、韓本、《治要》、《大戴禮》、《困學紀聞》所引改之。蓋後人私改之，無所據者也。」王先謙曰：「《治要》作『青取之藍』，是唐人所見《荀子》本已有作『取』者。且《大戴禮》即用《荀子》，亦作『青取之於藍』，不得謂《荀子》本作『出於藍』，而作『取』者為非也。」王念孫說是，久保愛、王先謙說偵矣。《意林》卷1、《類聚》卷81、《爾雅翼》卷4、《記纂淵海》卷61、《皇王大紀》卷78、《東坡志林》卷4、《說郛》卷25引作「青出於藍」，《埤雅》卷17引作「青出之藍」，《御覽》卷996引作「青生於藍」（孫

—15—

詒讓已略及之〔註1〕，但謂諸書引作「出於藍」，則未盡確）。《白氏六帖事類集》卷 26 亦作「青出於藍」〔註2〕，未言出處，當出本書。《劉子‧崇學》：「青出於藍而青於藍，染使然也。」亦出本書。蓋《荀子》作「青出於藍」，《大戴》作「青取之於藍」，《治要》卷 38 引作「青取之藍」者，亦據《大戴》改也。

（2）冰，水為之而寒於水

按：冰水爲之，劉師培據《劉子》及《意林》、《類聚》卷 9、《御覽》卷 68、《事類賦注》卷 8 引校作「冰生於水」，今本涉《大戴》而改。其說是也。《白氏六帖事類集》卷 26、《合璧事類備要》前集卷 4 引皆作「冰生於水」，《白氏六帖事類集》卷 1 引作「冰生〔於〕水」，脫「於」字。

（3）木直中繩，輮以為輪，其曲中規

楊倞注：輮，屈。

按：朝川鼎曰：「輮，或作煣。《說文》：『煣，屈申木也。』又或作揉，音義皆同，或相通用。」久保愛亦讀爲揉，朱駿聲、梁啓雄、李滌生亦讀爲煣〔註3〕。輮，《大戴》同，《記纂淵海》卷 1、62 引作「揉」，《晏子春秋‧內篇諫上》、《淮南子‧修務篇》亦作「揉」（景宋本《淮南子》作「煣」）。字或作煣，《廣韻》：「煣，屈木。煣，上同。」《淮南子‧氾論篇》：「煣輪建輿。」字亦作柔，《易‧說卦》《釋文》：「輮，王廙作揉，宋云：『使曲者直，直者曲爲揉。』京作柔，荀作橈。」

（4）雖有槁暴，不復挺者，輮使之然也

楊倞注：槁，枯。暴，乾。挺，直也。《晏子春秋》作「不復贏矣」。

按：輮，《大戴》同，《御覽》卷 607 引《大戴》亦作「揉」。盧文弨曰：「注『贏』，舊本訛作『嬴』。案：贏，緩也。今據《晏子‧雜上篇》改正。亦作嬴。」朝川鼎曰：「注『嬴』，《晏子春秋》改正作『贏』，孫星衍云：

〔註1〕 孫詒讓《荀子校勘記上》，收入《籀廎遺著輯存》，中華書局 2010 年版，第 497 頁。
〔註2〕 《白帖》在卷 88。
〔註3〕 朱駿聲《說文通訓定聲》，武漢市古籍書店 1983 年版，第 263 頁。

『贏、挺聲相近。』鼎按：贏，疑當作赢。赢，音盈，過多也。」楊柳
橋曰：「槁，借爲熇，《說文》：『熇，火熱也。』今所謂烤也。暴，晞也，
曬也。」李滌生曰：「有，讀爲又。槁暴，曬乾。」王天海曰：「『贏』
有伸義，伸即挺也。可依盧說正之。」槁暴，《晏子春秋・內篇襍上》
同，《大戴》作「枯暴」。「枯暴」誤。「槁暴」即「蔌暴」，倒言則作「暴
耗」，指木器乾而橈曲。洪頤煊曰：「先鄭謂蔌當作耗，《爾雅》：『毗劉，
暴樂也。』《詩・桑柔》：『捋采其劉。』毛傳：『劉，爆爍而希也。』此
即耗字之義。後鄭謂蔌爲蔌暴者，『蔌暴』當作『槁暴』，《晏子春秋》、
《荀子》云云，即其義矣。」〔註4〕「有」表存在，讀如字，不當讀爲
「又」。龍宇純解爲「雖又槁之暴之」〔註5〕，非是。楊倞、楊柳橋皆
望文生訓。楊注「挺，直也」是也，字亦作侹、頲、庭，《爾雅》：「頲、
庭，直也。」《玄應音義》卷11、13：「侹直：古文頲，同。《通俗文》：
『平直曰侹。』」從「壬」得聲之字多取「直」義。今本《晏子》作「贏」，
《荀子・大略》楊倞註引《晏子》作「赢」。贏、赢同音，並讀爲綎、
經，《說文》：「綎，緩也。經，綎或從呈。」「綎」與「挺」同源，故或
體從壬作「綎」。段玉裁曰：「綎之言挺也，挺有緩意。」〔註6〕龍宇純
謂「贏、挺通用……用爲綎字」，是也。物緩則直，義相因也。朝川鼎
曰：「赢，過多也。」非是。《集韻》：「綎，絲綎也，或作綎。」此則誤
以「綎（綎）」爲「綖」字，《說文》：「綖，系（絲）綏也。」

（5）故木受繩則直，金就礪則利

按：受，《大戴》作「從」。《書・說命上》：「惟木從繩則正，后從諫則聖。」
《家語・子路初見》：「木受繩則直，人受諫則聖。」〔註7〕

〔註4〕洪頤煊《讀書叢錄》卷3，收入《續修四庫全書》第1157冊，上海古籍出版
社2002年版，第580～581頁。另參見方以智《通雅》卷7，收入《方以智全
書》第1冊，上海古籍出版社1988年版，第275頁。又參見陳鱣《簡莊疏記》
卷7，民國適園叢書本。又參見王繼如《釋「雖有槁暴，不復挺者」》，收入《訓
詁問學叢稿》，江蘇古籍出版社2001年版，第315頁。又參見蕭旭《〈敦煌佛
典語詞和俗字研究〉舉正》，收入《群書校補（續）》，花木蘭文化出版社2014
年版，第2613～2615頁。

〔註5〕龍宇純《讀荀卿子三記》，收入《荀子論集》，學生書局1987年版，第224頁。
下引同。

〔註6〕段玉裁《說文解字注》，上海古籍出版社1981年版，第646頁。

〔註7〕《說苑・建本》同。

（6）故不登高山，不知天之高也；不臨深谿，不知地之厚也；不聞先
王之遺言，不知學問之大也

按：登，《大戴》作「升」，下文並同，一聲之轉。遺言，《治要》卷38、《帝
範・崇文》注、《御覽》卷607、《記纂淵海》卷55引同，《法苑珠林》
卷54引作「道言」，《御覽》卷38引作「道」；《大戴》作「遺道」，《御
覽》卷607引《大戴》作「道」。作「遺道」是。「遺道」有二義，一為
失道，一為先王所遺留之教。此用後一義。《淮南子・說山篇》：「堯有
遺道，嫫母有所美，西施有所醜。」《董子・楚莊王》：「然則先王之遺
道，亦天下之規矩六律已！」《史記・周本紀》：「公季修古公遺道，篤
於行義，諸侯順之。」皆其例。《劉子・崇學》：「故不登峻岑，不知天
之高；不瞰深谷，不知地之厚；不游六藝，不知智之深。」出於本書，
「遺道」即指六藝而言。

（7）干越、夷貉之子，生而同聲，長而異俗，教使之然也

楊倞注：干越，猶言吳越。《呂氏春秋》：「荊有次飛，得寶劍於干越。」
高誘曰：「吳邑也。」

按：所引《呂氏春秋》，今本《知分篇》作「干遂」，《淮南子・道應篇》作
「干隊」。干越夷貉，《治要》卷38、《記纂淵海》卷55引作「于越夷
貉」〔註8〕，吳仁傑《兩漢刊誤補遺》卷10引作「干越夷貉」，《大戴》
作「于越戎貉」，《劉子・崇學》作「戎夷」。吳仁傑曰：「按干越即越
耳，何名為吳邑哉？於越之稱，本于《春秋》……然則『於』轉聲而
為『于』，『于』又轉寫而為『干』耳，字當從注作『于』。」方以智曰：
「于越，即於越，作『干』者非也。」〔註9〕後人於「干」、「于」二
字異說紛紜，余謂《呂氏》作「干越」，與《春秋》「於越」不同。邵
瑞彭謂「干」即《越絕書・越絕外傳記地傳》屬於豫章的地名「寫干」
〔註10〕，錄以備考。《淮南子・齊俗篇》：「羌氏僰翟，嬰兒生皆同聲，
及其長也，雖重象狄騠不能通其言，教俗殊也。」即本《荀子》。郭店
楚簡《性自命出》：「四海（海）之內，其性弌（一）也，其甬（用）

〔註8〕 金澤文庫鈔本《治要》「貉」誤作「谿」。
〔註9〕 方以智《通雅》卷16，收入《方以智全書》第1冊，上海古籍出版社1988年
版，第571頁。
〔註10〕 邵瑞彭《荀子小箋》，《唯是》第3期，1920年版，第22頁。

心各異，訬（教）使肰（然）也。」語意相近〔註11〕。

（8）《詩》云：「靖共爾位，好是正直。」

> 楊倞注：《詩・小雅・小明》之篇。靖，謀。言能謀恭其位，好正直之道，則神聽而助之福。

> 按：毛傳、鄭箋皆訓靖爲謀，此楊氏所本。王天海曰：「靖，通『靜』。共，通『恭』。《韓詩外傳》卷4、卷7並引作『靜恭爾位』。」王說是也，猶可申證。《外傳》卷7引仍作「靖共」，王氏失檢。《禮記・表記》引此詩，鄭注：「靖，治也。」靖，當讀爲靜，安靜則恭敬，故靖亦有恭義。《董子・祭義》、《外傳》卷4引此詩正作「靜」。共，讀爲恭，《禮記・表記》、《緇衣》並引此詩，《釋文》並云：「共，音恭，本亦作恭。」《大戴》、《外傳》卷4、《說苑・貴德》、《漢書・宣元六王傳》、《中論・法象》引正作「恭」，《文選・東征賦》、《女史箴》李善注二引同。漢《荊州從事茆鎮碑》「靖供衞上。」漢《帝堯碑》：「竫恭祈福。」「靖供」、「竫恭」亦即「靜恭」。《詩・韓奕》：「夙夜匪解，虔共爾位。」毛傳：「虔，固。共，執也。」鄭箋：「古之恭字或作共。」《後漢書・桓帝紀》：「虔恭爾位，勠力一意。」虔訓固，謂敬之固。「靖共」、「虔恭」同義。毛公「共」訓執非是。梁啓雄曰：「共，借爲供。猶言安心供奉你的職位。」楊柳橋說同，斯失考也。

（9）神莫大於化道，福莫長於無禍

> 按：冢田虎曰：「茂卿曰：『無禍，當作「無過」。』不是也。《文子》曰『福莫大於無禍，利莫大於不喪』，同文也。」《文子》見《符言篇》。《淮南子・詮言篇》：「福莫大無禍，利莫美不喪。」禍，當讀爲過，不必以爲誤字。《大戴》作「咎」，咎亦過也。龍宇純謂此文本作「咎」，與「道」爲韻〔註12〕。

（10）南方有鳥焉，名曰蒙鳩，繫之葦苕

> 楊倞注：蒙鳩，鷦鷯也。苕，葦之秀也。今巧婦鳥之巢至精密，多繫於葦

〔註11〕參見馮勝君《讀〈郭店楚墓竹簡〉札記（四則）》，《古文字研究》第22輯，中華書局2000年版，第211頁。

〔註12〕龍宇純《讀荀卿子三記》，收入《荀子論集》，學生書局1987年版，第225頁。

竹之上是也。蒙，當爲「蔑」，《方言》云：「鵻鶒，自關而西謂
之桑飛，或謂之蔑雀。」或曰：一名蒙鳩，亦以其愚也。

按：所引《方言》見卷 8，「蔑雀」作「懱爵」。蒙鳩，《大戴》作「蛁鳩」。
《毛詩草木鳥獸蟲魚疏》卷下：「鴟鶒，似黃雀而小，其喙尖如錐，
取茅莠爲巢，以麻紩之，如刺襪然，縣著樹枝，或一房，或二房，幽
州人謂之鸋鳩，或曰巧婦，或曰女匠，關東謂之工雀，或謂之過蠃（蠃）
〔註13〕，關西謂之桑飛，或謂之襪雀，或曰巧女。」《埤雅》卷 8、《爾
雅・釋鳥》邢昺疏引二「襪」字並作「韤」，《類聚》卷 92、《御覽》
卷 923 引「襪然」誤作「絑靴」，「襪雀」作「蔑雀」〔註14〕。《禽經》
注謂此鳥「喙尖，取茅秀爲巢，刺以縑麻，若紡績。爲巢或一房，或
二房，懸於蒲葦之上」。此鳥別名「巧婦」、「巧女」、「女匠」、「工雀」，
皆取其善於構結精密之巢，如巧婦紡績，因而名之也，楊注一說「以
其愚也」非是。「懱」當是「襪」形譌，「襪」同「韤」，亦作「袜」，
皆「韤」俗字，《說文》：「韤，足衣也。」今言袜子。《詩・小毖》孔
疏引《方言》正作「韤雀」「蔑」則省借字。此鳥結巢如巧婦之刺襪
然，故又名爲「襪雀」。「蒙」、「蛁」皆「韤」音轉。盧文弨曰：「蛁讀
如芒，蒙、蛁、蔑一聲之轉，皆謂細也。楊云當爲蔑，似非。」王念
孫從盧說。王念孫又曰：「懱、蒙一聲之轉，皆小貌也。」錢繹、章太
炎皆從盧、王說而申述之；錢繹又謂「女匠」之「女」亦取小義〔註15〕。
皆非是。「女」即「婦」也。葦苕，《大戴》、《說苑・善說》同。苕，
讀爲芀。《說文》：「芀，葦華也。」《爾雅》：「葦醜，芀。」郭璞注：
「其類皆有芀秀。」邢昺疏：「葦即蘆之成者，其類皆有芀秀也。」《埤
雅》卷 16：「葦苕謂之芀。」是葦苕蓋指葦之花也。物双松曰：「葦苕，
蓋葦之末梢翹然也。苕與翹，古昔方言或通用。」王天海曰：「葦苕，
蘆葦梢。」二氏說皆非是。

〔註13〕「蠃」讀爲「蠃」，專字作「蠃」，《方言》卷 8 作「過蠃」，《廣雅》作「果
蠃」。
〔註14〕《類聚》據南宋紹興刻本，四庫本引作「絑韤」、「韤雀」。
〔註15〕諸說參見華學誠《揚雄〈方言〉校釋匯證》，中華書局 2006 年版，第 565、568
頁。章太炎說見《新方言》卷 2，收入《章太炎全集（7）》，上海人民出版社
1999 年版，第 25～26 頁。

（11）西方有木焉，名曰射干，莖長四寸，生於高山之上，而臨百仞之淵，木莖非能長也，所立者然

按：《大戴》同。《韓子‧功名》：「故立尺材於高山之上，則臨千仞之谿，材非長也，位高也。」即本於師說。

（12）蓬生麻中，不扶而直

按：劉師培曰：「《大戴‧勸學篇》、《說苑‧談叢篇》、《論衡‧率性篇》、《御覽》卷 408 引譙周《法訓》並有此文，惟『而』均作『自』。」王叔岷曰：「柳鍾城云：『《御覽》卷 408 未引譙周《法訓》，劉氏失檢。《記纂淵海》卷 66 引而亦作自。』案《類聚》卷 82 引《曾子》、卷 85 及《御覽》卷 995 引《風俗通》，亦並作『不扶自直』。」《御覽》卷 406 引《譙子》引《語》曰作「自」，劉氏誤記作卷 408 耳。《書‧洪範》孔疏引此文「而」作「自」，《大戴‧曾子制言上》、《史記‧三王世家》引《傳》、《論衡‧程材》亦作「自」。《文選‧河陽縣作》李善注、《意林》卷 1、《御覽》卷 997 引《曾子》，《事類賦注》卷 24 引《風俗通》亦作「自」。《說苑‧談叢》「麻」作「枲」。

（13）蘭槐之根是為芷，其漸之潃，君子不近，庶人不服

楊倞注：漸，漬也，染也。

按：漸、服，《大戴》、《史記‧三王世家》並同，楊注本於《史記索隱》。①漸，讀為湛，音轉亦作沈，謂沈沒，故有浸漬義。《晏子春秋‧內篇襍上》、《家語‧六本》、《說苑‧雜言》正作「湛」。本書《大略》：「蘭茞稾本，漸於蜜醴，一佩易之。正君漸於香酒，可讒而得也。君子之所漸，不可不慎也。」《淮南子‧修務篇》：「淹浸漬漸靡使然也。」《漢書‧董仲舒傳》：「漸民以仁，摩民以誼。」「漸」字皆同。王念孫曰：「湛與漸漬之漸同（《說文》作『瀸』，云『漬也』。）……湛與漸同，湛、漬皆染也。」〔註 16〕孫詒讓從王說〔註 17〕。王叔岷曰：「卷子本《玉篇‧水部》引《史記‧補三王世家》『漸』作『浸』，義同。」②王聘珍曰：「服，用也。」〔註 18〕梁啟雄曰：「《呂覽‧孟春紀》注：『服，

〔註 16〕王念孫《墨子雜志》，收入《讀書雜志》卷 9，中國書店 1985 年版，本卷第 32 頁。
〔註 17〕孫詒讓《墨子閒詁》，中華書局 2001 年版，第 19〜20 頁。
〔註 18〕王聘珍《大戴禮記解詁》，中華書局 1983 年版，第 132 頁。

佩也。』」楊柳橋曰：「服，執也。」王天海曰：「梁、楊皆非也。此『服』字只能訓爲服用、飲用之義。」梁說是，《晏子春秋‧內篇襍上》正作「佩」，「服」即「佩」借字，音轉亦作「備」。孫星衍曰：「佩，《荀子》作『服』，『佩』與『服』聲義皆相近。」吳則虞曰：「《淮南子‧人間訓》：『申菽杜茝，美人之所懷服也。』《補史記‧三王世家》字亦作『服』，服亦佩也。」〔註19〕

（14）故君子居必擇鄉，遊必就士

按：劉師培曰：「就士，《意林》引作『擇士』。」《晏子春秋‧內篇襍上》：「君子居必擇居，游必就士。」《說苑‧雜言》：「君子居必擇處，遊必擇士。」

（15）物類之起，必有所始；榮辱之來，必象其德

按：《左傳‧僖公三十年》：「國君，文足昭也，武可畏也，則有備物之饗，以象其德。」《說苑‧修文》：「故君子衣服中而容貌得，接其服而象其德。」梁啓雄曰：「象，借爲像。」熊公哲曰：「象，猶如也，相稱也。」楊柳橋曰：「象，猶隨也。」諸說皆得之，「象」取相似之義。王天海曰：「象，象徵。」非是。樊波成曰：「『起』字，《大戴禮》程本作『徒』，而元刻本作『從』。戴震以爲『起』譌作『從』；孔廣森則以爲本當作『從』，『起』爲誤字。此句入『之』韻，當以古音在之韻的『起』字爲是。」〔註20〕

（16）肉腐生蟲，魚枯生蠹，怠慢忘身，禍災乃作

按：劉師培曰：「《意林》『魚』作『木』。『怠慢忘身，禍災乃作』，《意林》作『驕慢在身，災禍作矣』。」董治安曰：「《大戴》『怠慢』作『怠教』。」上「生」字，遞修本作「出」，《御覽》卷944、《記纂淵海》卷62、《通鑑》卷138胡三省注引作「出」，《大戴》亦作「出」。魚，《大戴》同，《意林》卷1引作「木」。周本淳引《說文》「蠹，木中蟲」，指出《意林》作「木枯生蠹」於義爲長〔註21〕，王天海說同，乃竊取周說也。

〔註19〕二說並見吳則虞《晏子春秋集釋》，中華書局1962年版，第351頁。

〔註20〕樊波成《經學與古文字視野下的〈荀子〉新證》，上海社科院2012年碩士學位論文，第60頁。

〔註21〕周本淳《讀常見書札記》，《淮陰師專學報》1995年第2期，第35頁；又載《語言研究集刊》第6輯，江蘇教育出版社1999年版，第426頁。

考《說苑・辨物》:「夫肉自生蟲而還自失也,木自生蠹而還自刻也,人自興妖而還自賊也。」《淮南子・說林篇》:「山生金反自刻,木生蠹反自食,人生事反自賊。」《文子・符言》:「山生金石生玉反相剝,木生蟲還自食,人生事還自賊。」《後漢紀》卷 30:「夫木先朽而蠹生,物先腐而蟲出。」皆作「木」字。怠慢,《記纂淵海》卷 62 引作「怠惰」。明刊本《大戴》作「殆教亡身」。王念孫曰:「殆,讀爲怠。教,當爲敖字之誤也。敖與傲同。亡,讀爲忘。」〔註22〕

(17) 強自取柱,柔自取束

楊倞注:凡物強,則以爲柱而任勞,柔則見束而約急,皆其自取也。

按:王引之曰:「柱,當讀爲祝。祝,斷也。《大戴記》作『強自取折』,是其明證矣。《南山經》:『招搖之山有草焉,其名曰祝餘。』祝餘,一作『柱荼』,是祝與柱通也。」〔註 23〕孫詒讓、裴學海從王說〔註 24〕。久保愛曰:「柱,當作『折』。《大戴禮》作『折』。《六韜》云『大強必折』,《列子》引老子云『木強則折』,《淮南子》云『大剛則折,大柔則卷』。」于鬯曰:「柱,蓋讀爲仆。仆,頓也。」劉師培曰:「柱,通作『拄』,支拄也。《大戴》作『折』,亦『拄』字之訛文。」鍾泰、鄧憂鳴說同劉氏〔註25〕,李滌生、王天海取劉、鍾說,楊寶忠亦解作動詞「支柱」〔註 26〕。林源河申楊注云:「強如棟,以爲柱;柔如帶,以爲束。柱有負任之勞,束有揉曲之患,物皆因其賦性而各得所值,其強弱之間,或自取柱,或自取束,皆自取也。」〔註27〕王引之、久保愛據《大戴》理解爲「折」,是也,但「柱」非誤字,久說非是;王氏讀爲祝,亦未探本。柱,當讀爲殊。「祝」字異體作「袾」,祝(袾)

〔註22〕 王說轉引自王引之《經義述聞》卷 12,江蘇古籍出版社 1985 年版,第 295 頁。

〔註23〕 郭璞注:「祝餘,或作桂荼。」《御覽》卷 50 引作「程荼」,王氏作「柱荼」,蓋失檢也。

〔註24〕 孫詒讓《荀子校勘記上》,收入《籀廎遺著輯存》,中華書局 2010 年版,第 498 頁。裴學海《評高郵王氏四種》,《河北大學學報》1962 年第 2 期,第 44 頁。

〔註25〕 鄧憂鳴《荀子札記》,《國專月刊》第 2 卷第 2 期,1935 年版,第 60 頁。

〔註26〕 楊寶忠《古代漢語詞語考證》,河北大學出版社 1997 年版,第 158 頁。

〔註27〕 林源河《荀子義辨》,收入《荀儒考釋與中國國樂考原》,新加坡青年書局 2007 年版,第 5 頁。

訓斷亦讀爲殊〔註28〕。《左傳·昭公二十三年》《釋文》引《說文》：
「殊，死也，一曰斷也。」〔註29〕《廣雅》：「殊，斷也。」又「殊，
絕也。」「殊」訓死，亦取斷爲義。章太炎曰：「問曰：『以祝爲斷，
其本字當云何？』答曰：『字當作殊。殊者，斷也，絕也。』」〔註30〕
其說塙矣，蔣禮鴻從其說〔註31〕。朱駿聲謂「祝」訓斷，借爲「劚」
〔註32〕；龍宇純謂「柱」、「祝」訓斷，借爲「斸」〔註33〕，其說皆非
是。馬王堆帛書《易之義》：「是故柔而不犿（卷），然後文而能朕（勝）
也；剛者不折，然後武而能安也。」《淮南子·兵略篇》：「柔而不可卷
也，剛而不可折也。」《鹽鐵論·訟賢》：「剛者折，柔者卷。」《文子·
下德》：「柔而不脆，剛而不折。」《說苑·至公》：「柔而不撓，剛而不
折。」皆正反爲辭。此剛強自取折斷之證。郭店楚簡《性自命出》：「剛
之桓也，剛取之也；柔之約，柔取之也。」又《語叢三》：「強之尌（尌
－樹），強取之也。」劉昕嵐曰：「尌，樹立也……『柱』字義應與『樹』
有關，故此句文義指物強則立而爲柱，楊說是王說非矣。」〔註34〕陳
劍從劉昕嵐、楊寶忠說，把「束」理解爲約束、捆束〔註35〕。馮勝君、
郝士宏取王引之說，謂「桓」、「樹」亦讀爲祝，馮氏並指出「卷」、「束」
同義〔註36〕。馮、郝說是，桓、尌亦讀爲殊。《大戴禮》作「折」，《荀

〔註28〕《說文》：「㗊，呼雞，重言之，從叩州聲，讀若祝。」《御覽》卷918引《風
俗通》：「呼雞朱朱。俗說雞本朱公化而爲之，今呼雞者朱朱也。謹按《說文》
解㗊：『㗊，二口爲讙，州其聲也，讀若祝。』祝者誘致禽畜，和順之意。㗊
與朱音相似耳。」其言「㗊與朱音相似」是也，而言「雞本朱公化而爲之」
則妄也。《類聚》卷91引《博物志》：「祝雞公養雞法，今世人呼雞云祝祝起
此也。」《爾雅翼》卷13：「朱乃祝之轉也。」
〔註29〕今本《說文》脫「一曰斷也」四字。
〔註30〕章太炎《小學答問》，收入《章太炎全集（7）》，上海人民出版社1999年版，
第415～416頁。
〔註31〕蔣禮鴻《〈廣雅疏證〉補義》，收入《懷任齋文集》，《蔣禮鴻集》卷4，浙江教
育出版社2001年版，第7頁。
〔註32〕朱駿聲《說文通訓定聲》，武漢市古籍書店1983年版，第290頁。
〔註33〕龍宇純《讀荀卿子札記》，收入《荀子論集》，學生書局1987年版，第174頁。
〔註34〕劉昕嵐《郭店楚簡〈性自命出〉篇箋釋》，收入《郭店楚簡國際學術研討會論
文集》，湖北人民出版社2000年版，第333頁。
〔註35〕陳劍《郭店簡補釋三篇》，收入《古墓新知——紀念郭店楚簡出土十周年論文
專輯》，香港國際炎黃出版社2003年版，第117～121頁。
〔註36〕馮勝君《讀〈郭店楚墓竹簡〉札記（四則）》，《古文字研究》第22輯，中華
書局2000年版，第210～211頁。郝士宏《郭店楚墓竹簡考釋一則》，《古文

子》則作「柱」以與「束」、「構」合韻。

（18）草木疇生，禽獸群焉，物各從其類也

楊倞注：疇，與「儔」同，類也。

按：久保愛曰：「疇，如《國語》『人與人相疇，家與家相疇』之疇。」朝
川鼎曰：「疇，讀爲擣，古稠字。《管子·地員篇》『五臭疇生』，亦同。」
王天海曰：「疇生，依類而生。」《國語》之「疇」，當讀爲壔，保也
〔註37〕，久說非是。楊注是，字亦作醜，《廣雅》：「醜，類也。」劉
台拱曰：「群焉，當從《大戴禮》作『群居』。」王念孫從其說，云：
「『群居』與『疇生』對文。今本『居』作『焉』者，涉下文四『焉』
字而誤。」裴學海曰：「王說不確。『焉』字當讀爲安。安，處也。」
〔註38〕

（19）醯酸而蜹聚焉

按：王叔岷曰：「柳鍾城云：『《記纂淵海》卷 55 引蜹作蚋，同。《大戴禮》
亦作蚋。』」《呂氏春秋·功名》：「缶醯黃，蚋聚之有酸。」

（20）故言有召禍，行有招辱

按：《大戴》同。《記纂淵海》卷 46 引「召」作「招」。王天海曰：「《文子·
微明》：『行有招寇〔註39〕，言有致禍。』與此文意同。」《說苑·談
叢》：「政有招寇，行有招恥。」

（21）積土成山，風雨興焉；積水成淵，蛟龍生焉

按：劉師培曰：「《文選·勵志詩》注、《御覽》卷 929、930 引『淵』並作
『川』，《說苑·建本篇》亦作『川』。」王天海曰：「《類聚》引此『淵』
作『川』，《治要》錄此文同。」《類聚》見卷 96 引，《事類賦注》卷
28 引作「川」，《大戴》亦作「川」。《文選·勵志詩》：「水積成川，載
瀾載清；土積成山，歊蒸鬱冥。」李善注引《尸子》：「土積成嶽，則
楩柟豫章出焉；水積成川，則吞舟之魚生焉。」《治要》卷 38、《記纂

字研究》第 23 輯，中華書局、安徽大學出版社 2002 年版，第 143～145 頁。
〔註37〕 參見蕭旭《國語校補》，收入《群書校補》，廣陵書社 2011 年版，第 123 頁。
〔註38〕 裴學海《評高郵王氏四種》，《河北大學學報》1962 年第 2 期，第 50 頁。
〔註39〕 原文作「召寇」，王氏引誤。

淵海》卷 1、8、66、《合璧事類備要》前集卷 9 引此文作「淵」。《白氏六帖事類集》卷 2 引《荀子》：「積水成泉，吞舟之魚生焉。」〔註40〕蓋白氏所見本亦作「淵」，避唐諱而改作「泉」字。《淮南子・人間篇》：「山致其高，而雲起焉；水致其深，而蛟龍生焉。」《文子・上德》：「山致其高，而雲雨起焉；水致其深，而蛟龍生焉。」《說苑・貴德》：「山致其高，雲雨起焉；水致其深，蛟龍生焉。」〔註41〕諸書言「深」，與「淵」相合。《家語・困誓》：「竭澤而漁，則蛟龍不處其淵。」《淮南子・泰族篇》：「流源千里，淵深百仞，非爲蛟龍也。」《楚辭・哀時命》：「蛟龍潛於旋淵兮，身不掛於罔羅。」此皆蛟龍處深淵之證。「淵」字或省水旁作「囦」，因形誤作「川」。《大戴禮記・四代》：「深淵大川，必有蛟龍焉。」此乃變例，非常例。

（22）積善成德，而神明自得，聖心備焉

按：自得，《大戴》作「自傳」，當據本文訂正，《文選・張子房詩》、《典引》李善注二引《大戴》並作「自得」。錢佃曰：「備焉，諸本皆作『循焉』。」諸家訂作「備」字，是也。王念孫曰：「《大戴記》及《治要》並作『備』，《文選・送孔令詩》、《張子房詩》注引此亦作『備』。《勵志詩》注引作『循』，與二句不合，乃後人以誤本《荀子》改之。」《文選・張子房詩》注所引乃《大戴》，非此文，王氏失記。《淮南子・人間篇》：「君子致其道，而福祿歸焉。」《文子・上德》：「君子致其道，而德澤流焉。」《說苑・建本》：「學積成聖，則富貴尊顯至焉。」又《貴德》：「君子致其道德（「德」字衍文），而福祿歸焉。」

（23）故不積蹞步，無以至千里

楊倞注：半步曰蹞。蹞與跬同。

按：劉師培曰：「蹞，《治要》及《初學記》卷 6、《白帖》卷 6、《事類賦注》卷 6 並引作『跬』。」王叔岷曰：「《大戴》蹞亦作跬。」《增韻》卷 3、《記纂淵海》卷 66、《示兒編》卷 19 引作「蹞步」，《皇王大紀》卷 78 引作「跬步」。《方言》卷 12：「半步爲跬。」《小爾雅》：「跬，一舉足也，倍跬謂之步。」梁啓雄曰：「跬，正字作𨃰，《說文》：『𨃰，

〔註40〕《白帖》在卷 6。
〔註41〕《論衡・龍虛》引《傳》同。

半步也。』」《玉篇》：「蹞，半步也，舉一足也，與跬同。」字亦省作頃，《禮記・祭義》：「故君子頃步而弗敢忘孝也……壹舉足而不敢忘父母。」鄭玄注：「頃當為跬，聲之誤也。」《釋文》：「頃，讀為跬，一舉足為跬，再舉足為步。」《御覽》卷394、《冊府元龜》卷714引作「跬步」。字亦作窺〔註42〕，《漢書・息夫躬傳》：「未有能窺左足而先應者也。」蘇林曰：「窺音跬。」字亦作規，楊慎曰：「古字跬多借規字用，《論衡》『拯溺不規行』是也，疑頃字亦規之誤。」〔註43〕「拯溺不規行」不出《論衡》，見《舊唐書・朱敬則傳》，《冊府元龜》卷543誤作「虧行」。楊氏謂「頃」是「規」誤，非是。《集韻》：「蹞，《說文》：『半步也。』《司馬法》：『凡人一舉足曰跬。跬，三尺也。兩舉足曰步。步，六尺也。』或作跬、頃、蹞、窺、蹞。」

（24）騏驥一躍，不能十步

按：董治安曰：「躍，《大戴》作『趠』。」「趠」即「躍」音轉〔註44〕，猶言跳也。《玉篇》：「趠，動也。《大戴禮》曰：『騏驥一趠，不能千步。』」顧氏則是讀為趠，《說文》：「趠，動也。」亦「躍」音轉。「淫溔」、「淫爍」又作「淫濯」、「淫躍」，爍、溔、濯，並讀為趠、躍〔註45〕，亦其證。

（25）鍥而舍之，朽木不折；鍥而不舍，金石可鏤

　　楊倞註：鍥，刻也。

按：鍥，《大戴》作「楔」。宋本、元本《大戴》「折」作「知」。王念孫曰：「作『知』者原本，作『折』者後人依《荀子》改之也。《晉書・虞溥傳》：『剄而舍之，朽木不知。』所引即《大戴禮》文。『知』與『折』

〔註42〕《老子》第47章：「不闚牖，見天道。」《韓子・喻老》引「闚」同，《文子・精誠》引作「窺」，馬王堆帛書《老子》甲本作「規」，乙本作「𥦗」。《易・觀》：「闚觀，利女貞。」馬王堆帛書本「闚」作「𥦗」。皆其相通之證。

〔註43〕楊慎《轉注古音略》卷3，收入景印文淵閣《四庫全書》第239冊，臺灣商務印書館1986年版，第369頁。

〔註44〕《漢書・藝文志》：「後世燿金為刃。」顏師古曰：「燿，讀與鑠同，謂銷也。」《御覽》卷270引「燿」作「爍」。考《周禮・冬官・考工記》：「爍金以為刃。」《淮南子・兵略篇》：「爍鐵而為刃。」正作「爍」。《山海經・西山經》：「有鳥焉其狀如翟而五彩文。」郭璞注：「翟，或作鸐。」此其相通之證。

〔註45〕參見蕭旭《呂氏春秋校補》，花木蘭文化出版社2016年版，第97～100頁。

古字通。」〔註46〕梁啓雄曰：「鍥借爲栔，《說文》：『栔，刻也。』鏤，刻也。」王天海曰：「《晉書・虞溥傳》云云，亦本此文。」王天海不引王念孫說，而竊作己說。「剟」、「楔」亦借爲栔。「折」即「𢱝」省，亦「鍥」之音轉，與「鏤」同義。《方言》卷 13：「𢱝，刻也。」（從戴校）諸家皆未達「折」之誼〔註47〕。《爾雅》：「螮蝀，虹也。」郭璞注：「俗名爲美人虹，江東呼雩蜺爲挈貳。蜺，雌虹也，見《離騷》。挈貳，其別名。見《尸子》。」《釋文》：「挈，本或作契，字同，苦結反。」《文選・西都賦》、《薦禰衡表》李善注並引《尸子》：「虹霓爲析翳。」「析翳」當作「折翳」，是「挈（契）貳」的音轉。汪繼培曰：「『析翳』當爲『挈貳』。孫氏志祖云：『析翳、挈貳，蓋一也，聲轉耳。』」〔註48〕皆未得。

（26）蚯螾無爪牙之利，筋骨之彊，上食埃土，下飲黃泉，用心一也

按：劉台拱曰：「埃土，《淮南子・說山訓》作『晞堁』。」帆足萬里曰：「埃，塵埃之埃。埃土，猶糞土也。」駱瑞鶴曰：「埃土，《大戴》作『晞土』。晞，乾也。」上食埃土，《御覽》卷 947 引《大戴》同，《文子・上德》亦作「上食晞堁」，《文子》纘義本作「上食晞塊」，《說苑・雜言》作「上墾晞土」，《孟子・滕文公下》作「上食槁壤」。高誘注：「晞，乾也。堁，土塵也，楚人謂之堁也。」塊、堁一聲之轉。墾，讀爲狠、齦，《說文》狠、齦並訓齧，俗作啃字。董治安曰：「『晞土』是也。晞，乾也。『槁壤』即『晞土』。」董說非也，此文「埃土」同義連文，猶言塵土，不必同于諸書。《類聚》卷 6 引蔡邕《勸學》：「蚓無爪牙，軟弱不便，穿穴洞地，食塵飲泉。」《文苑英華》卷 142 東方虯《蚯蚓賦》：「上食塵塊，下飲淵泉。」

（27）非蛇蟺之穴無可寄託者

按：王懋竑曰：「蟺，當與『鱓』同，古字通。」〔註49〕王先謙說同。久

〔註46〕王念孫說轉引自王引之《經義述聞》卷 12，江蘇古籍出版社 1985 年版，第295 頁。

〔註47〕參見蕭旭《〈爾雅〉「鍥貐」名義考》，收入《群書校補（續）》，花木蘭文化出版社 2014 年版，第 1827 頁。

〔註48〕汪繼培《尸子校正》卷下，收入《續修四庫全書》第 1121 冊，上海古籍出版社 2002 年版，第 289 頁。

〔註49〕王懋竑《荀子存校》，《讀書記疑》卷 11，收入《續修四庫全書》第 1146 冊，

保愛曰：「《大戴禮》『蟺』作『蛆』。『蟺』與『鱓、蛆、鱣』通。」
沈祖民曰：「王懋竑、王先謙說非是。學人以鱓、鱣、蛆爲蟺，皆未深考。蓋蟲類爲蟺，魚類爲鱓。此言蛇蟺之穴，是言蟲類也……今俗呼爲黃鱔，不當作鱓也。」〔註50〕沈說是。《大戴》之「蛆」當是「蛆」形譌，字從「且（dan）」得聲，「蛆」與「蟺」通用。《世說新語·紕漏》劉孝標注引《大戴》作「蟺」。《御覽》卷942引劉孝標注亦誤作「蛆」。

（28）是故無冥冥之志者，無昭昭之明；無惛惛之事者，無赫赫之功

按：《大戴》「冥冥」作「憤憤」，「惛惛」作「絲絲」。物双松、冢田虎、王叔岷、王天海謂「明」即「名」，非也，《記纂淵海》卷61引亦誤作「名」。本書《仲尼篇》：「炤炤兮其用知之明也。」楊倞註：「炤炤，明見之貌。」「炤炤」即「昭昭」也，亦用以狀明。《靈樞經·外揣》：「黃帝曰：『窘乎哉！昭昭之明不可蔽。』」亦其例。「憤憤」、「惛惛」疊韻音轉，「絲絲」、「冥冥」雙聲音轉〔註51〕，《大戴》易其位。

（29）行衢道者不至，事兩君者不容

楊倞註：《爾雅》云：「四達謂之衢。」孫炎云：「衢，交道四出也。」或曰：衢道，兩道也。下篇有「楊朱哭衢塗」，今秦俗猶以兩爲衢，古之遺言歟？

按：郝懿行曰：「『楊朱哭衢塗』見《王霸篇》，注云：『衢塗，岐路也。秦俗以兩爲衢。或曰：四達謂之衢。』大意與此同，俱兼二義訓釋。實則楊朱見歧路而悲，即《莊子》云『大道以多歧亡羊』之意，不必泥《爾雅》也。」王念孫曰：「《爾雅》：『四達謂之衢。』又云：『二道謂之歧旁。』歧、衢一聲之轉，則二達亦可謂之衢，故《大戴記》作『行歧塗者不至』……荀子書皆謂兩爲衢。」楊樹達曰；「按瞿聲字有分張旁出之義……不必交錯，亦不必相重也。」〔註52〕衢本指道路

上海古籍出版社2002年版，第351頁。
〔註50〕沈祖民《讀荀臆斷》，《制言》第58期，1939年版，本文第2頁。
〔註51〕參見羅積勇《異文與釋義》，《古籍整理研究學刊》1986年第2期，第59頁。
〔註52〕楊樹達《釋「衢」》，收入《積微居小學述林》卷1，中華書局1983年版，第20～21頁。

歧出，不必定是四達。《山海經・中山經》：「其上有桑焉，大五十尺，其枝四衢。」郭璞注：「言枝交互四出。」又「其上有木焉，其名曰帝休，葉狀如楊，其枝五衢。」郭璞注：「言樹枝交錯，相重五出，有象衢路也。」《楚辭・天問》：「靡萍九衢。」王逸注：「九交道曰衢。」是四出、五出、九出皆得謂之衢，「歧」亦不必定是二出。《爾雅》：「三達謂之劇旁，四達謂之衢。」郭璞注：「今南陽冠軍樂鄉數道交錯，俗呼之五劇鄉。」邢疏引孫炎曰：「旁出歧多，故曰劇。」「劇」是「衢」音轉分別字，是三出、五出亦得謂之「劇」也。此文衢道，謂歧出之道，不必執其歧出之數也。

（30）梧鼠五技而窮

楊倞註：梧鼠，當爲「鼫鼠」。蓋本誤爲「鼫」字，傳寫誤爲「梧」耳。五技，謂能飛不能上屋，能緣不能窮木，能游不能渡谷，能穴不能掩身，能走不能先人。

按：繆荃孫曰：「熙寧本『技』作『技』，從支不從攴，是也。」〔註53〕王天海本既自稱以台州本作底本，而字卻改作「技」，又不作說明。《六書故》卷18引《說文》作「鼫」，且云「不當別立『鼫』文」。方以智曰：「鼫鼯爲飛生，鼫鼠爲拱鼠，非一物也。《說文》誤以爲『鼫鼠，五技而窮』。」〔註54〕盧文弨曰：「《本草》云：『螻蛄一名鼫鼠。』《易》《釋文》及《正義》皆引之，《古今注》亦同。蛄與梧音近，楊說似未參此。」王念孫曰：「《大戴記》正作『鼫鼠』。鼫與梧音不相近，則『梧』爲誤字明矣。當以楊說爲是。」牟應震曰：「碩鼠，即鼫鼠……其所以又名梧鼠者，梧與碩、石同音也。」〔註55〕朝川鼎曰：「《大戴禮》作『鼫鼠』，可從。《周易・晉卦》《正義》亦引蔡邕《勸學篇》云：『鼫鼠五能，不成一伎。』」豬飼彥博曰：「梧當作鼫。鼫鼠，五技鼠也。鼯鼠，其非五技鼠明矣。」劉師培曰：「《顏氏家訓・省事篇》云：『鼫

〔註53〕繆荃孫《宋台州本〈荀子〉與熙寧本同異記》，收入《繆荃孫全集・雜著卷》，鳳凰出版社2014年版，第621頁。

〔註54〕方以智《通雅》卷46，收入《方以智全書》第1冊，上海古籍出版社1988年版，第1370頁。

〔註55〕牟應震《毛詩物名考》卷4，收入《續修四庫全書》第65冊，上海古籍出版社2002年版，第33頁。

鼠五能，不成伎術。』是所據本正作『鼫』。」裴學海曰：「牙音轉爲舌頭音，『梧』爲『鼫』之借字。」〔註56〕王天海曰：「《說文》：『鼫，五技鼠也。』楊注本之《說文》。《顏氏家訓》之文或本此文，或本蔡邕之文，已誤『鼫』爲『鼯』，劉氏不察，引以爲據，未當也。楊注不誤。」牟應震、裴學海謂「梧」與「碩（鼫、石）」音近，而王念孫謂「梧」與「鼫」音不相近。古音雖近，而未見相轉之例，王念孫說慎也。「梧鼠」即「鼫鼠」，以其五技而窮，故從「五」取義，名爲「鼫鼠」。《埤雅》卷 11、《野客叢書》卷 7、《記纂淵海》卷 62、《示兒編》卷 16、《皇王大紀》卷 78 引此文正作「鼫鼠」，《顏氏家訓》正本此文。《大戴》作「鼫鼠」，蔡邕《勸學篇》本之，《急就篇》卷 4 稱作「飛鼯」。《證類本草》卷 22 引蔡邕《勸學篇》正作「碩鼠」。「鼫鼠」即「碩鼠」，猶言大鼠，與「鼯鼠」取義不同，而皆指能飛之鼠，則一也。「碩（鼫）鼠」音轉又作「炙鼠」，《易·晉》：「晉如鼫鼠。」馬王堆帛書作「炙鼠」。《釋文》：「鼫，音石，《子夏傳》作『碩鼠』。」《正義》引王注曰：「能飛不能過屋，能緣不能窮木，能游不能度谷，能穴不能掩身，能走不能先人。」〔註57〕《說文》：「鼫，五技鼠也，能飛不能過屋，能緣不能窮木，能游不能渡谷，能穴不能掩身，能走不能先人。」《詩·碩鼠》孔疏引許慎語作「碩鼠」，「過」作「上」，「掩」作「覆」。皆與此文楊說同。

（31）昔者瓠巴鼓瑟而流魚出聽

　　楊倞註：瓠巴，古之善鼓瑟者，不知何代人。流魚，中流之魚也。《列子》
　　　　　云：「瓠巴鼓琴，鳥舞魚躍。」

按：盧文弨曰：「流魚，《大戴禮》作『沈魚』，《論衡》作『鱏魚』，『鱏』亦與『沈』音近，恐『流』字誤。《韓詩外傳》作『潛魚』。或說『流魚』即『游魚』，古流、游通用。」劉台拱曰：「《淮南·說山訓》作

〔註56〕裴學海《評高郵王氏四種》，《河北大學學報》1962 年第 2 期，第 111 頁。

〔註57〕《古今注》卷中：「螻蛄，一名碩鼠。」《廣雅·釋蟲》：「炙鼠，螻蛄也。」王念孫曰：「炙鼠，蘇頌《本草圖經》引作『碩鼠』。炙、碩聲相近也。各本炙譌作灸，今訂正。字一作石，一作鼫。」螻蛄亦名碩（炙）鼠，此異物同名者，附識於此。王念孫《廣雅疏證》，收入徐復主編《廣雅詁林》，江蘇古籍出版社 1992 年版，第 939～940 頁。

『淫魚』，高注：『淫魚喜音，出頭於水而聽之。』」王先謙曰：「流魚，《大戴禮》作『沈魚』，是也。《外傳》作『潛魚』，潛亦沈也。作『流』者，借字耳。《淮南》作『淫魚』，《論衡》作『鱏魚』，此二書別爲一義。」劉師培曰：「《文選‧七命》註引作『鱏魚』，與《論衡》合。」久保愛曰：「《淮南子》『流魚』作『游魚』，流、游互通。」李滌生曰：「流魚，應從《大戴》作『沈魚』。」屈守元曰：「潛、沈、淫諸字皆音之轉。至於作『流』，當是字誤。『游』則作『流』，而又誤者也。」駱瑞鶴曰：「古流、游通用。游魚，謂游於水中之魚。」王天海不引駱說，而竊作己說。此文「流魚」，《文選‧長笛賦》李善註引作「潛魚」，《書鈔》卷 109 引作「游魚」。《淮南子‧說山篇》作「淫魚」，《三國志‧郤正傳》裴松之注、《文選‧蜀都賦》、《吳都賦》劉淵林註、《白帖》卷 98 引《淮南子》並作「鱏魚」，《文選‧長笛賦》李善註引《淮南子》作「潛魚」。《韓詩外傳》卷 6 作「潛魚」，《文選‧別賦》、《雜體詩》李善註引《外傳》並作「淵魚」，《後漢書‧馬融傳‧廣成頌》李賢注引《外傳》作「淫魚」。《論衡‧率性》作「潭魚」，又《感虛》作「淵魚」。「流魚」、「游魚」即「淫魚」，亦即「鱏魚」、「潭魚」也，不是游動的魚。「潭魚」即「淵魚」，所以名魚，言此魚常居深淵也；正以其所居深，故云「出聽」。專字作鱏，《說文》：「鱏，鱏魚也。《傳》曰：『伯牙鼓琴，鱏魚出聽。』」「沈」、「潛」與「鱏」古音同在侵部，故相通借。「潛」非沉隱之義也，專字作鰭，《說文》：「鰭，鰭魚也。」〔註58〕王先謙謂「『淫魚』、『鱏魚』別爲一義」，未達音轉也。

（32）故聲無小而不聞，行無隱而不形

按：劉師培曰：「《文選‧吳都賦》李注引『聲』作『言』。」王天海曰：「《說苑‧談叢》：『聲無細而不聞，行無隱而不明。』或本此文。」《文選》注引「聞」作「聲」，劉氏失檢。《大戴》、《韓詩外傳》卷 6「小」並作「細」，餘同。《列女傳》卷 5：「夫名無細而不聞，行無隱而不彰。」金澤文庫鈔本《治要》卷 38 引「形」作「刑」，其下小字標「形？」，是鈔手疑「刑」當作「形」字。

〔註58〕參見蕭旭《〈淮南子〉古楚語舉證》，收入《淮南子校補》，花木蘭文化出版社 2014 年版，第 785～787 頁。

（33）玉在山而草木潤，淵生珠而崖不枯

　　　　楊倞註：崖，岸。枯，燥。

　按：冢田虎曰：「《文子》『崖』作『岸』。」《御覽》卷 74 引作「泉生珠而岸
　　　不枯」，「泉」當作「淵」，避唐諱而改。《大戴》作「玉居山而木潤，淵
　　　生珠而岸不枯。」《類聚》卷 83、84 引《大戴》「淵」作「川」，《御覽》
　　　卷 804 引《大戴》「岸」作「崖」。「淵」字或省水旁作「鼎」，因形誤作
　　　「川」。《淮南子・說山篇》：「玉在山而草木潤，淵生珠而岸不枯。」《文
　　　子・上德》：「玉在山而草木潤，珠生淵而岸不枯。」《史記・龜策傳》：
　　　「玉處於山而木潤，淵生珠而岸不枯。」《說文繫傳》「珠」字條引《史
　　　記》作「泉生珠而崖不枯」，「泉」亦避唐諱而改。《劉子・崇學》：「山
　　　抱玉而草木潤焉，川貯珠而岸不枯焉。」「川」亦誤。《博物志》卷 1：
　　　「淵或生明珠而岸不枯。」《抱朴子外篇・清鑒》：「智者覩山不瘁，則
　　　悟美玉之在山；覲岸不枯，則覺明珠之沉淵。」久保愛曰：「枯，讀爲
　　　涸。」非是。

（34）真積力久則入，學至乎沒而後止也

　　　　楊倞註：眞，誠也。力，力行也。誠積力久則能入於學也，生則不可怠惰
　　　　　　　　也。

　按：朝川鼎曰：「積，積力也，非『眞』之積也。眞，讀作虛字。」李滌
　　　生、王天海皆從楊注眞訓誠，作虛詞。其說非是。當「眞積」爲詞，
　　　猶言專精一心。「力久」謂力行持久。入，朝川鼎從楊注解爲「入於
　　　學」；久保愛解爲「得於身」；陶鴻慶以「則入」屬下讀，解爲「十歲
　　　入小學」，物双松、羅焌說同；梁啓雄解爲「深入門的成就」；張之純
　　　解爲「入理深至而不浮」；桃源藏解爲「入於聖域」；熊公哲解爲「入
　　　德」；高正從久說，「入」訓「得」；王天海從久保愛、高正說，而解
　　　爲「得爲聖人」。楊注「入於學」是，指入神，沉潛於學，而不是「入
　　　小學」。

（35）君子之學也，入乎耳，箸乎心，布乎四體，形乎動靜

　按：箸，遞修本、久保愛本作「著」。劉師培曰：「《御覽》卷 376、607 並
　　　引『體』作『肢』，《意林》作『支』。」梁啓雄曰：「箸，借爲貯，積

也。」章詩同曰：「『箸』同『著』，明曉。」楊柳橋說同章氏。熊公哲曰：「箸，刻也。心中領會得十分深刻。」王天海曰：「箸，別本作『著』。著，附也。梁、章、熊三說皆未允。」《意林》卷1、《法苑珠林》卷54引「箸」作「著」，「四體」作「四支」，《御覽》卷376、607引同。《記纂淵海》卷62、《皇王大紀》卷78引「箸」作「著」。作「箸」是《荀子》故書。梁說是，而猶未盡。箸，讀爲宁，俗作貯，積也，藏也。箸乎心，猶言存乎心。「入乎耳，箸乎心」是古成語，《左傳·昭公二十一年》：「故和聲入於耳而藏於心。」又考《韓詩外傳》卷9引《傳》曰：「君子之聞道，入之於耳，藏之於心。」《說苑·談叢》：「君子之學也，入於耳，藏於心，行之以身。」皆是「箸」訓藏之確證。《淮南子·原道》：「夫內不開於中而強學問者，不（雖）入於耳而不著於心。」亦本《荀子》，「不」當作「雖」〔註59〕。《史記·游俠列傳》：「既已振人之命，不矜其功，其陰賊著於心，卒發於睚眦如故云。」「著於心」亦謂藏於心也。

（36）不問而告者謂之傲，問一而告二謂之囋

> 楊倞註：傲，喧噪也，言與戲傲無異。或曰：讀爲嗷，聲曰嗷嗷然也，嗷與傲通。囋，即讚字也，謂以言彊讚助之。今贊禮謂之贊唱，古字口與言多通。

按：①俞樾曰：「《論語·季氏篇》：『言未及之而言謂之躁。』《釋文》曰：『魯讀躁爲傲。』《荀子》此文蓋本《魯論》。下文曰：『未可與言而言謂之傲。』皆與《論語》同。『傲』即『躁』之叚字。」王先謙、王叔岷、李滌生從俞說。《鹽鐵論·孝養》：「言不及而言者傲也。」正用《魯論》作「傲」。《賈子·道術》：「思惡勿道謂之戒，反戒爲傲。」「傲」與「戒愼」相反，自當取「急躁」義，俞說是也，王先謙從其說。徐仁甫曰：「傲爲躁之假。」「傲」、「躁」同屬宵部，「躁」從「喿」得聲，心母；「傲」疑母。心母、疑母可以相轉〔註60〕。龍宇純謂「聲不相及，不得假借。傲、囂音近通作，故傲與噪義同」〔註61〕，則失

〔註59〕 參見蕭旭《淮南子校補》，花木蘭文化出版社2014年版，第39頁。
〔註60〕 參見龐光華《論漢語上古音無複輔音聲母》，中國文史出版社2005年版，第443頁。
〔註61〕 龍宇純《荀卿子記餘》，《中國文史研究集刊》第15期，1999年版，第201頁。

考也。其餘諸說紛紜，不復具錄。王懋竑改作「問而不告者謂之傲」〔註62〕，亦以誤解「傲」字故也。②《禮記・曲禮上》：「長者不及，毋儳言。」鄭玄注：「儳，猶暫也，非類雜也。」孔疏：「長者正論甲事未及乙事，少者不得輒以乙事雜甲事，暫然雜錯。」孔氏未得「暫」字之誼。考《說文》：「儳，儳互，不齊也。」《廣韻》：「儳，雜言。」「儳」爲不齊，故儳言謂雜言，今言插話。鄭注「暫」即「儳」音轉，《左傳・僖公三十三年》：「武夫力而拘諸原，婦人暫而免諸國。」婦人暫者，謂婦人儳言。「暫」字亦同。字亦省作斬，本書《榮辱》：「故曰斬而齊，枉而順，不同而一。」〔註63〕劉台拱曰：「斬，讀如儳。《說文》：『儳，儳互不齊也。』……言多少厚薄，儳互不齊，乃其所以爲齊也。」〔註64〕王念孫引劉說，又補充云：「儳而齊，即《正名篇》所謂『差差然而齊』。」〔註65〕「斬」與「齊」對文，正不齊之義。馬王堆帛書《要》：「漸人爲而去詐。」李學勤讀漸爲讒〔註66〕。宋・朱翌（新仲）《猗覺寮襍記》卷下：「今人謂屢說曰暫，蓋囋字也，音贊。考之《荀子》：『問一曰告二曰囋。』」惠棟、劉師培皆引其說〔註67〕。方以智曰：「周密曰：『俗以人語煩數曰嘶，蓋囋也，音贊。《荀子》云云。』智以從口從言本通，嘶乃儳言聲也。」〔註68〕語煩數曰「嘶」，屢說曰「暫」，皆後出借音字或俗字，亦「儳」音轉。洪頤煊曰：「囋讀如《曲禮》『長者不及毋儳言』之『儳』，謂多言也。囋、儳聲相近。」〔註69〕洪說至精，孫詒讓從其說〔註70〕。盧文弨、郝懿行、久保愛引

〔註62〕 王懋竑《荀子存校》，《讀書記疑》卷 11，收入《續修四庫全書》第 1146 冊，上海古籍出版社 2002 年版，第 351 頁。

〔註63〕 《荀子・臣道篇》同。

〔註64〕 劉台拱《荀子補注》，收入《叢書集成續編》第 15 冊，新文豐出版公司 1988 年版，第 478 頁。蔣禮鴻《義府續貂》說同劉氏，收入《蔣禮鴻集》卷 2，浙江教育出版社 2001 年版，第 224 頁。

〔註65〕 王念孫《荀子雜志》，收入《讀書雜志》卷 10，中國書店 1985 年版，本卷第 71 頁。王氏引文脫「少厚薄」三字。

〔註66〕 李學勤《帛書〈要〉篇及其學術史意義》，收入《古文獻叢論》，上海遠東出版社 1996 年版，第 60 頁。

〔註67〕 惠棟《九經古義》卷 12《禮記古義》，收入《叢書集成新編》第 10 冊，新文豐出版公司 1985 年版，第 196 頁。

〔註68〕 方以智《通雅》卷 49，收入《方以智全書》第 1 冊，上海古籍出版社 1988 年版，第 1455 頁。

〔註69〕 洪頤煊《讀書叢錄》卷 15，收入《續修四庫全書》第 1157 冊，上海古籍出版

「嘈囋」、「嘈啐」以說之，「嘈啐（囋）」同「嘈雜」，亦取不齊煩雜爲義。徐仁甫曰：「囋謂語聲繁碎。」《廣韻》：「讚，不謹也。」《集韻》：「讚，不恭。」「讚」亦借字。劉師培又疑「囋」當作「嘖」，楊柳橋謂「囋」當作「嘖」，皆無據。高亨讀囋爲譏，解爲「善言」、「巧言」，亦非。

（37）《禮》、《樂》法而不說

楊倞註：有大法而不曲說也。

按：《西山讀書記》卷 24：「法而不說，謂陳列其法，使人自悟，而無待於論說。」說同楊注。于鬯讀說爲悅；于省吾讀說爲脫，解爲「簡脫」；楊柳橋讀說爲脫，謂《史記・禮書》作「脫」，《索隱》解爲「疏略」。考《史記・禮書》：「凡禮，始乎脫，成乎文，終乎稅（悅）。」出於本書《禮論》：「凡禮，始乎梲，成乎文，終乎悅校。」與此文無涉，楊柳橋所引不當。

（38）《春秋》約而不速

楊倞註：文義隱約，褒貶難明，不能使人速曉其意。

按：「速」無「速曉」義，楊氏增字解經，非也。沈瓞民曰：「速當讀爲束。《說文》：『約，纏束也。』約、束相對爲文。」〔註 71〕于省吾曰：「速、數音近字通，謂簡約而不繁數。約與數，上下相對爲文。」徐仁甫曰：「速當訓召，召與昭告意同。」于說是也，王天海偏謂「楊注是，于說非」，失於採擇矣。

（39）方其人之習君子之說，則尊以徧矣，周於世矣

楊倞註：當其習說之時，則尊高而徧，周於世事矣。

按：王天海誤以「君子之說」四字屬下句。方，猶當也，介詞，楊注甚是。林源河申楊注云：「『方』義與『當』同。習者，閑習之義。」〔註 72〕

社 2002 年版，第 687 頁。

〔註 70〕孫詒讓《荀子校勘記上》，收入《籀廎遺著輯存》，中華書局 2010 年版，第 499 頁。

〔註 71〕沈瓞民《讀荀臆斷》，《制言》第 58 期，1939 年版，本文第 3 頁。

〔註 72〕林源河《荀子義辨》，收入《荀儒考釋與中國國樂考原》，新加坡青年書局 2007 年版，第 6 頁。

郝懿行讀「方」爲傍，訓依傍，孫詒讓、龍宇純從其說〔註73〕；久保愛引《集韻》「方」訓效，梁啓雄、王天海從其說；豬飼彥博謂「方」猶至也；文廷式於「習」字斷句，謂「方與妨通，言方則不周不徧也，楊倞、郝懿行並非」〔註74〕；于鬯亦於「習」字斷句，謂「方」訓法則。皆非是。

（40）將原先王，本仁義，則《禮》正其經緯蹊徑也

按：物双松曰：「如《論語》『正唯』，皆虛字。」久保愛曰：「正，『正其心，正其口腹也』之『正』。」朝川鼎曰：「先君曰：『正，當也。』」王天海曰：「正，使之端正。」「正」是虛詞，猶言乃、正是，物說得之。

（41）若挈裘領，詘五指而頓之，順者不可勝數也

　　　楊倞註：言禮亦爲人之綱領。挈，舉也。詘，與屈同。頓，挈也。順者不可勝數，言禮皆順也。

按：盧文弨曰：「頓猶頓挫提舉高下之狀，若頓首然。注『挈也』疑誤。順者不可勝數，言全裘之毛皆順矣。」徐時棟曰：「按吾鄉方言，凡以手挈物，因而高下之，而去其汙垢皆謂之頓，正此字也。舉足屢高下謂之頓足，俗謂之頓脚，義與頓裘之頓同。」〔註75〕王念孫曰：「楊訓頓爲挈，於古無據。且上文已有『挈』字，此不得復訓爲『挈』。盧以『頓』爲『頓挫』，於義尤迂。頓者，引也。《廣雅》：『扽，引也。』古無『扽』字，借『頓』爲之。《鹽鐵論・詔聖篇》：『今之治民者，若御拙馬，行則頓之，止則擊之。』頓之，引之也。《釋名》：『挈，制也，制頓之使順己也。』」孫詒讓、王先謙從王說〔註76〕。久保愛引古屋鬲曰：「『頓』與『扽』通。《博雅》曰：『扽，引也。』」豬飼彥博曰：「頓，置也。」服部元雅曰：「頓，整頓之義。」李滌生曰：「頓，頓挫，抖擻。」董治

〔註73〕孫詒讓《荀子校勘記上》，收入《籀廎遺著輯存》，中華書局 2010 年版，第 499 頁。龍宇純《讀荀卿子三記》，收入《荀子論集》，學生書局 1987 年版，第 229 頁。

〔註74〕文廷式《純常子枝語》卷 15，收入《續修四庫全書》第 1165 冊，第 203 頁。

〔註75〕徐時棟《煙嶼樓讀書志》卷 14，收入《續修四庫全書》第 1162 冊，上海古籍出版社 2002 年版，第 570 頁。

〔註76〕孫詒讓《荀子校勘記上》，收入《籀廎遺著輯存》，中華書局 2010 年版，第 499 頁。

安曰：「頓，整也。」王天海曰「頓，一上一下抖動之。」王念孫說是也，扡猶俗言拉，今吳語、江淮方言尚有之。《鹽鐵論》「頓」謂拉引其轡。字亦作撨，馬王堆帛書《相馬經》：「庱（尺）且安卒者，撨挈之，善走。」〔註77〕盧說「若頓首然」望文生義，宜乎王氏駁之。毛子水回護盧說，云：「盧氏太文，沒有用『斗』（或『抖』）來解釋，王氏評為迂，實不公平，『頓』和『斗』一聲之轉。」〔註78〕毛氏所說聲轉，亦是無稽之談。楊注「頓，挈也」，「挈」與上文「挈」訓舉者不同，此「挈」是「揳」字音變，揳牽、牽引之義。楊注「頓，挈也」，亦以挈引訓之，王說與楊合。《易‧睽》：「見輿曳，其牛挈。」《集解》引虞翻本「挈」作「觢」，阜陽漢簡本作「絜」〔註79〕。《釋文》：「挈，鄭作挈，《說文》作觢，子夏作契。」《集韻》：「觢、挈：或從手，通作揳。」又「觢，或作挈、挈。」又「瘈、瘛：或從制。」《左傳‧襄公十七年》：「國人逐瘈狗，瘈狗入於華臣氏。」《慧琳音義》卷84、卷94並云：「《左傳》從制作猘。」皆是其證。龍宇純謂當從盧說訓頓挫，又引《廣韻》「扡，撼扡」，訓搖動、振動〔註80〕。扡訓撼扡，謂搖動而拉引之，非此文之誼。此文承上文「將原先王，本仁義，則《禮》正其經緯蹊徑也」而言，以裘領為喻。屈五指而引裘領，則眾毛皆順，以喻禮皆順也。楊注得之，安積信謂「由禮則諸德百行皆順」，亦得之。久保愛謂注當作「言皆順」，下「禮」字衍，未得其誼。

（42）譬之猶以指測河也，以戈舂黍也，以錐飡壺也，不可以得之矣

　　按：《莊子‧秋水》：「是直用管闚天，用錐指地也，不亦小乎？」《韓詩外傳》
　　　　卷10：「中庶子曰：『苟如子之方，譬如以管窺天，以錐刺地。所窺者
　　　　大，所見者小；所刺者巨，所中者少。』」〔註81〕《史記‧扁鵲傳》：「扁
　　　　鵲仰天歎曰：『夫子之為方也，若以管窺天，以郄視文。』」《文選‧答

〔註77〕參見蕭旭《馬王堆帛書〈相馬經〉校補》。
〔註78〕毛子水《荀子訓解補正》，轉引自張啓成《〈荀子校釋〉之我見》，《貴州民族學院學報》2006年第6期，第205頁。
〔註79〕韓自強《阜陽漢簡〈周易〉研究》，上海古籍出版社2004年版，第65頁。
〔註80〕龍宇純《荀子集解補正》，收入《荀子論集》，學生書局1987年版，第127～128頁。
〔註81〕《說苑‧辨物》略同。

客難》引《語》曰：「以管窺天，以蠡測海，以莛撞鐘。」《孔叢子・答問》：「立尺表以度天，植寸指以測淵。」《抱朴子內篇・論僊》：「所謂以指測海，指極而云水盡者也。」諸文取譬相近，皆謂所爲不當。湌，《記纂淵海》卷 54、《文則》卷上引作「殄」，並同「餐」，動詞，猶言吞食。王懋竑曰：「此言以錐而取壺中之殄，不可得也。」〔註82〕王先謙曰：「以錐湌壺，言以錐代箸也。」二氏說是也，然引諸書「壺湌」則誤。「壺」是飲器，盛水或酒，非此文之誼。壺當讀爲盂，《說文》：「盂，飯器也。」指碗之大而無足者。以錐於飯碗中取食，故曰「不可以得之」也。《史記・仲尼弟子列傳》：「乃下石乞壺黶。」《左傳・哀公十五年》作「盂黶」。錢大昕曰：「盂、壺聲相近。」〔註83〕服部元雅曰：「『壺』與『瓠』通，『八日斷壺』。」鍾泰亦讀壺爲瓠，王天海從鍾說；楊柳橋讀爲「奴壺」，謂即「投壺」。皆未得。

（43）故隆禮，雖未明，法士也；不隆禮，雖察辨，散儒也

按：王先謙以「法士」與「散儒」對文，解作「好禮之士」。鍾泰曰：「『法士』即《小戴・經解》所云『是故隆禮由禮，謂之有方之士』者也。『方』與『法』一義，不必即以禮爲法。」楊樹達從鍾說〔註84〕，甚是。王天海從朝川鼎說，以「法」上屬，解爲「禮法」，可謂無識。《禮記・經解》：「是故隆禮由禮，謂之有方之士；不隆禮不由禮，謂之無方之民。」鄭玄注：「隆禮，謂盛行禮也。方，猶道也。」「法士」即指有方之士，「散儒」即指無方之民。

（44）故未可與言而言謂之傲，可與言而不言謂之隱，不觀顏色而言謂之瞽。故君子不傲、不隱、不瞽，謹慎其身

楊倞註：傲亦戲傲也。《論語》曰：「言未及而言謂之躁。」

按：傲，李滌生讀爲躁，另詳上文。郝懿行讀傲爲敖，訓放散，非是。謹慎其身，《韓詩外傳》卷 4 作「言謹其序」。郝懿行謂「身猶人也」，劉師

〔註82〕王懋竑《荀子存校》，《讀書記疑》卷 11，收入《續修四庫全書》第 1146 冊，上海古籍出版社 2002 年版，第 351 頁。
〔註83〕錢大昕《二十二史考異》卷 5《史記考異》，收入《叢書集成新編》第 105 冊，新文豐出版公司 1985 年印行，第 265 頁。
〔註84〕楊樹達《鍾泰〈荀注訂補〉》，《清華學報》第 11 卷第 1 期，1937 年版，第 229 頁。

培、楊樹達、屈守元謂「身」是「序」誤，駱瑞鶴謂「序」是「身」誤，王天海謂作「身」義本通。劉師培等說是也，傲、隱、瞀，三者皆失其次序，君子不傲、不隱、不瞀，謹慎其次序也。

（45）《詩》曰：「匪交匪紓，天子所予。」

楊倞註：《詩·小雅·采菽》之篇。「匪交」當爲「彼交」。言彼與人交接，不敢紓緩，故受天子之賜予也。

按：盧文弨曰：「匪亦有彼義。」久保愛曰：「匪，上與『彼』同。下非鬼反，不也。」王引之曰：「此引《詩》正申明上文之『不傲、不隱、不瞀』，則作『匪』者正字，作『彼』者借字。交，讀爲姣，侮也。言不侮慢，不怠緩也。」孫詒讓從王說〔註85〕。俞樾曰：「交，讀爲絞。匪絞，言不急切。匪紓，言不舒緩。」鍾泰、李滌生說同俞氏，楊樹達從鍾說〔註86〕。余戴海曰：「『彼』爲『匪』之借字。『匪』與『非』同，不也。交，古絞字，與『傲』同義。紓訓緩。緩，怠慢也。」〔註87〕王天海曰：「《毛詩》作『彼交匪紓』，楊注是也。」王引之前說是，然讀交爲姣則誤。俞樾、鍾泰說亦是。《韓詩外傳》卷4引作「彼交匪紓」，同《毛詩》，皆用借字。《詩·桑扈》：「彼交匪敖，萬福來求。」《左傳·襄公二十七年》引作「匪交匪敖」，又《成公十四年》引作「彼交匪傲」，《漢書·五行志》引作「匪傲匪傲」。臧琳曰：「《論語》：『惡徼以爲知者。』《釋文》云：『徼，鄭本作絞。』是徼、絞古通。《毛詩》作交，蓋絞之省借，故《漢書》作傲。」〔註88〕亦其比。王天海未達訓詁，惟以今本斷之，庸有當乎？

（46）百發失一，不足謂善射；千里跬步不至，不足謂善御

按：失一，遞修本、久保愛本作「一失」。《記纂淵海》卷57引「失一」作「一失」，「跬」作「蹞」，二「謂」作「爲」。冢田虎改作「百發一矢

〔註85〕 孫詒讓《荀子校勘記上》，收入《籀廎遺著輯存》，中華書局2010年版，第500頁。

〔註86〕 楊樹達《鍾泰〈荀注訂補〉》，《清華學報》第11卷第1期，1937年版，第226頁。

〔註87〕 余戴海《荀子詩說》，《實學》第2期，1926年版，第48頁。

〔註88〕 臧琳《經義雜記》卷1，收入阮元《清經解》卷195，上海書店社1988年版，第1冊，第783頁。

不中」，殊無所據。

《修身篇》第二校補

（1）**見善，脩然必有以自存也；見不善，愀然必以自省也**

　　楊倞註：脩然，整飭貌。言見善必自整飭，使存於身也。愀然，憂懼貌。
　　　　　　自省其過也。

按：王天海所據乃摹宋本，下「必」下誤增「有」字。久保愛曰：「宋本、
　　韓本上『必』下有『有』字，非。」遞修本上「必」下無「有」字；《治
　　要》卷 38、《記纂淵海》卷 152、《皇王大紀》卷 78 引二「必」下無「有」
　　字〔註89〕，《記纂淵海》卷 137 引則有二「有」字〔註90〕。脩然，《記
　　纂淵海》卷 137 引作「脩然」。孫詒讓曰：「脩然，悠久貌。楊注非。」
　　〔註91〕于鬯讀脩為鬵，王天海從于說。高亨讀脩為嗺，訓喜貌。高正
　　謂脩訓長，「脩然」即「悠然」，思念之貌。史多青「脩然」讀為「悠
　　然」，解作思慮之狀〔註92〕。四說於古音皆有依據。《釋名》：「繡，修
　　也，文修修然也。」《初學記》卷 27、《御覽》卷 815 引作「繡，脩也，
　　文脩然也」，此可為于鬯說佐證。史多青讀為「悠然」是也，但非思念
　　之貌。悠然，舒適自得之貌，與「愀然」訓憂懼貌相對為文。脩然有
　　以自存，猶言悠然自得也。《列子·力命》：「終身逌然。」《釋文》：「逌
　　然，自得貌。後《楊朱篇》義同。」又《楊朱》：「逌然而自得。」《史
　　記·趙世家》：「烈侯逌然。」《正義》：「逌，音由，古字與攸同。攸攸，
　　氣行貌，寬緩也。」「逌然」即「悠（攸）然」。王念孫謂存訓省察，
　　高正謂存訓思念，是也。鍾泰謂楊注「使存於身」不誤，非是。

（2）**善在身，介然必以自好也；不善在身，菑然必以自惡也**

　　楊倞註：介然，堅固貌。菑，讀為災。災然，災害在身之貌。

按：物双松曰：「介然，特立貌。」王天海曰：「介，當讀為潔。楊注、物說

〔註89〕四庫本《記纂淵海》在卷 62。
〔註90〕四庫本《記纂淵海》在卷 67。
〔註91〕孫詒讓《荀子校勘記上》，收入《籀廎遺著輯存》，中華書局 2010 年版，第 500
　　　　頁。
〔註92〕史冬青《〈荀子〉詞義辨析五則》，《山西大學學報》2007 年第 6 期，第 121 頁。

皆非也。」考下文「好善無猒」承此言之,「無猒」即謂堅固不改移也,
楊注是也。

(3) 諂諛者親,諫爭者疏,脩正為笑,至忠為賊

按:脩正,當據《治要》卷38引作「循正」,形之譌也。循,遵循。《管子‧
形勢解》:「先之則民循正。」《漢書‧五行志》:「文不改行循正,共(恭)
御厥罰。」《潛夫論‧愛日》:「乃君明察而百官治,下循正而得其所。」
皆其例。李滌生解為「修身正己」,非是。王天海謂「循正」與「脩正」
義同,是不知其為誤字也。龍宇純曰:「諂諛、諫爭、脩正並二字平列,
至忠亦平列為義。今人言摯,古人言至。《莊子‧天下》云:『不離於眞
謂之至人。』眞與至、摯一語之轉。」〔註93〕龍氏拘文害義,且「脩正」
亦非平列,其說「至、摯」音轉為「眞」,尤是妄說音轉,不可信從。「至
忠」是秦漢人成語。

(4) 以治氣養生則後彭祖,以脩身自名則配堯禹

楊倞註:若以脩身自為名號,則壽配堯禹,不朽矣。言禮雖不能治氣養生,
而長於脩身自名。

按:王引之曰:「『以脩身自名』文義不安,當有脫誤。楊云『以脩身自為
名號』,則所見本已同今本。《韓詩外傳》作『以治氣養性則身後彭祖,
修身自強則名配堯禹』,於義為長。《王霸篇》云:『名配堯禹。』又
云:『名配舜禹。』」王說是,惟上句「則」下亦當據《外傳》卷1補
「身」字,「身後彭祖」與「名配堯禹」對舉。《說苑‧尊賢》:「仲尼
曰:『合二十五人之智,智于湯武;並二十五人之力,力于彭祖。』」
《申鑒‧俗嫌》:「聖云仲尼,壽稱彭祖。」文例並同。身後彭祖,謂
壽過彭祖也(陶鴻慶說)。蔣禮鴻改作「脩身白名」,帆足萬里訓名為
顯,楊柳橋訓名為明、潔,龍宇純、駱瑞鶴讀名為銘〔註94〕,王天海
解為「自成其名」,皆非是。生,當據《外傳》讀為性。《新語‧道基》:
「調氣養性。」《論衡‧道虛》:「導氣養性。」皆作「性」字。《申鑒‧
俗嫌》:「善治氣者,由(猶)禹之治水也,若夫導引蓄氣,歷史藏內

〔註93〕龍宇純《荀卿子記餘》,《中國文史研究集刊》第 15 期,1999 年版,第 202
頁。

〔註94〕龍宇純《讀荀卿子三記》,收入《荀子論集》,學生書局 1987 年版,第 230 頁。

視，過則失中，可以治疾，皆非養性之聖術也。」此雖否定句，而字亦作「性」。本書《修身》：「治氣養心之術。」〔註95〕「心」、「性」相近。周廷寀、王天海謂《外傳》「養性」當讀爲「養生」〔註96〕，傎矣。

（5）凡用血氣、志意、知慮，由禮則治通，不由禮則勃亂提優

　　楊倞註：提優，舒緩也。《爾雅》云：「媞媞，安也。」《詩》曰：「好人提提。」皆舒緩之義也。

按：王懋竑曰：「提優，二字義未詳。注以爲舒緩，未確。」〔註97〕郝懿行曰：「勃與悖，優與嫚，並同。嫚，謂相侮易也。提者，群居相樂。優者，狃侮相輕。皆不由禮使然。」朱駿聲曰：「提，叚借爲堤。」〔註98〕王先謙曰：「下文『難進曰偍』，注云：『偍與提、媞皆同，謂弛緩也。』是『提』、『優』二字義同，故與『勃亂』對文。郝說非。」久保愛曰：「優，與漫同。」豬飼彥博曰：「『提優』與『媞嫚』通，蓋輕慢之意。」于鬯曰：「提之言怠也，怠、提一聲之轉。」朱起鳳、李滌生說同于氏〔註99〕。劉師培亦曰：「提、怠音近，下文『難進曰偍』，亦怠字之借字也。」王天海曰：「治通者，理通也。《外傳》卷1：『由禮則理達，不由禮則悖亂。』提優，于說是也。」治，讀爲怡。《說文》：「怡，和也。」怡通，猶言和通，平列爲義，故與「勃亂提優」對舉。《外傳》作「理達」者，《廣雅》：「理，順也。」《韓詩外傳》卷1：「居處不理，飲食不節。」《管子・形勢解》、《素問・太陰陽明論篇》作「起居不時」，《家語・五儀解》、《說苑・雜言》作「寢處不時」，「理」謂順時。下文「由禮則和節，不由禮則觸陷生疾」、「由禮則雅，不由禮則夷固僻違，庸眾而野」〔註100〕，義並相近，「怡通」與「和節」、「文雅」亦相比。「提」、

〔註95〕《韓詩外傳》卷2同。

〔註96〕周廷寀《韓詩外傳校注》卷1，民國21年安徽叢書編印處據歙黃氏藏營道堂刊本影印。

〔註97〕王懋竑《荀子存校》，《讀書記疑》卷11，收入《續修四庫全書》第1146冊，上海古籍出版社2002年版，第351頁。

〔註98〕朱駿聲《說文通訓定聲》，武漢市古籍書店1983年版，第514頁。

〔註99〕朱起鳳《辭通》卷19，上海古籍出版社1982年版，第2004頁。

〔註100〕王紹蘭讀「不由禮則夷」句，謂「夷」是「裔夷」之「夷」，非也。王紹蘭《讀書雜記・荀子》，收入《叢書集成續編》第18冊，第113頁。

「媞」訓安舒和緩，是美好貌〔註101〕，非此文之誼，楊說非是。王先謙說亦非是。于鬯、朱起鳳、劉師培看出這個問題，故以雙聲改讀爲「怠」。然「提」、「怠」通轉，未見其例。提，讀爲夷，倨傲也。「堤」或作「稊」，是其比。提偄，猶言倨慢。

（6）食飲、衣服、居處、動靜，由禮則和節，不由禮則觸陷（陷）生疾

按：「陷」是「陷」俗譌字。和節，《韓詩外傳》卷1作「知節」。趙懷玉據本書改「知」作「和」〔註102〕，是也。《戰國策・趙策四》：「和於身也。」馬王堆帛書「和」作「知」。《淮南子・齊俗篇》：「風雨之變，可以音律知也。」《御覽》卷13引「知」作「和」，《劉子・心隱》亦作「和」。皆其相譌之例。物双松曰：「觸陷，《外傳》作『墊陷』，兩通。」劉師培曰：「《外傳》卷1『觸』作『墊』，於義爲長。」久保愛曰：「觸陷，觸物陷禍也。」李滌生、王天海從久說。趙善詒曰：「《荀子》『墊』作『觸』，疑誤。」〔註103〕許維遹曰：「『觸』當作『溺』，字之誤也。『墊』、『溺』同義。」〔註104〕墊，下也，亦陷也，字亦作窒，與「溼」同源音轉〔註105〕。「墊陷」猶言下陷、下溼，故云「生疾」也。朱起鳳謂「墊陷」與「墊隘」形近義通〔註106〕，非是。觸，讀爲濁。《史記・律書》：「濁者，觸也，言萬物皆觸死也，故曰濁。」濁陷，猶言汙陷。

（7）容貌、態度、進退、趨行

按：趨行，《韓詩外傳》卷1作「移步」。趙懷玉據本書校作「趨步」，云「此乃『趨』字誤爲『移』也」〔註107〕。

〔註101〕此義本字作徥，《說文》：「徥，徥徥，行貌。」《方言》卷6：「徥，行也，朝鮮洌水之閒或曰徥。」又卷2：「自關而西秦晉之閒凡細而有容謂之嬰，或曰徥。」謂細步緩行也。

〔註102〕趙懷玉校本《韓詩外傳》卷1，收入《龍溪精舍叢書》，無頁碼。

〔註103〕趙善詒《韓詩外傳補正》卷1，商務印書館1938年版，第10頁。

〔註104〕許維遹《韓詩外傳集釋》卷1，中華書局1980年版，第7頁。

〔註105〕《釋名・釋地》：「下溼曰隰。隰，蟄也。蟄，溼意也。」《集韻》「溼」、「蟄」同音叱入切。

〔註106〕朱起鳳《辭通》卷18，上海古籍出版社1982年版，第1882頁。

〔註107〕趙懷玉校本《韓詩外傳》卷1，收入《龍溪精舍叢書》，無頁碼。

（8）以不善先人者謂之諂（讇），以不善和人者謂之諛

> 楊倞註：諂（讇）之言陷（陷）也，謂以佞言陷（陷）之。諛，與俞義（音）同〔註108〕，故爲不善和人也。

按：王念孫曰：「楊說『讇』字不確。讇之言導也。導人以不善也，故曰『以不善先人者謂之讇』。而《莊子・漁父篇》亦曰『希意道言謂之讇』。《不苟篇》：『非讇諛也。』《賈子・先醒篇》：『君好讇諛而惡至言。』《韓詩外傳》並作『道諛』。讇與導，聲之轉。」久保愛曰：「本注『讇諛』解似附會。」鄧憂鳴曰：「『讇』作本義解，『先』字已有導義，不當又訓讇爲導也。逢迎之人，自多脅肩讇笑之態，故謂之讇。」〔註109〕李中生曰：「讇，當從楊注。以不善導人，即以佞言使人墮落，所以稱爲『讇（陷）』。」王天海曰：「讇，佞也。楊注非，諸說亦未洽也。」楊倞、王念孫皆說「陷」字語源。楊氏認爲是「陷」，王氏認爲是「導」。《莊子》「希意道言謂之讇」，「道言」即「導言」，《長短經・定名》、《記纂淵海》卷60引作「導言」〔註110〕。成玄英疏：「希望前人意氣而導達其言，斯讇也。」《荀子》「先人」即「導人」，是「讇」的語源是「導」，王念孫說塙不可移。王念孫非不知「讇」訓佞也，王天海不達厥誼，而遽曰「諸說未洽」，亦已疏矣。楊倞謂「諛」的語源是「俞」，取應和之聲，順從之義，其說是也，古俞、與聲通〔註111〕。《荀子》正以「和」釋之。「和」當讀去聲。《莊子・漁父》「不擇是否而言謂之諛」，亦謂順從之也。《申鑒・雜言上》：「違道順上謂之諛臣。」亦其證。

（9）保利棄義，謂之至賊

> 楊倞註：保，安。

按：賊，別本作「賤」，《記纂淵海》卷101引作「賤」〔註112〕，誤。久保愛曰：「保，保有也。」李滌生曰：「保全個人利益。」王天海曰：「保，守也。」諸說皆誤。保，當讀爲赴〔註113〕。《說文》：「赴，趨也。」保

〔註108〕豬飼彥博校「義」作「音」。
〔註109〕鄧憂鳴《荀子札記》，《國專月刊》第2卷第2期，1935年版，第62頁。
〔註110〕四庫本《記纂淵海》在卷47。
〔註111〕詳見蕭旭《馬王堆漢簡（四）〈天下至道談〉、〈合陰陽〉校補》，收入《群書校補（續）》，花木蘭文化出版社2014年版，第86頁。
〔註112〕四庫本《記纂淵海》在卷54。
〔註113〕參見蕭旭《韓非子校補》，花木蘭文化出版社2015年版，第10～11頁。

利，猶言趨利。本書《強國》：「如是則下之人百姓皆有棄義之志，有趨
姦之心矣。」正以「趨」、「棄」對舉。《論衡・齊世》：「今世趨利苟生，
棄義妄得。」此尤爲確證。《淮南子・人間篇》：「蓋聞君子不棄義以取
利。」取即趣，亦趨也。《列女傳》卷 4：「念忘死而趨生，是不信也；
貴而忘賤，是不貞也，棄義而從利，無以爲人。」從亦趨也。《中說・
周公》：「天下皆爭利棄義，吾獨若之何？」爭亦趨也。

（10）難進曰偍

楊倞註：偍與提、媞皆同，謂弛緩也。

按：傅山曰：「『提偒』一義，而前作提，此作偒。」〔註114〕郝懿行曰：「偍
與媞同。《爾雅》：『媞媞，安也。』孫炎注云：『行步之安。』是也。」
王筠、桂馥、朱駿聲皆謂「偍」同《說文》「偍，偍偍，行兒也」之「偍」
〔註115〕。鄧憂鳴曰：「提借爲折。《說文》：『折，斷也。』《禮記・玉藻》：
『折旋中矩。』折斷、折旋，皆有難進義。」〔註116〕龍宇純曰：「《集
釋》云：『提借爲怠。』偍、提與惰一聲之轉，與怠亦同。然偍不得借
爲怠。」〔註117〕李滌生、王天海並讀爲怠（偍讀爲怠本是于鬯、劉師
培說，二氏未指明）。諸說皆未得。偍、提、媞訓弛緩，是小步安行舒
緩貌，美好之貌，非此文之誼。偍，讀爲堤、坁。《說文》：「堤，滯也。」
又「坁，箸也。」「箸」即「躇」，猶止也。「堤」、「坁」二字音義皆同。
《說文》：「汦，箸止也。」「汦」字亦同。字亦作跱，《說文》：「跱，躇
也。」《玉篇》：「跱，止不前也。」《廣雅》：「躇，止也。」雙聲合成詞
則曰「跱躇」，《說文》：「躇，跱躇，不前也。」倒言則作「躇跱」，《玉
篇》：「躇，跱躇，行不前。」《廣韻》：「躇，跱躇，行難貌。」異體甚
多，不詳考。字亦作踌，《廣雅》：「踌，止也。」《慧琳音義》卷 74 引

〔註114〕明・傅山《荀子評注》，收入《續修四庫全書》第 932 冊，上海古籍出版社
2002 年版，第 394 頁。

〔註115〕王筠《說文解字句讀》，中華書局 1988 年版，第 66 頁。桂馥《說文解字義證》，
齊魯書社 1987 年版，第 163 頁。朱駿聲《說文通訓定聲》，武漢市古籍書店
1983 年版，第 513 頁。錢繹《方言箋疏》卷 6，上海古籍出版社 1984 年版，
第 393 頁。

〔註116〕鄧憂鳴《荀子札記》，《國專月刊》第 2 卷第 2 期，1935 年版，第 63 頁。

〔註117〕龍宇純《讀荀卿子三記》，收入《荀子論集》，學生書局 1987 年版，第 231
頁。

《說文》：「踟，行步不前也。」《龍龕手鑑》：「踟，行難進也。」字亦
作徥，《集韻》：「徥，止也。」字亦作踟、蹢，《集韻》：「踟，或作踟、
蹢。」謂停步不前。

（11）少而理曰治，多而亂曰耗

楊倞註：耗，虛竭也。凡物多而易盡曰耗也。

按：耗，別本作「秏」。鄧憂鳴從楊注，又謂「秏、亂二字當互易」〔註118〕。
郝懿行曰：「秏，猶暴也，傷敗之名。」王念孫曰：「秏，俗作耗，讀
爲眊。眊，亂也。」朝川鼎曰：「先君曰：『秏，當讀爲荒。』」王天海
曰：「秏，通『眊』，昏暗不明。王訓爲亂未妥。若多而亂曰亂，幾同
未釋。」王念孫說是，字亦作冒、瞀、霿、貿、暓〔註119〕。理亦治也，
秏亦亂也。王天海未達厥誼，遽非王說，然則「少而理曰治」，亦同於
未釋乎？

（12）血氣剛彊，則柔之以調和；智慮漸深，則一之以易良

楊倞註：漸，進也。或曰：漸，浸也。言智慮深則近險詐，故一之以易良
也。

按：王懋竑曰：「『漸』同『潛』，《書》『沈潛』，《史》作『沈漸』。」〔註120〕
劉台拱曰：「漸者，深險之意。」郝懿行曰：「『漸』與『潛』古字通，
《外傳》卷 2 作『潛』，是。『良』作『諒』，亦古字通用。《樂記》云：
『易直子諒之心生。』『易諒』即『易良』也。」王念孫曰：「漸，讀
爲潛，《外傳》正作『潛』。《漢書・谷永傳》：『忘湛漸之義。』漢《太
尉劉寬碑》：『演策沈漸。』漸並與潛通。」裴學海從王說〔註121〕。龍
宇純曰：「郝、王念孫說是。各家不釋『深』字，今以爲『深』與『沈』
通。『潛沈』即《洪範》之『沈潛』。」〔註122〕久保愛曰：「《外傳》『漸

〔註118〕鄧憂鳴《荀子札記》，《國專月刊》第 2 卷第 2 期，1935 年版，第 63 頁。
〔註119〕參見王繼如《「冒亂」考源》，《文史》第 39 期，1994 年版，第 263～266 頁。
〔註120〕王懋竑《荀子存校》，《讀書記疑》卷 11，收入《續修四庫全書》第 1146 冊，
上海古籍出版社 2002 年版，第 351 頁。
〔註121〕孫詒讓《荀子校勘記上》，收入《籀廎遺著輯存》，中華書局 2010 年版，第
498 頁。裴學海《評高郵王氏四種》，《河北大學學報》1962 年第 2 期，第 44
頁。
〔註122〕龍宇純《荀子集解補正》，收入《荀子論集》，學生書局 1987 年版，第 128

深』作『潛深』。標注曰：『漸與潛同。《書》：「沈潛剛克。」亦作「沈
漸」。』物茂卿曰：『「漸深」即「沈潛」，有潛藏阻內含機械意。』漸
音潛。」朝川鼎曰：「一之，猶平之也。」鄧憂鳴曰：「良，易直也。
是『易』、『良』義近。」〔註123〕梁啓雄曰：「伯兄曰：『漸深，猶深沈。
易良者，即《樂記》之易諒。』易，謂坦率。諒，謂忠直。」熊公哲
曰：「易，平易。良，溫良也。」楊柳橋曰：「一，猶正也，齊也。易，
平易也。」王天海曰：「漸深，猶言詐深。《書·呂刑》：『民興胥漸。』
孫星衍疏：『漸，猶詐也。』《不苟篇》：『知則攫盜而漸。』《正論篇》
曰：『上幽險則下漸詐矣。』亦『漸詐』並言。一者，抑也，平抑之
謂也。上古音相通。易良，謂簡易良善。諸說皆未得也。」①王天海
說全誤，而竟顏曰諸說皆未得。張啓成無識，作書評頌之曰「一語中
的」、「思慮周密」、「引證得當，遠勝他注」、「見識確實在諸說之上」
〔註124〕。王念孫非不知「漸」有詐義，《呂刑》、《不苟》、《正論》三
篇之「漸」，王引之即訓爲「詐欺」（王氏所舉不止此三例）〔註125〕。
此義本由王引之發明，孫星衍疏指明是引用的王氏說，亦列舉了《不
苟》、《正論》二例〔註126〕。諸家謂此例「漸讀爲潛」者，《外傳》卷
2作「血氣剛強，則務之以調和；智慮潛深，則一之以易諒」，此其確
證，漢人近古，其說自當重視。王先謙亦從此說，是也。《說文》：「潛，
一日藏也。」《爾雅》：「潛，深也。」謂藏之深也。「漸（潛）深」即
「深藏」。後漢張衡《思玄賦》：「經重陰乎寂寞兮，愍墳羊之潛深。」
李善本《文選》作「深潛」。②《外傳》之「務」，當據此讀爲柔。字
亦作楺，銀雀山漢簡《五名五共》「重楺」即「重柔」。③調和，讀爲
柔和。《說苑·修文》：「其聲和以調。」《禮記·樂記》作「和以柔」。
朱珔曰：「調義與柔可爲通借，亦聲轉。」〔註127〕《列子·黃帝》引
《粥（鬻）子》曰：「欲剛，必以柔守之；欲彊，必以弱保之。」《淮

頁。
〔註123〕鄧憂鳴《荀子札記》，《國專月刊》第2卷第2期，1935年版，第63頁。
〔註124〕張啓成《〈荀子校釋〉之我見》，《貴州民族學院學報》2006年第6期，第203
　　　　頁。張氏又易題名作《略論〈荀子校釋〉的創新之處》，《貴州教育學院學報》
　　　　2007年第1期，第54頁。
〔註125〕王引之《經義述聞》卷3，江蘇古籍出版社1985年版，第82頁。
〔註126〕孫星衍《尚書今古文注疏》，中華書局1986年版，第522～523頁。
〔註127〕朱珔《說文假借義證》，黃山書社1997年版，第322頁。

南子‧原道篇》同，即此以柔和調剛彊之說。趙善詒曰：「『務之』與下『一之』同義，若作『柔之』，則與『調和』義複。『柔』乃『務』字之誤也。」〔註128〕其說非是。④「易良」、「易諒」即「易直子諒」之省語。《禮記‧祭義》、《史記‧樂書》亦有「易直子（慈）諒」之語。《史記集解》引王肅曰：「易，平易。直，正直。子諒，愛信也。」《樂記》孔疏：「易謂和易，直謂正直，子謂子愛，諒謂誠信。」朱熹《儀禮經傳通解》卷9：「易直子諒，今按《韓詩外傳》『子諒』作『慈良』，近是。」今本《外傳》未見其文。「易」自當訓平易、平和。「子」當據讀為慈。「諒」讀為良。⑤「一」謂純正。

（13）勇膽猛戾，則輔之以道順

楊倞註：膽，有膽氣。戾，忿惡也。此性多不順，故以道順輔之也。

按：勇膽，《鼠璞》卷下引誤作「柔膽」。《韓詩外傳》卷2作「勇毅強果，則輔之以道術」。郝懿行曰：「『膽』字疑誤。《外傳》卷2作『勇毅強果』。道與導同，謂誘導將順之。」俞樾曰：「道順，即導訓也。楊註非是。」物双松曰：「謂道德孝順以夾輔之也。」朝川鼎曰：「先君曰：『道，疑當作遜。』」鄧憂鳴曰：「勇氣生於膽，故曰勇膽。」〔註129〕鍾泰曰：「道亦有順義。」李中生曰：「《修身篇》：『以善和人者謂之順。』道，通『導』。『道順』所指應是：能開導人、寬容人。」〔註130〕王天海曰：「膽、敢同韻，一聲之轉。道，指道義。順，和順也。楊註非，諸說亦未得。《外傳》云云，乃傳寫各異耳，不得以彼律此。」「勇膽」不誤，鄧憂鳴說是。謂有勇有膽，《人物志‧九徵》：「勇膽之精，煜然以彊。」〔註131〕亦用此詞。膽虛為怯，膽實為勇，故「勇膽」連文也。《莊子‧盜跖》云「勇悍果敢」，義亦近。「道順」鍾泰說是，但舉例不當，楊樹達另舉例以證其說〔註132〕。趙生群亦謂「道，通『導』，

〔註128〕趙善詒《韓詩外傳補正》卷2，商務印書館1938年版，第67頁。
〔註129〕鄧憂鳴《荀子札記》，《國專月刊》第2卷第2期，1935年版，第63頁。
〔註130〕李中生《〈荀子〉詞例誤釋舉例》，其說又見《從王先謙〈荀子集解〉看清代訓詁學的得失》，並收入《荀子校詁叢稿》，廣東高等教育出版社2001年版，第42～43、120頁。
〔註131〕《長短經‧知人》引「煜」作「曄」。
〔註132〕楊樹達《鍾泰〈荀注訂補〉》，《清華學報》第11卷第1期，1937年版，第234頁。

順也」〔註133〕。道順，猶言和順。《外傳》作「道術」者，術讀爲述。《說文》：「述，循也。」循亦順也。

（14）齊給便利，則節之以動止

楊倞註：《爾雅》云：「齊，疾也。」齊急（給）便利，皆捷速也。懼其太陵遽，故節之使安徐也。

按：久保愛本注「安徐」誤作「安除」。楊注「陵遽」，梁・蕭統《七召》：「象折牙而陵遽，貊拉齒而夷由。」亦用此詞。亦作「淩懍」，《爾雅》：「淩，慄也。」郭璞注：「淩懍戰慄。」《釋文》引《埤蒼》：「悷，慄也」又作「淩遽」，《漢書・揚雄傳》《羽獵賦》：「亶觀夫票禽之紲隃，犀兕之抵觸，熊羆之挐攫，虎豹之淩遽。」顏師古曰：「淩，戰栗也。遽，惶也。」又作「悷遽」，《文選・西京賦》：「百禽悷遽，騃瞿奔觸。」薛綜注：「悷，猶怖也。遽，促也。」李善注引《羽獵賦》作「悷遽」。《文選・應詔觀北湖田收》：「疲弱謝淩遽，取累非縲牽。」李善注引《西京賦》作「淩遽」。「悷」是戰慄義後出分別字，《淮南子・兵略篇》：「諸侯莫不慴悷沮膽。」遽，忙急恐懼義。《說文》：「遽，一曰窘也。」《廣雅》：「惶、怖、畏、恐、遽，懼也。」俗字亦作懅，《廣雅》：「怖，懅也。」《廣韻》：「懅，怯也，又音遽。」《集韻》：「懅，懼也。」《玄應音義》卷2：「怖遽：《廣雅》：『遽、畏，懼也。』疾急也。經文有作懅，書史所無，唯郭璞注《爾雅・釋言》中『淩懍也』作此字，二形通用。」又卷22：「遽務：又作懅，同。遽，急也，亦畏懼也。」此文言懼其捷速，使人驚懼，故以動止之宜節之，使其動止適中也。鄧憂鳴曰：「張懷民《荀子札記》引張曾祐曰：『動止，疑「重遲」之誤。動、重形近，止、遲聲近。』比（此）說近是。」〔註134〕龍宇純曰：「『動止』疑原作『容止』，似音近而誤。」王天海曰：「動止，復（複）詞偏義，言靜止也。《莊子・天地》：『其動止也，其死生也。』動止亦訓靜止。《外傳》作『安之以靜退』，其意亦同。」張氏妄改原文，龍氏妄說音借。王氏尤爲妄說，懼其捷速，則使之靜止不動乎？《莊子》「動止」、「死生」皆相反爲義，

〔註133〕趙生群《〈荀子〉疑義新證》，《傳統中國研究集刊》第8輯，2011年版，第49頁。

〔註134〕鄧憂鳴《荀子札記》，《國專月刊》第2卷第2期，1935年版，第63頁。

又何得以複詞偏義說之？《外傳》作「靜退」，失《荀子》之誼。

（15）卑溼重遲貪利，則抗之以高志

楊倞註：卑謂謙下。溼亦謂自卑下如地之下溼然也。《方言》：「溼，憂也，自關而西，凡志而不得，欲而不獲，高而不墜，行而中止皆謂之溼。」亦謂之過謙恭而無禮者。重遲，寬緩也。夫過恭則無威儀，寬緩常不及機事，貪利則苟得也，故皆抗之〔以〕高志也〔註135〕。或曰：卑溼，亦謂遲緩也。言遲緩之人如有卑溼之疾，不能運動也。

按：溼，遞修本、久保愛本作「濕」。楊氏引《方言》「得而中亡」作「行而中止」，字形之譌也。卑溼，《韓詩外傳》卷 2 作「卑攝」。溼、攝，並讀爲懾、慹，言憂恐、憂懼。「卑溼」猶言卑怯〔註136〕。王懋竑曰：「『溼』字未詳，或方言也。注引《方言》，所云亦未盡合。溼即下之義，凡溼者必下也。」〔註 137〕龍宇純曰：「『卑溼』與『重遲』義同文複，蓋一本作『重遲貪利』，一本作『卑溼貪利』，後誤合爲一，遂與上下文文句參差矣。」〔註 138〕豬飼彥博曰：「『濕』、『隰』通，下濕曰隰。卑隰謂心志污下也。」其說皆非是。另外其餘諸說亦皆誤，不具引徵。「貪利」同義連文，利亦貪也，亦作「貪戾」〔註 139〕。

（16）庸眾駑散，則刦之以師友

按：《韓詩外傳》卷 2 作「容眾好散」。久保愛曰：「刦與劫通。」周廷寀曰：「疑此『容』、『好』字譌。」〔註 140〕朱起鳳曰：「『好』當作『奴』，即『駑』字之省。」〔註 141〕趙善詒曰：「周疑『容』字譌，非也。容、庸古通。」趙氏說「好」同朱氏〔註 142〕。「容」是「庸」借字，周說

〔註135〕「以」字據久保愛說補。

〔註136〕參見蕭旭《〈爾雅〉「蟄，靜也」疏證》。

〔註137〕王懋竑《荀子存校》，《讀書記疑》卷 11，收入《續修四庫全書》第 1146 冊，上海古籍出版社 2002 年版，第 351 頁。

〔註138〕龍宇純《荀子集解補正》，收入《荀子論集》，學生書局 1987 年版，第 128～129 頁。

〔註139〕參見朱起鳳《辭通》卷 17，上海古籍出版社 1982 年版，第 1834 頁。

〔註140〕周廷寀《韓詩外傳校注》卷 2，民國 21 年安徽叢書編印處據歙黃氏藏營道堂刊本影印。

〔註141〕參見朱起鳳《辭通》卷 16，上海古籍出版社 1982 年版，第 1626 頁。

〔註142〕趙善詒《韓詩外傳補正》卷 2，商務印書館 1938 年版，第 68 頁。

誤。

（17）怠慢僄弃，則炤之以禍災

> 楊倞註：僄，輕也，謂自輕其身也。《方言》：「楚謂相輕薄爲僄。」炤之
> 以禍災，謂以禍災照燭之，使知懼也。炤，與「照」同。

按：物双松曰：「僄棄，當作『僄棄』。《龍龕手鑑》：『僄，嬾解貌也。』《外
傳》作『摽棄』，摽訓落，亦通。」豬飼彥博曰：「《外傳》『僄』作『摽』，
《爾雅》：『摽，落也。』」朝川鼎曰：「先君曰：『僄棄，疑當作僄疾。』」
日人改字，皆爲妄說。孫詒讓引俞樾曰：「炤，讀爲詔。詔，告也。」
〔註143〕鄭知同曰：「拋棄字古則作抱。錢氏大昕云：『《史記・三代世
表》「抱之山中」，抱音普茅切，拋蓋抱之譌，從尤從力，於義無取。』
其說是也。古亦通作剽，《後漢・賈復傳》『復與鄧禹並剽甲兵，敦儒
術』可證（章懷注引《廣雅》：『剽，削也。』謂除甲兵。不知剽即拋
字）。亦有以摽訓棄者，《韓詩外傳》卷 2 云『怠慢摽棄』是也（《荀
子》作『僄棄』。作『僄』亦通借。楊倞望文生義，以『輕僄』解之，
與『棄』文意不屬。）」〔註144〕趙懷玉曰：「摽棄，猶今人言拋棄。」
〔註145〕章太炎曰：「『僄』即『暴』，此即《孟子》所謂『自暴自棄』
也。又案：自棄猶自輕賤也。」〔註146〕劉師培曰：「僄棄，即暴棄。
《孟子》謂『言非禮義，謂之自暴；吾身不能居仁由義，謂之自棄』，
自暴自棄與此『僄棄』同。」聞一多說同劉氏〔註147〕。黃侃曰：「暴
棄亦作僄棄，當作受，後出作犥、膘。」〔註148〕朱起鳳曰：「《外傳》
作『摽棄』。今俗呼拋棄，義即本此。僄與摽同音通用。」于省吾曰：
「炤，應讀爲昭，曉也。」楊明照曰：「楊注是，《新證》（引者按：
指于省吾說）則非也。」〔註149〕王天海曰：「朱說是，楊注及他說皆

〔註143〕孫詒讓《荀子校勘記上》，收入《籀廎遺著輯存》，中華書局 2010 年版，第
502 頁。

〔註144〕鄭珍《說文新附考》卷 6，收入《續修四庫全書》第 223 冊，上海古籍出版
社 2002 年版，第 328 頁。

〔註145〕趙懷玉校本《韓詩外傳》卷 2，收入《龍溪精舍叢書》，本卷第 16 頁。

〔註146〕章太炎《膏蘭室札記》卷 2，收入《章太炎全集（1）》，上海人民出版社 1982
年版，第 150 頁。

〔註147〕聞一多說轉引自許維遹《韓詩外傳集釋》卷 2，中華書局 1980 年版，第 75 頁。

〔註148〕黃侃《字通》，收入《說文箋識》，中華書局 2006 年版，第 145 頁。

〔註149〕楊明照《〈雙劍誃荀子新證〉評》，收入《學不已齋雜著》，上海古籍出版社

非。炤，同『照』，亦明也。《外傳》『炤』作『慰』，慰與畏通。」鄭、趙、章、劉、聞、黃、朱說並是也，王天海不能會通，以劉師培說爲誤，可謂知一十而不知二五也。戴震、錢繹、桂馥、朱駿聲、曹景年從楊注訓僄爲輕〔註150〕，非是。王天海讀慰爲畏，亦非創見。趙少咸曰：「『慰』恐作『畏』。《莊子·盜跖》：『貪財而取慰。』《釋文》：『慰，本作畏。』畏，恐懼之也。慰、畏同音。」〔註151〕賴炎元說全同〔註152〕，當即襲自趙說。趙善詒曰：「『慰』乃『畏』之叚，與《荀子》『炤』同義。」〔註153〕許維遹曰：「慰，猶止也。止，戒止也，與畏義相因。」〔註154〕屈守元曰：「《說文》：『慰，安也，一曰恚怒也。』此當用後義。」〔註155〕二趙說是。趙少咸說非王天海所能知，疑其說即竊自趙善詒《補正》。「摽」本字，「抛」俗字，「抱」則借字。《史記·三代世表》：「抱之山中，山者養之。」《吳越春秋·吳太伯傳》「抱」作「棄」，亦讀爲摽，楊樹達謂抱是古抛字〔註156〕。俞樾讀炤爲詔，是也。詔，告誡也，字或作招，《賈子·春秋》：「今我有失行，而天招以妖我。」劉師培曰：「案招當作詔，言以妖相戒也，《新序·雜事二》作『天以戒寡人』，戒與詔義相近，《晏子春秋·諫上篇》：『故詔之妖祥，以戒不敬。』亦其證。」〔註157〕戒與畏義相近〔註158〕。

1985 年版，第 223 頁。

〔註150〕戴震《方言疏證》卷 10，收入《戴震全集（5）》，清華大學出版社 1997 年版，第 2430 頁。錢繹《方言箋疏》卷 10，上海古籍出版社 1984 年版，第 606 頁。桂馥《說文解字義證》，齊魯書社 1987 年版，第 699 頁。朱駿聲《說文通訓定聲》，武漢市古籍書店 1983 年版，第 304 頁。曹景年《〈荀子校釋〉疑義舉例》，《畢節學院學報》2008 年第 1 期，第 95 頁。

〔註151〕趙少咸說轉引自趙幼文《〈韓詩外傳〉識小》，《金陵學報》第 8 卷第 1、2 期合刊，1938 年版，第 109 頁。

〔註152〕賴炎元《韓詩外傳校勘記》，（香港）《聯合書院學報》第 1 期，1962 年版，第 29 頁。

〔註153〕趙善詒《韓詩外傳補正》，商務印書館 1938 年版，第 68 頁。

〔註154〕許維遹《韓詩外傳集釋》卷 2，中華書局 1980 年版，第 75 頁。

〔註155〕屈守元《韓詩外傳箋疏》卷 2，巴蜀書社 1996 年版，第 218 頁。

〔註156〕楊樹達《漢書窺管》，收入《楊樹達文集》之十，上海古籍出版社 1984 年版，第 367 頁。

〔註157〕劉師培《賈子新書斠補》卷下，《劉申叔遺書》，江蘇古籍出版社 1997 年版，第 998 頁。

〔註158〕參見蕭旭《韓詩外傳補箋》，《文史》2001 年第 4 輯，第 58 頁；收入《群書

（18）凡治氣養心之術，莫徑由禮，莫要得師，莫神一好

　　　楊倞註：徑，捷速也。神，神明也。一好，謂好善不怒惡也。

　按：《韓詩外傳》卷 2「要」作「優」，「神」作「慎」。注「不怒惡」，四
　　庫本「怒」作「好」，是也。盧文弨謂當從宋本作「怒」〔註159〕，非
　　是，鍾泰已辨之〔註160〕。《爾雅》：「神，慎也。」乃是聲訓。神，讀
　　為慎，猶言慎重、看重。《說文》：「慎，謹也。」《呂氏春秋・節喪》：
　　「葬也者，藏也，慈親孝子之所慎也。」高誘注：「慎，重也。」《爾
　　雅》：「申、神，重也。」本書《非相》：「寶之珍之，貴之神之。」《韓
　　詩外傳》卷 5、《說苑・善說》並同，皆借字。楊註非是。王懋竑曰：
　　「莫神一好，此句有脫誤，注非是。」〔註161〕熊公哲曰：「神，謂神
　　化，純熟之候。」李中生曰：「『莫神一好』應有盡善周治之義。《儒效
　　篇》：『此其道出乎一。曷謂一？曰：執神而固。曷謂神？曰：盡善挾
　　治之謂神。』（楊倞註：『挾，讀為俠（浹）。浹，周洽也。』）」〔註162〕
　　王天海曰：「神，聖明。」亦皆非是。句言沒有比由禮、得師、一好這
　　三者更重要的了。

（19）志意脩則驕富貴矣，道義重則輕王公矣

　按：脩，《後漢書・逸民傳》、《文選・逸民傳論》引同，《中說・問易》作
　　「修」。本書《正論》：「志意脩，德行厚，知慮明。」又《天論》：「心
　　（志）意脩，德行厚，知慮明。」《中說》「王公」作「王侯」。《文選・
　　登石門最高頂》李善注引《尸子》：「守道固窮，則輕王公。」

（20）故良農不為水旱不耕，良賈不為折閱不市，士君子不為貧窮怠
　　　乎道

　　校補》，廣陵書社 2011 年版，第 453 頁。
〔註159〕盧文弨《荀子校勘補遺》，附於盧文弨、謝墉《荀子》校本，收入《諸子百
　　　家叢書》，上海古籍出版社影印浙江書局本 1989 年版，第 179 頁。
〔註160〕鍾泰《〈荀注訂補〉補》（蔣禮鴻輯錄），收入《蔣禮鴻集》卷 6，浙江教育出
　　　版社 2001 年版，第 458 頁。
〔註161〕王懋竑《荀子存校》，《讀書記疑》卷 11，收入《續修四庫全書》第 1146 冊，
　　　上海古籍出版社 2002 年版，第 351 頁。
〔註162〕李中生《〈荀子〉詞例誤釋舉例》，收入《荀子校詁叢稿》，廣東高等教育出版
　　　社 2001 年版，第 41 頁。

楊倞註：折，損也。閱，賣也。謂損所閱賣之物價也。

按：王叔岷曰：「柳鍾城云：『《事文類聚》前集卷 36 引作輟耕。』」不耕，
《御覽》卷 822、《記纂淵海》卷 54 引同，《記纂淵海》卷 49、84、《合
璧事類備要》前集卷 52、《韻府群玉》卷 7 引作「輟耕」。宋・衞涇《潭
州勸農文》：「良農不爲水旱輟耕，此人事也。」又《福州勸農文》：「是
穮是蓘，不爲水旱輟耕。」宋・楊冠卿《送臨川簿張季海序》：「以水
旱輟耕者非良農，以折閱不市者非良賈。」是宋、元人所見有作「輟
耕」者。《易林・咸之蠱》：「登高傷軸，上阪棄粟。販鹽不利，市賈
折閱。」亦有「折閱」一詞。周祈《名義考》卷 8：「折，音舌。折閱
猶俗謂折本也。」今吳語尚讀「折本」之折音舌。《說文》：「閱，具
數於門中也。」轉爲名詞，所具之數亦謂之閱，此文指錢貨。龍宇純
曰：「《集釋》云（引者按：指李滌生說）：『閱、減音近義通。』《新
注》云：『折閱，虧損。』楊注釋閱爲賣，於古無徵。《集釋》以閱、
減音近，然二字音固不近。《新注》但由臆測。今案：閱當讀與悅同，
悅、稅音近。」〔註163〕亦通。其餘舊說皆誤，不具引徵。《中論・脩
本》：「故以歲之有凶穰而荒其稼穡者，非良農也；以利之有盈縮而棄
其資貨者，非良賈也；以行之有禍福而改其善道者，非良士也。」《列
女傳》卷 2：「夫安貧賤而不怠於道者，唯至德者能之。」皆本於《荀
子》。

（21）端愨誠信，拘守而詳

楊倞註：拘守，謂守而勿失。詳，謂審於事也。

按：本書《仲尼》：「主專任之，則拘守而詳。」楊倞註：「謹守職事，詳
明法度。」楊注解「拘守」爲「謹守」是也，而未得「詳」字之誼。
詳，平也，順也。字亦作祥，《淮南子・氾論篇》：「順於天地，祥於
鬼神。」《文子・上義》「祥」作「詳」。高誘注：「祥，順也。」「祥」、
「順」對舉同義。字又省作羊，馬王堆帛書《十六經・前道》：「順於
民〔理〕，羊於鬼神。」《漢書・食貨志》：「將甚不詳。」《賈子・鑄
錢》作「祥」，顏師古注：「詳，平也。」皆其證也。拘守而詳，謂謹

〔註163〕龍宇純《讀荀卿子三記》，收入《荀子論集》，學生書局 1987 年版，第 231～
232 頁。

守職事而無所爭。楊柳橋曰：「詳，通『祥』，善也。」王天海曰：「詳，善也。楊注非也。」皆失之。《仲尼篇》劉師培曰：「『詳』當作『祥』，善也。」李中生謂「詳」指細心處理事務，楊注「審於事」可取，王天海從李說。王天海無定守如此，前言「楊注非也」，後則從之。一人著書，竟然或依或違，無所適從。

（22）橫行天下，雖困四夷，人莫不任

按：李中生曰：「任，指任用，使用。」王天海曰：「任，信任。李說失之。」王說竊自北京大學《荀子新注》的意見。按此與下文「橫行天下，雖達四方，人莫不棄」對舉，「任」、「棄」相對，李說是也。

（23）勞苦之事，則偷儒轉脫

楊倞註：偷，謂苟避於事。儒，亦謂懦弱畏事。皆嬾惰之義。或曰：偷當爲輸，揚子《方言》云：「儒輸，愚。」郭璞注：「謂儒懦也。」又云「解輸」。儒謂懦之人苟求免於事之義。

按：《方言》卷 12：「儒輸，愚也。」郭璞注：「儒輸，猶儒撰也。」又「解輸，梲也。」郭璞注：「梲，猶脫耳。」「解輸」亦是楊倞引用《方言》之文，以爲一說耳，然其說非是。盧文弨改注「儒撰」作「懁撰」，「解輸儒」作「轉脫者」，全誤，而王天海從之，點作「又云：『轉脫者，謂懦之人苟求免於事之義』」，尤誤。本書言「偷儒」或「偷懦」共 4 例：本篇下文：「偷儒憚事，無廉恥而嗜乎飲食，則可謂惡少者矣。」楊倞註：「偷儒憚事，皆謂懦弱怠惰畏勞苦之人也。」本書《非十二子》：「勞苦事業之中，則儢儢然、離離然，偷儒而罔，無廉恥而忍謑詢，是學者之嵬也。」又「偷儒憚事，無廉恥而耆飲食。」楊倞註：「偷儒，謂苟避事之勞苦也。」《禮論》：「苟怠惰偷懦之爲安，若者必危。」楊倞註：「懦，讀爲儒。」戴震曰：「楊倞注所引並《方言》正文亦作『懦』，非也……懦與懁、偄爲一。以雙聲疊韻考之，『儒輸』疊韻也，不當作『懦』。注內『儒撰』亦疊韻也，各本儒訛作儒，今據《荀子》注訂正。」〔註164〕戴氏所據《荀子》是誤本，楊注所引

〔註164〕戴震《方言疏證》卷 12，收入《戴震全集（5）》，清華大學出版社 1997 年版，第 2439 頁。

《方言》正文作「儒」。《廣雅》亦云「儒輸，愚也」。傅山曰：「儒與懦、濡同義。」〔註 165〕王念孫曰：「儒輸者，《方言》：『儒輸，愚也。』郭璞注云：『儒輸，猶儒撰也。』案：『儒輸』倒言之則曰『輸儒』，《荀子・脩身篇》云：『偷懦憚事。』（引者按：王氏所見本作『懦』）『偷懦』即『輸儒』。鄭注《玉藻》云：『舒懦者所畏在前也。』《漢書・西南夷傳》云：『恐議者選耎。』『舒懦』、『選耎』並『輸孺』之轉耳。」錢繹全取王說〔註 166〕。朱士端曰：「古人每以疊韻切字，『儒輸』二字正切『愚』字。注云：『儒輸，猶儒撰也。』儒輸、懦撰並疊韻之轉。古注每以疊韻字轉相詁訓，是其例也。」〔註 167〕久保愛曰：「儒與懦通。」尚節之曰：「儒通懦。」〔註 168〕鄧憂鳴曰：「張懷民曰：『儒通作濡，安也。轉，猶避也。』此說更通。」〔註 169〕傅氏等說皆是矣，而猶未盡。《唐開元占經》卷 9 引《春秋緯》：「君不聰聽，無知德，威令不嚴，舒懦為臣下所侵，則日光青赤。」亦用「舒懦」，同于鄭玄。字亦作「輸孺」，《說文》：「孺，一曰輸〔孺〕也，輸〔孺〕，尚小也。」〔註 170〕段玉裁曰：「此二孺字各本無，《廣韻》有之，文義乃完。於此見刪字者之無理。『輸孺』疊韻字。孺讀如儒。《方言》卷 12 云云。『輸孺』即『儒輸』也。《荀子・修身篇》：『偷懦憚事。』『偷懦』即『輸孺』。」〔註 171〕字亦作「選蠕」，《史記・律書》：「選蠕觀望。」瞿方梅曰：「此選蠕實即選耎，與耎撰、偷耎一意。」〔註 172〕字亦作「選懦」，《後漢書・章帝八王傳》：「選懦之恩，知非國典。」李賢注：「選懦，仁弱慈戀不決之意也。」字亦作「愞撰」，即郭注之「懦撰（懦懦）」。《集韻》：「撰，愞撰，劣弱貌。」析言之，①儒、孺、蠕，

〔註 165〕明・傅山《荀子評注》，收入《續修四庫全書》第 932 冊，上海古籍出版社 2002 年版，第 395 頁。

〔註 166〕王念孫《廣雅疏證》，收入徐復主編《廣雅詁林》，江蘇古籍出版社 1992 年版，第 78 頁。錢繹《方言箋疏》，上海古籍出版社 1984 年版，第 650 頁。

〔註 167〕朱士端《方言補義》，收入《彊識編》卷 2，《續修四庫全書》1160 冊，上海古籍出版社 2002 年版，第 468 頁。

〔註 168〕尚節之《荀子古訓考》，北京《雅言》1941 年第 5 期，第 26 頁。

〔註 169〕鄧憂鳴《荀子札記》，《國專月刊》第 2 卷第 2 期，1935 年版，第 64 頁。

〔註 170〕《集韻》引同，《廣韻》、《五音集韻》引作「孺，一曰輸孺，尚小也」。

〔註 171〕段玉裁《說文解字注》，上海古籍出版社 1981 年版，第 743 頁。

〔註 172〕瞿方梅《史記三家注補正》卷 3，《學衡》第 43 期，1925 年版，第 5 頁。

並讀爲懦、嬬。《說文》：「懦，駑弱者也。」又「嬬，弱也。」《禮記·
玉藻》《釋文》：「懦，又作儒。」字或省作需，《易·雜卦》：「需，不
進也。」《左傳·哀公六年》：「需，事之下也。」杜注：「需，疑也。」
《釋文》：「需，音須，一音懦。懦弱持疑也。」孔疏：「需是懦弱之
意。懦弱持疑，不能決斷，是爲事之下者。」《戰國策·秦策二》：「其
需弱者來使，則王必聽之。」「需弱」即「懦弱」。字亦作濡，《釋名》：
「兒始能行曰孺。孺，濡也，言濡弱也。」《家語·正論解》：「水濡
弱，民狎而翫之。」《左傳·昭公二十年》「濡」作「懦」。《莊子·天
下》：「以濡弱謙下爲表。」《淮南子·說山篇》：「厲利劍者必以柔砥，
擊鍾磬者必以濡木，鞼強必以弱輻。」濡亦柔也，弱也。字亦作燸，
《左傳·僖公二年》：「懦而不能強諫。」《釋文》：「懦，本又作燸。」
「孺」謂弱子，故易形符從子作「孺」。鄧憂鳴曰：「楊註『儒，謂懦
弱畏事』，是謂儒爲懦同聲通用字也。張懷民曰：『儒通作濡。濡，安
也。轉，猶避也。』此說更通。」〔註173〕鄧氏未會濡亦懦借字。②
「輸」是正字，「偷」、「舒」是借字。《穀梁傳·隱公六年》：「輸者，
墮也。」《說文》：「輸，委輸也。」《玉篇》：「輸，委也。」委墮之義。
漢代人成語「委隨」即「委墮」，本義是下垂，引伸形容嬾散、軟弱，
故亦作「委惰」〔註174〕。魏·嵇康《卜疑集》：「將卑懦委隨，承旨
倚靡，爲面從乎?」《魏書·王嶷傳》：「嶷性懦緩，委隨不斷，終日在
坐，昏睡而已。」「儒輸」即「卑懦委隨」、「懦緩委隨」也。漢代人
「委輸」作輸送義者，亦下傾義之引申。郝懿行從楊注前說，云：「又
引或說『偷當爲輸』，似又失之。儒者，柔也，弱也。何必改此爲『輸』，
而援《方言》爲訓？」劉文典從郝說〔註175〕。其前說是也，而尚未
得「偷」、「輸」之誼。物双松曰：「轉脫，宛轉苟脫也。」陳直曰：「偷，
薄也。」熊公哲曰：「偷，謂苟且怕事。儒，懦也。轉脫，婉轉推脫
也。」王天海曰：「偷，苟且。儒，同『懦』，懦弱。轉脫，逃避。」

〔註173〕鄧憂鳴《荀子札記》，《國專月刊》第 2 卷第 2 期，1935 年版，第 64 頁。
〔註174〕參見蕭旭《〈說文〉「委，委隨也」義疏》，收入《群書校補》，廣陵書社 2011
　　　　年版，第 1413～1418 頁。
〔註175〕劉文典《讀荀子偶識》，收入《群書斠補》，《劉文典全集（3）》，安徽大學出
　　　　版社、雲南大學出版社 1999 年版，第 641 頁。

「轉」非「婉（宛）轉」，「偷」非「苟且」、「偷薄」也。

（24）饒樂之事則佞兌而不曲

　　楊倞註：兌，悅也。言佞悅於人，以求饒樂之事。不曲，謂直取之也。

　按：王懋竑曰：「『則』字下疑有脫誤，注強解未確。兌當與銳通。」〔註 176〕
　　俞樾曰：「『不』字衍。曲者，委曲也。楊注誤。」王先謙曰：「俞說
　　非也。『兌』與『銳』同。佞是口才捷利之名，銳亦利也。楊訓『不
　　曲』爲直取之，是也。而言『佞悅』則非其義矣。」劉師培曰：「『而』
　　字疑衍，此與『偷儒轉脫』對文，不當有『而』字。」劉氏又曰：「眾
　　說均非。『而不』二字本係『耎』字之訛。耎曲者，即柔曲也。佞兌，
　　當從楊說。」鄧憂鳴從劉氏下說〔註 177〕。于省吾曰：「曲，局也。」
　　楊柳橋曰：「佞兌，謂悅之不顧也。」王天海曰：「佞兌，《王制篇》
　　作『佞悅』，《君道》、《臣道》二篇又作『佞說』。楊訓兌爲悅，是也。
　　拘、曲一聲之轉。猶言佞悅而無所拘束。」當以「佞悅」爲本字。《君
　　道》：「如是則德厚者進而佞說者止，貪利者退而廉節者起。」《治要》
　　卷 38 引作「佞悅」；《治要》卷 48 引杜恕《體論》本《荀子》，亦作
　　「佞悅」。《逸周書・酆保》：「佞說鬻獄。」《潛夫論・潛歎》：「歡愛、
　　苟媚、佞說、巧辨（辯）之惑君也。」亦其例。邵瑞彭謂當從一本作
　　「接兌」，讀爲「捷銳」〔註 178〕，非是。不曲，楊註是也，猶言不轉
　　彎抹角。

（25）程役而不錄

　　楊倞註：程，功程。役，勞役。錄，檢束也。於功程及勞役之事怠惰而
　　　　　　不檢束，言不能拘守而詳也。

　按：王懋竑曰：「句亦必有脫誤，不可強通也。」〔註 179〕物雙松曰：「程
　　役，謂立程就役，不敢盡力也。」冢田虎曰：「程，猶量。言程量力
　　役之事而不總錄也。」久保愛曰：「錄，拘錄之錄，勉強之意也。」

〔註 176〕王懋竑《荀子存校》，《讀書記疑》卷 11，收入《續修四庫全書》第 1146 冊，
　　　　　上海古籍出版社 2002 年版，第 351 頁。
〔註 177〕鄧憂鳴《荀子札記》，《國專月刊》第 2 卷第 2 期，1935 年版，第 64 頁。
〔註 178〕邵瑞彭《荀子小箋》，《唯是》第 3 期，1920 年版，第 23 頁。
〔註 179〕王懋竑《荀子存校》，《讀書記疑》卷 11，收入《續修四庫全書》第 1146 冊，
　　　　　上海古籍出版社 2002 年版，第 351 頁。

朝川鼎曰：「程者，程功之程，猶言課也。錄，即《榮辱篇》『軥錄』之錄。」宋翔鳳、胡承珙引楊注以證《小爾雅》「禁，錄也」〔註180〕。朱駿聲曰：「錄，叚借爲慮。凡省錄字、錄囚字皆慮也。慮、錄雙聲。」〔註181〕鍾泰曰：「錄與慮同聲相借。慮之言省也。『不省』與『不詳』對。」劉師培曰：「程，當作逞。程役，即逞欲，猶言快意也。惟錄訓檢束，當從楊說。」劉師培《莊子斠補》亦從楊說，謂「錄、拘義同」〔註182〕。劉師培又曰：「程乃逞叚。役亦訛文。錄亦謹義。《榮辱篇》『軥錄疾力。』《君道篇》：『愿愨拘錄。』《淮南・主術訓》：『捷疾劬錄。』劬、軥並與拘同。亦即謹錄之義也。」劉盼遂曰：「『程』當爲動詞。《廣雅》：『程，量也。』《文選・魏都賦》注：『程，猶限也。』『錄』讀如『錄囚』之錄，詳審之意。言限量時役而不詳審，即上文『拘守而詳』之反。」〔註183〕于省吾曰：「錄，應讀爲勞。」高亨曰：「程，疑借爲逞。役，當作『彶』，形似而誤。逞、彶皆急遽之義。錄，借爲逯。《說文》：『逯，行謹逯逯也。』楊訓錄爲檢束，檢束即謹慎之意。」楊柳橋曰：「役，賤也。程，疑借爲輕，輕亦賤也。錄，應讀作祿，善也。」李中生從楊注，又謂「在此活用爲動詞，指從事功程勞役之事」。張新武曰：「『錄』爲謹愿。『不錄』義爲『不謹』。程、逞古音同，劉說是對的……義爲放縱、肆行。『役』之義爲鬼黠貌。」〔註184〕王天海曰：「程，當讀爲征，一聲之轉。征役，賦稅與繇役。錄，記載、登記也。楊注固未得，諸說迂曲致惑也。」史冬青曰：「程，示也，見也。程、呈古通用。役，事也。錄，具也。『程役而不錄』即以事告人而不審於事。」〔註185〕史冬青又曰：「役訓爲事。錄訓爲具。」〔註186〕「程」字朝川鼎說是也，程，猶言督察、

〔註180〕宋翔鳳《小爾雅訓纂》卷2，《龍谿精舍叢書》本。胡承珙《小爾雅義證》卷2，清道光七年求是堂刻本。

〔註181〕朱駿聲《說文通訓定聲》，武漢市古籍書店1983年版，第370頁。

〔註182〕劉師培《莊子斠補》，收入《劉申叔遺書》，江蘇古籍出版社1997年版，第890頁。

〔註183〕《劉盼遂先生未曾刊佈的〈荀子校箋〉手稿》，收入《劉盼遂文集》，北京師範大學出版社2002年版，第3頁。

〔註184〕張新武《觀境索義釋〈荀子〉》，《語言與翻譯》2003年第3期，第17頁。

〔註185〕史冬青《〈荀子〉釋詞五則》，《山東省農業管理幹部學校學報》2009年第2期，第154頁。

〔註186〕史冬青《〈荀子〉訓釋失誤管窺》，《菏澤學院學報》2011年第6期，第130

考核。「錄」字于省吾說是。句謂其督察工作而不出力負責，故「人莫不棄」也。「劬錄」、「軥錄」、「拘錄」是「拘摟」、「傴僂」之音轉〔註 187〕，曲脊貌，故引申爲勞苦用力義。劉師培、久保愛、朝川鼎說「錄」皆誤。

（26）行而俯項，非擊戾也

楊倞註：擊戾，謂頃（項）曲戾不能仰者也。擊戾，猶言了戾也。

按：注「了戾」，遞修本作「子戾」，世德堂本、四庫本作「乖戾」。朱謀㙔曰：「擊戾，違忤也。」〔註 188〕盧文弨曰：「宋本、世德堂本俱作『了戾』，不誤。元時本誤『了』爲『子』，今俗閒本亦改爲『乖戾』矣。」〔註 189〕盧文弨又曰：「《方言》卷 3 郭注云：『相了戾也。』正與此同。『了戾』乃屈曲之意。」王念孫曰：「《淮南·主術篇》曰『文武備具，動靜中儀，舉動廢置，曲得其宜，無所擊戾，無不畢宜。』然則擊戾者，謂有所抵觸也。楊說失之。」孫詒讓、李滌生從王說〔註 190〕。俞樾曰：「擊戾者，拂戾也。」物双松曰：「擊，當作繫。」帆足萬里曰：「擊，爲人所折。曲，戾也。」久保愛曰：「注『了戾』字出於《方言》，郭注：『猶言屈曲也。』世德堂本作『乖戾』者，不解其義而私改之者也。元本作『子戾』者，誤加一點者也。今據宋本、韓本改之。」久氏襲盧文弨說，又誤以「屈曲也」爲郭注。尚節之曰：「以文理言，『擊戾』應爲殘疾。『擊』字義頗難通，注及謝校，都不之及。考下《王制篇》借擊爲覡，覡、擊音近故通用。茲仍斷爲同音相借之字。注言『猶了戾』，了與擊音不類，非也。若元刊之子字，音結，與擊音同。子，《說文》『無右臂』形。而孑（孒）字音厥，《說文》『無左臂』形。而戾字音列，與孒音近。子孒皆殘廢之疾。疑『擊

頁。
〔註 187〕參見方以智《通雅》卷 5，收入《方以智全書》第 1 冊，上海古籍出版社 1988 年版，第 217 頁。
〔註 188〕朱謀㙔《駢雅》卷 1，收入《叢書集成新編》第 38 冊，新文豐出版公司 1985 年版，第 336 頁。
〔註 189〕盧文弨《抱經堂文集》卷 20《與丁小雅進士論校正〈方言〉書》，收入《叢書集成新編》第 77 冊，新文豐出版公司 1985 年版，第 178 頁。
〔註 190〕孫詒讓《荀子校勘記上》，收入《籀廎遺著輯存》，中華書局 2010 年版，第 504 頁。

戾』即『孑孓』，音近通用，元刊不訛也。」〔註191〕楊柳橋曰：「撃，
當讀爲憝。《說文》：『憝，悑也。戾，曲也。』《通俗文》：『疲極曰儠。』
『儠』即『悑』字。憝戾，謂疲極而曲背也。」王天海曰：「撃戾，
猶係罪、係囚也。撃、係通借。戾，罪也。楊注未得，諸說亦未會此
意也。」①朱謀㙔、王念孫、俞樾得其義，而未明其語源。王念孫《廣
雅疏證》則取楊倞誤說〔註192〕，亦偶未照耳。《淮南子・泰族篇》：「天
地之間，無所繫戾。」「撃戾」即「繫戾」。此詞他書僅見於《淮南子》，
疑是古楚語。荀子廢老蘭陵，其著作中當亦有楚語也。「繫戾」是「㒹
㒂」音轉。據《說文》，「㒹」、「㒂」本義皆爲頭傾斜不正貌，同義連
文。「㒹㒂」引申指乖迕於人。字亦作「㒹㒂」，蔣斧印本《唐韻殘卷》：
「㒹㒂，多莭（節）目。」宋・楊彥齡《楊公筆錄》：「江北謂人好事
多節目爲㒹㒂。㒹音盧結反，㒂音枯結反。」「㒂」是「㒂」異體。
又作「契綟」，《太平廣記》卷 255 引《啓顏錄》：「毛賊翻爲墨槽，傍
邊有曲錄鉄，翻爲契綟禿。」②倒言則作「㒂㒹」，敦煌寫卷 P.2717
《碎金》：「㒂㒹：音列挈。」敦煌寫卷 P.2717《碎金》：「㒂㒹：音列
挈。」「戾」、「列（㒂）」古音通轉。《廣韻》：「㒹，㒂㒹，多節目也。」
「多節目」謂木理不順，亦引申指好多事而乖迕於人。宋・黃庭堅《山
谷別集》卷 6《論俗呼字》：「㒂（音烈）㒹（音挈），多節目也。其胸
次不坦夷，舉事畫計，務出獨見以乖迕人爲賢者也。」〔註193〕《蘇
州府志》卷 3《風俗》：「言人逞獨見而多忤者曰㒂㒹。」〔註194〕《上
江兩縣志》卷 28《方言》：「其捧物不敬曰㒂㒹（烈挈）。」〔註 195〕
倒言亦作「戾契」，《增韻》：「契，戾契，不平正貌。戾音列。」唐・
韓愈《試大理評事王君墓誌銘》：「有名節，可以戾契致。」宋・方崧
卿《韓集舉正》：「戾契，字本作㒂㒹，《通俗文》曰：『多節目謂之㒂

〔註191〕尚節之《荀子古訓考》，北京《雅言》1941 年第 5 期，第 28 頁。

〔註192〕王念孫《廣雅疏證》，收入徐復主編《廣雅詁林》，江蘇古籍出版社 1992 年版，
第 83 頁。

〔註193〕宋・黃震《黃氏日抄》卷 65：「㒂㒹，音烈挈，務出獨見以乖近人爲賢者也。」
《說郛》卷 85 引釋適之《金壺字考》：「㒂㒹，音烈挈，胸次不坦夷，舉事務
以乖忤人爲賢也。」其說略同。

〔註194〕《蘇州府志》卷 3，光緒九年刻本。

〔註195〕《上江兩縣志》卷 28，同治刻本。

戛。』董彥遠云：『江北人謂好生事多節目爲娗戛。』」宋·魏仲舉《五
百家注昌黎文集》引祝曰：「『戾契』與『娗戛』字同，《廣韻》云：『多
節目也。』」洪頤煊曰：「韋昭曰：『古文隔爲擊。』擊戾即隔背，高
注非。」馬宗霍說同〔註196〕。「隔」、「戛」、「契」音亦相轉，洪說是
也。《淮南子》舊說多矣，余所不取，茲不具錄。③尚節之謂元刊作
「子戾」與「擊戾」音近，其說是也，馬宗霍亦謂楊注「猶言了戾」
非是；但尚節之解作「子孑」，以爲是無左右臂的殘廢之疾，則未是。
陳·江總《梁故度支尚書陸君誄》：「念君桑梓零落凋枯，傷君井邑子
戾崎嶇。」亦有「子戾」一詞，《類聚》卷 48 誤作「了盤」。五代·
歐陽炯《題景煥畫應天寺壁天王歌》：「遍身蛇虺亂縱橫，逸頷髑髏乾
子裂。」「子裂」即「子戾」，亦即「娗娗」、「契緙」。《文選·魯靈光
殿賦》：「白鹿子蜺於欂櫨，蟠螭宛轉而承楣。」李善注：「子蜺，延
首之貌。子，甄熱切。蜺，詣結切。」蜺音詣結切，與「契」音轉，
《史記·天官書》：「其螫者類闕旗故。」《索隱》：「螫，音五結反，
亦作蜺，音同。」《漢書·天文志》作「蜺」。「蜺」亦與「隔」音轉，
《說文》：「鴘，鳥也。鷊，鴘或從鬲。」「鸝」或作「鷊」。皆是其證。
「子蜺」都是「戛」一字之變音，狀頭傾斜不正，故李善注云「延首
貌」。

（27）夫驥一日而千里，駑馬十駕，則亦及之矣

按：王天海曰：「《類聚》引此作『不及之矣』，《意林》所鈔同此文。」王
　　校不明晰，且未斷是非。《治要》卷 38、《意林》卷 1、《御覽》卷 896、
　　《事類賦注》卷 21、《記纂淵海》卷 98 引同今本，《類聚》卷 93 引「及
　　之」作「不及之」，誤衍「不」字。

（28）將以窮無窮，逐無極與？其折骨絕筋，終身不可以相及也；將
　　有所止之，則千里雖遠，亦或遲或速，或先或後，胡爲乎其不
　　可以相及也

〔註196〕洪頤煊《讀書叢錄》卷 16，收入《續修四庫全書》第 1157 冊，上海古籍出
　　　　版社 2002 年版，第 699 頁。馬宗霍《淮南舊注參正》，齊魯書社 1984 年版，
　　　　第 222 頁。下引同。

按：《意林》卷 1 引「逐」作「極」。《淮南子・原道篇》：「故窮無窮，極無極，照物而不眩，響應而不乏，此之謂天解。」《文子・道原》同。是《荀子》舊本當作「極無極」。有所止之，謂不窮無窮極無極，而有所限止。下文「止」字義同。句謂將欲取無窮之里程，終身不能到達；還不如有所限制里程，則雖然是千里路程，有快有慢，有早有晚，終究可以到達。熊公哲曰：「止，心所專注。」王天海曰：「止，至也。或曰：有所罷止也。」諸說皆未得。

（29）倚魁之行，非不難也

楊倞註：倚，奇也。奇讀為奇偶之奇。《方言》云：「秦晉之間，凡物體全而不具謂之倚。」魁，大也。倚魁皆謂偏倚狂怪之行。《莊子》曰：「南方有倚人焉，曰黃獠也。」

按：楊注讀倚為奇，是也；而引《方言》、《莊子》則誤。不具之倚，倚人之倚，皆讀為畸，非此之誼。洪頤煊讀為「奇瑰」〔註197〕，郝懿行、久保愛、梁啓超讀為「奇傀」，李滌生讀為「奇嵬」，亦是。劉師培讀為「詭隨」，沈祖民讀為「奇胲」〔註198〕，朱起鳳改作「律（佯）魁」〔註199〕，王天海讀為「畸傀」，皆誤。「難」即難易之難，王先謙引《不苟》「行之難為、說之難持」，亦是。楊柳橋讀難為儺，解為行有節，非也。

（30）故蹞步而不休，跛鼈千里

按：劉師培曰：「《治要》蹞作跬，《類聚》卷 96、《意林》引亦作『跬步』，《文子・上德》述此文蹞亦作跬。」董治安曰：「《御覽》卷 932 引蹞作跬。」蹞，《埤雅》卷 2、《記纂淵海》卷 60、66、99 引亦作「跬」，《淮南子・說林篇》同，字同，已詳《勸學篇》校補。

（31）累土而不輟，丘山崇成

按：《淮南子・說林篇》作「累積不輟，可成邱阜」，《文子・上德》作「累

〔註197〕洪頤煊《讀書叢錄》卷 15，收入《續修四庫全書》第 1157 冊，上海古籍出版社 2002 年版，第 688 頁。

〔註198〕沈祖民《讀荀臆斷》，《制言》第 58 期，1939 年版，本文第 4 頁。

〔註199〕朱起鳳《辭通》卷 5，上海古籍出版社 1982 年版，第 411 頁。

土不止，丘山從成」〔註200〕。梁啓雄曰：「崇，借爲終。」梁說是，李滌生從之。《文子》作「從」，亦借字。物双松曰：「《爾雅》：『丘一成爲敦丘。』郭注：『成，猶重也。』」王天海曰：「崇，聚也。梁說非也。」皆非是。

（32）厭其源，開其瀆，江河可竭

楊倞註：厭，塞也。

按：厭，《記纂淵海》卷 60 引作「湮」。李滌生讀厭爲壓，是也。湮，亦讀爲壓，塞也，俗字作堙。尚節之曰：「『厭』通『掩』。」〔註201〕失之。

（33）好法而行，士也；篤志而體，君子也

楊倞註：厚其志而知大體者也。

按：王念孫讀體爲履，楊柳橋訓體爲行，皆是。謂篤志而力行之也。馮振說同王氏〔註202〕。王懋竑曰：「體猶體物之體，謂與之合也。」〔註203〕久保愛謂「體於法」，帆足萬里謂即「具體」之體，史冬青讀體爲禮〔註204〕，皆誤。王天海解爲「體現於己身」，又云「體悟」亦通，又好爲異說而未得。

（34）人無法則倀倀然

楊倞註：倀倀，無所適貌也。言不知所措履。《禮記》曰：「倀倀乎其何之。」

按：《說文》：「倀，狂也。」《繫傳》：「臣鍇曰：狂，妄也。《韓詩外傳》曰『老而不學者，如無燭而夜行，倀倀然』是也。」楊柳橋曰：「《說文》：『倀，狂也。』今作猖。」王天海曰：「《玉篇》：『倀，失道貌。』倀倀然，迷惘不知所措貌。楊註是，楊柳橋之說非。又：倀，通『悵』，義亦同。」楊註、徐鍇、楊柳橋說皆是，字亦作倡。《六書故》：「倀，

〔註200〕《文子纘義》本「土」作「凷」。

〔註201〕尚節之《荀子古訓考》，北京《雅言》1941 年第 5 期，第 28 頁。

〔註202〕馮振《荀子講記》，無錫《國光》第 1 期，1929 年版，第 37 頁。

〔註203〕王懋竑《荀子存校》，《讀書記疑》卷 11，收入《續修四庫全書》第 1146 冊，上海古籍出版社 2002 年版，第 351 頁。

〔註204〕史冬青《〈荀子〉釋詞五則》，《山東省農業管理幹部學校學報》2009 年第 2 期，第 154 頁。

狂行不知所如也。」「倀狂」謂狂走不知所之，今言亂走，正形容無所
適貌。王天海不能會通，而遽斷楊柳橋說誤。《莊子‧山木篇》：「不知
義之所適，倀狂妄行。」《淮南子‧俶眞篇》：「萬民倀狂，不知東西。」
《吳越春秋‧夫差內傳》：「行步倀狂。」是「倀」即「倀」，指倀狂妄
行，故云「不知所適」、「不知東西」也。

（35）有法而無志其義則渠渠然

　　楊倞註：渠，讀爲遽。古字渠、遽通。渠渠，不寬泰之貌。

按：陳奐曰：「渠渠，猶瞿瞿。《齊風》傳云：『瞿瞿，無守之貌。』楊注
　　失之。」王念孫、孫詒讓、李滌生、王天海從陳奐說〔註205〕。徐仁
　　甫亦從陳說讀爲「瞿瞿」，而改釋作「謹守不敢損益」〔註206〕。「瞿
　　瞿」是驚視貌，本作「昍昍」，從二目會意。《說文》：「昍，左右視也，
　　讀若拘，又若良士瞿瞿。」楊注亦是，並非失之。尚節之曰：「『渠』
　　通『遽』。《莊子‧齊物篇》：『俄然覺則蘧蘧然周也。』陸德明云：『蘧，
　　亦作渠。』是渠、遽古通，《莊子》、《荀子》同。」〔註207〕字亦作懅，
　　急忙驚遽義，故云「不寬泰之貌」。《詩‧權輿》：「於我乎夏屋渠渠。」
　　鄭箋：「渠渠，猶勤勤也。」洪頤煊曰：「《正義》：『崔駰《七依》說
　　宮室之美云：「夏屋渠渠。」』《荀子‧脩身篇》云云，楊倞注：『渠讀
　　爲遽。』《文選‧魯靈光殿賦》：『揭蘧蘧而騰湊。』李善注：『蘧蘧，
　　高也。』蘧蘧即渠渠也。」〔註208〕《荀子》此文「渠渠」與洪氏所
　　引諸文義不同，洪說非是。

（36）加好學遜敏焉，則有鈞無上，可以為君子者矣

　　楊倞註：有鈞平之心，而無上人之意，則可以爲君子矣。或曰『有鈞無上』
　　四字衍耳。

〔註205〕 孫詒讓《荀子校勘記上》，收入《籀廎遺著輯存》，中華書局 2010 年版，第
　　　　505 頁。
〔註206〕 徐仁甫《荀子舉正》，成都《志學月刊》第 1 期，1942 年版，第 15 頁；又
　　　　見徐仁甫《荀子辨正》，收入《諸子辨正》，成都出版社 1993 年版，第 123
　　　　頁。
〔註207〕 尚節之《荀子古訓考》，北京《雅言》1941 年第 5 期，第 28 頁。
〔註208〕 洪頤煊《讀書叢錄》卷 2，收入《續修四庫全書》第 1157 冊，上海古籍出版
　　　　社 2002 年版，第 570 頁。

按：王懋竑、王天海從或說，謂「有鈎無上」是衍文〔註209〕，非是。楊柳橋謂「有鈎無上」當在「焉」字上，今本誤倒於「則」字下，是也。楊注云「則可以爲君子矣」，似所見本尚不誤。下文「加惕悍而不順，險賊而不弟焉，則可謂不詳少者矣」文例同。

（37）加惕悍而不順，險賊而不弟焉，則可謂不詳少者矣

　　楊倞註：韓侍郎云：「惕與蕩同字，作心邊易，謂放蕩兇悍也。」

按：注「字」字當屬下。王天海從冢田虎說，謂「少」字衍，非是。「不詳少」與上文「善少」、「惡少」對舉，非衍文也。《方言》卷10：「媱、愓，遊也江沅之閒謂戲爲媱，或謂之愓，或謂之嬉。」戴震《疏證》引此文爲證，又引《說文》「愓，放也」〔註210〕。愓、蕩，正、俗字，經傳皆以「蕩」爲之，《荀子》用本字。字亦作㑥，《說文》：「㑥，放也，」淫戲、淫蕩義的專字則作婸、嫚、嫚。邵瑞彭讀「少」爲「肖」，引《廣雅》訓瀀〔註211〕，非是。

（38）人有此三行，雖有大過，天其不遂乎

　　楊倞註：若不幸而有過，天亦佑之矣。此固不宜有大災也。

按：俞樾讀過爲禍，遂訓成，並是也，王先謙、鍾泰、李滌生、楊柳橋從其說。楊樹達曰：「禍而不成，則不得謂之禍矣，俞說殊不可通。『過』當如字讀。《說文》：『遂，亡也。』此言此人雖有大過，天將不亡之也。」〔註212〕劉盼遂曰：「『遂』謂成全覆育之也（《廣雅》：『遂，育也。』）。言雖有大禍，天豈有不成全覆育之者乎？」〔註213〕于省吾曰：「俞說非是。遂、墜古通用，隕墜。」王天海曰：「墜，隕落也，引申爲消除之義。其，通『豈』。」于氏說已不安，王氏又妄言「引

〔註209〕王懋竑《荀子存校》，《讀書記疑》卷11，收入《續修四庫全書》第1146冊，上海古籍出版社2002年版，第352頁。
〔註210〕戴震《方言疏證》卷10，收入《戴震全集（5）》，清華大學出版社1997年版，第2415頁。
〔註211〕邵瑞彭《荀子小箋》，《唯是》第3期，1920年版，第23頁。
〔註212〕楊樹達《鍾泰〈荀注訂補〉》，《清華學報》第11卷第1期，1937年版，第232～233頁。
〔註213〕《劉盼遂先生未曾刊佈的〈荀子校箋〉手稿》，收入《劉盼遂文集》，北京師範大學出版社2002年版，第5頁。

申爲消除之義」，失之愈遠。「其」亦不當讀爲豈。「其不……乎」是
古人常見句式，表示肯定的語氣。楊樹達說是。龍宇純疑「天」當作
「夫」〔註214〕。張新武曰；『『大過』不誤。『遂』讀爲『遺』，義爲
遺棄。」〔註215〕皆非是。

（39）君子貧窮而志廣，富貴而體恭，安燕而血氣不惰，勞勦而容貌不枯

按：王念孫讀枯爲楛，訓苟且，是也。其所引《大略篇》「君子勞倦而不苟」、
《非十二子篇》「君子勞而不僈」，皆是其鐵證。王先謙從其說。王天海
必好立異說，謂王念孫說誤，枯指憔悴之貌。王念孫豈有不知枯指憔悴
之理？君子勞倦而容貌不苟且，此修養所得；若容貌憔悴與否，則非自
身所能控制。

（40）怒不過奪，喜不過予

楊倞註：予，賜也。

按：《鄧析子・無厚》：「喜不以賞，怒不以罰，可謂治世。」《淮南子・主術
篇》：「喜不以賞賜，怒不以罪誅。」〔註216〕《韓子・用人》：「喜則譽
小人，賢不肖俱賞；怒則毀君子，使伯夷與盜跖俱辱。」並可參證。皆
言賞罰之有度也。過，謂超過其制，太甚。《呂氏春秋・務本》：「主雖
過與，臣不徒取。」《韓子・飾邪》：「人主又以過予；人臣又以徒取。」
亦同。荀子言禮，亦言法，故下文解釋說「怒不過奪，喜不過予，法勝
私也」。「法」指公法，龍宇純據楊注「以公滅私，故賞罰得中」，又引
下文「公義勝私欲」，改「法」作「公」，非是〔註217〕。王天海曰：「過，
錯也。」非是。

（41）安燕而血氣不惰，柬理也

楊倞註：柬，與簡同。言簡擇事理所宜而不務驕逸，故雖安燕，而不至
怠惰。

〔註214〕龍宇純《讀荀卿子三記》，收入《荀子論集》，學生書局1987年版，第232頁。
〔註215〕張新武《〈荀子〉詞義訓解辨正》，中國訓詁學研究會2010年學術年會論文；
又易題作《〈荀子〉訓解辨正》，《孔子研究》2013年第4期，第80～81頁。
〔註216〕《文子・上仁》同。
〔註217〕龍宇純《荀子集解補正》，收入《荀子論集》，學生書局1987年版，第129頁。

按：邵晉涵、郝懿行、桂馥、王筠、朱駿聲從楊注讀柬爲簡〔註218〕。物双
松曰：「『柬理』當作『閑禮』。」久保愛曰：「柬理，未詳。方苞曰：『柬
與檢同，謂檢束於義理也。』」李滌生從方苞說。王汝璧曰：「注謂簡
擇事理，非也，當是『束理』，謂申束而條理之也。」〔註219〕劉師培
曰：「柬，當作『嫻』。嫻者，嫻習之謂也。嫻理，猶言明理。」邵瑞
彭曰：「『理』疑本作『治』。『柬治』即居敬行簡以臨其民也。」〔註220〕
鍾泰曰：「柬與閑通，閑有檢束義。理謂禮也。」章詩同曰：「柬理，
謂生活合理而不驕惰。」王天海曰：「柬理，不辭。楊注及諸說皆牽強
難通。今謂『柬』乃『束』之形誤也。束理，即約束於情理之中也。」
考《增韻》卷 3「柬」字條引此，釋曰：「柬，分別選之，亦作揀。」
《皇王大紀》卷 78、宋・呂祖謙《麗澤論說集錄》卷 10 引此文，皆
同今本。呂祖謙釋曰：「昏昏則惰而不精明矣。柬，別也。」宋・鄒浩
有《柬理堂》詩、《柬理堂記》文，其名即出自《荀子》，是宋人所見，
固作「柬」字。王汝璧、王天海妄改古書，「束理」不辭。劉師培說得
其義，未得其字。柬，讀爲簡。《說文》：「簡，簡存也，讀若簡。」《玉
篇》：「簡，存也。」猶言明察。古書皆借「簡」字爲之，許氏「簡存」，
猶言「簡在」。在、存亦明察之義。《書・湯誥》：「惟簡在上帝之心。」
《論語・堯曰》：「帝臣不蔽，簡在帝心。」柬理，猶言明察事理。

〔註218〕邵晉涵《爾雅正義》，乾隆刻本。郝懿行《爾雅義疏》，同治五年郝氏家刻本。
　　　　桂馥《說文解字義證》，齊魯書社 1987 年版，第 529 頁。王筠《說文解字句
　　　　讀》，中華書局 1988 年版，第 225 頁。朱駿聲《說文通訓定聲》，武漢市古籍
　　　　書店 1983 年版，第 726 頁。
〔註219〕王汝璧《芸麓偶存》卷 2，收入《續修四庫全書》第 1462 冊，上海古籍出版
　　　　社 2002 年版，第 79 頁。
〔註220〕邵瑞彭《荀子小箋》，《唯是》第 3 期，1920 年版，第 23 頁。

卷第二

《不苟篇》第三校補

（1）故懷負石而赴河，是行之難為者也，而申徒狄能之

按：錢佃《考異》曰：「諸本皆無『故懷』二字。」盧文弨曰：「宋本『負石』上有『故懷』二字，案文不當有。或『負』字本有作『故懷』二字者，校者注異同於旁，因誤入正文耳。」王念孫曰：「案呂、錢本並有『故懷』二字，『故』字乃總冒下文之詞。負，抱也。《外傳》曰『申徒狄抱石而沈於河』，是其證。」王先謙從王說。久保愛本無此二字，校曰：「宋本、韓本『負石』上有『故懷』二字。」劉師培曰：「元本、世德堂本無『故懷』二字。『懷』疑後人旁注之字，以『懷』釋『負』（懷亦訓抱）。《御覽》卷 51、《事類賦注》卷 7 引此並無『懷』字，《外傳》卷 3『故』作『夫』，亦無『懷』字。又《淮南子・說山訓》云『申徒狄負石自沈於淵』，《鶡冠子・備知篇》曰『申徒狄負石自投於河』，言『負石』，不言『懷負』，均其證。」劉師培又曰：「『赴』當作『仆』。踣、仆古通。《外物篇》云：『申徒狄因以踣河。』《釋文》引李注訓頓。頓、仆誼同，赴、仆同聲叚借，匪取趨赴為義也。《荀子》云云，赴亦仆叚。」〔註 1〕許維遹從劉說讀赴為仆〔註 2〕。王叔

〔註 1〕 劉師培《庄子斠補》，收入《劉申叔遺書》，江蘇古籍出版社 1997 年版，第 888～889 頁。

〔註 2〕 許維遹《韓詩外傳集釋》，中華書局 1980 年版，第 120 頁。

岷曰：「《類纂》本、《百子》本亦並無『故懷』二字，《說苑‧說叢篇》同。『故』字不當無，《外傳》『故』作『夫』，夫猶故也。」王天海從盧、劉二說。《記纂淵海》卷 49 引亦無「故懷」二字；《御覽》卷 51 引作「負石而走赴河」，衍「走」字。此文但衍「懷」字，「故」非衍文，王叔岷說是也。本書《非十二子》：「負石而墜。」《說苑‧說叢篇》：「負石赴淵，行之難者也，然申屠狄爲之。」王念孫謂「負，抱也」亦是，王氏所引《外傳》見卷 1，《類聚》卷 8、《初學記》卷 6、《御覽》卷 61、《事類賦注》卷 6 引「抱石」作「負石」。

（2）山淵平，天地比

楊倞注：比，謂齊等也。《莊子》曰：「天與地卑，山與澤平。」《音義》曰：「以平地比天，則地卑於天。若以宇宙之高，則似天地皆卑。天地皆卑，則山與澤平矣。」或曰：天無實形，地之上空虛者，盡皆天也。是天地長親比相隨，無天高地下之殊也。在高山則天亦高，在深淵則天亦下，故曰「天地比」。地去天遠近皆相似，是山澤平也。

按：《韓詩外傳》卷 3 同。朝川鼎曰：「比，相並也。」服部元雅曰：「比猶比周之比。」金德建曰：「『卑』字可以假爲『比』字。」王天海曰：「比，連也。」朝、金說是，王說甚陋。楊注所引《莊子音義》，乃李頤說。孫詒讓曰：「李說非也。卑與比通。《荀子》云云，是其證也。比，接近也。李讀卑如字固誤，楊釋比爲齊等，亦未得其義。」馬其昶、章太炎、馬敍倫、劉文典並從孫說〔註3〕，金說當本於孫氏。王叔岷曰：「平亦齊等義。楊釋比爲齊等，亦未爲非。」〔註4〕王叔岷說是。

（3）盜跖吟口，名聲若日月，與舜禹俱傳而不息

楊倞注：吟口，吟詠長在人口也。《說苑》作「盜跖匈貪」。

〔註3〕 馬其昶《莊子故》，黃山書社 1989 年版，第 218 頁。章太炎《莊子解故》，收入《章太炎全集（6）》，上海人民出版社 1986 年版，第 170 頁。馬敍倫《莊子義證》卷 33，收入《民國叢書》第 5 編，（上海）商務印書館 1930 年版，本卷第 33 頁。劉文典《莊子補正》，收入《劉文典全集（2）》，安徽大學出版社、雲南大學出版社 1999 年版，第 888～889 頁。

〔註4〕 王叔岷《莊子校詮》，中華書局 2007 年版，第 1352 頁。

按：盧文弨曰：「見《說苑‧說叢篇》，《韓詩外傳》卷 3 亦作『吟口』，與此同。」周廷寀、朱駿聲、潘重規、龐樸取楊注〔註5〕。楊柳橋曰：「吟口，吟詠之口。」屈守元曰：「楊說本甚通暢，惟『吟詠』之義，尚未闡明耳。今尋本卷（引者按：指《外傳》卷 3）『無使百姓歌吟誹謗，則風不作』，以『歌吟』與『誹謗』同列，則誹謗之言亦得人歌吟矣。」〔註6〕亦從楊注。「吟口」另有十說：①王懋竑曰：「當從《說苑》作『凶貪』。吟字貪字之訛，口字凶字之訛也。」〔註7〕郝懿行曰：「吟口，《說苑》作『凶貪』，此本必作『貪凶』。轉寫形誤，遂爲『吟口』。楊氏據誤本作注，不知其不可通耳。《外傳》誤與此同，可知此本相傳已久，楊氏所以深信而不疑矣。」洪頤煊曰：「『吟口』當是『貪凶』之譌。吟字近貪，凶字近口。若如注說，與下文『名聲若日月』句義同，非是。」〔註8〕王汝璧曰：「『吟口』乃『貪凶』字之脫悞耳。」〔註9〕朱起鳳曰：「『凶貪』先訛作『貪凶』，貪從今，因誤作吟。凶似口，又誤作口。」〔註10〕②劉師培曰：「『吟口』者，即『貪』字也。『聲』字亦係衍文。『貪名』連文。」董治安曰：「師培曰『吟口』乃『貪』之訛可從，然謂『聲』乃『後人妄增』則似未得。蓋原文本作『盜跖貪名，聲若日月』，方才句式整飭。」③許瀚曰：「楊義殊涉穿鑿，其引《說苑》在《說叢篇》，貪、吟聲同，凶口形近，蓋亦不自安其義而疑有轉寫之誤，故引異文以明之耳。案《後漢書‧梁冀傳》：『口吟舌言。』注云：『謂口吃不能明了。』『吟口』蓋即『口吟』，吟乃唫之假借。《說文》：『唫，口急也。』唫，閉，不通也。義又與噤通，口閉也。又與瘖通……又與暗通……吟、唫、噤、瘖、暗古音

〔註5〕 周廷寀《韓詩外傳校注》卷 3，民國 21 年安徽叢書編印處據歙黃氏藏營道堂刊本影印。朱駿聲《說文通訓定聲》，武漢市古籍書店 1983 年版，第 91 頁。龐樸《六家淺說》，收入《龐樸文集》卷 1，山東大學出版社 2005 年版，第 174 頁。

〔註6〕 屈守元《韓詩外傳箋疏》卷 3，巴蜀書社 1996 年版，第 332 頁。

〔註7〕 王懋竑《荀子存校》，《讀書記疑》卷 11，收入《續修四庫全書》第 1146 冊，上海古籍出版社 2002 年版，第 352 頁。

〔註8〕 洪頤煊《讀書叢錄》卷 15，收入《續修四庫全書》第 1157 冊，上海古籍出版社 2002 年版，第 688 頁。

〔註9〕 王汝璧《芸麓偶存》卷 2，收入《續修四庫全書》第 1462 冊，上海古籍出版社 2002 年版，第 79 頁。

〔註10〕 朱起鳳《辭通》卷 11，上海古籍出版社 1982 年版，第 1091 頁。

同部，故義俱可通。楊注以吟字本義解之，宜其鑿矣。或謂『吟口』
當據《說苑》改為『貪凶』（郝蘭皋云云），瀚謂荀、韓古籍不應同誤，
況口吟之義明著《漢書》乎？韓在劉前，未必劉所據《荀子》本即勝
於韓，然則《說苑》自作『凶貪』，未可據以改荀、韓也。」〔註11〕
許維遹從許說〔註12〕。王景羲曰：『『唫』下畢云：『讀與噤同。』……
從『吟』者，《荀子》云云。」〔註13〕朱起鳳又曰：『『噤』字古與『唫』
同，『唫』即『吟』也。」〔註14〕鄧戞鳴曰：「愚意『吟口』即『噤口』
也。『吟』一寫作『唫』，唫、噤古通。噤口，即不能言不善言之意也。」
〔註15〕陳直曰：「《居延漢簡釋文》117頁有『口吟目瞤』之記載。『口
吟』即『口噤』也。」于省吾曰：「『吟口』即『唫口』，謂閉口不言。」
〔註16〕龍宇純曰：「既云『盜跖凶貪』，則不得云『名聲若日月』也，
郝說非，俞說誤與郝同。『吟』當是『矜』之借字。吟口猶矜口，言誇
口也。」〔註17〕胡從曾曰：「『吟口』即『鉗口』。」〔註18〕張桁等曰：
「吟，通『噤』。」〔註19〕黃群建曰：「『吟』即古『噤』字。」〔註20〕
黃靈庚曰：「《外傳》云云。拑、箝、吟皆聲近義通。」〔註21〕④俞樾
曰：「『吟』蓋『黔』之叚字。黔口即黔喙。《周易·說卦》傳：『為黔

〔註11〕 許瀚《韓詩外傳校議》，收入《攀古小廬全集（上）》，齊魯書社1985年版，
　　　　第120～121頁。
〔註12〕 許維遹《韓詩外傳集釋》，中華書局1980年版，第120頁。
〔註13〕 王景羲《墨商》卷上，收入《叢書集成續編》第39冊，新文豐出版公司1988
　　　　年印行，第208頁。
〔註14〕 朱起鳳《辭通》卷15，上海古籍出版社1982年版，第1573頁。
〔註15〕 鄧戞鳴《荀子札記（續）》，《國專月刊》第2卷第5期，1936年版，第49頁。
〔註16〕 于省吾《「盜跖」和有關史料的幾點解釋》，《學術月刊》1962年3期，第53
　　　　頁。
〔註17〕 龍宇純《荀子集解補正》，收入《荀子論集》，學生書局1987年版，第130～
　　　　131頁。
〔註18〕 胡從曾《釋「吟口」及其他》，《浙江師範大學學報》1986年第3期，第43～
　　　　46頁。
〔註19〕 張桁、許夢麟《通假大字典》，黑龍江人民出版社1993年版，第142頁。王
　　　　海根《古代漢語通假字大字典》說同，福建人民出版社2006年版，第157頁。
〔註20〕 黃群建《釋「吟口」》，《古漢語研究》1994年第3期，第91頁；其說又見黃
　　　　建群《音韻學概論》，武漢大學出版社1995年版，第5頁；又見黃群建主編
　　　　《古代詞義例話》，並補充說「此『吟』字又作『唫』」，中國三峽出版社1995
　　　　年版，第108頁。
〔註21〕 黃靈庚《楚辭章句疏證》，中華書局2007年版，第2378頁。

喙之屬。』《釋文》引鄭注曰：『謂虎豹之屬，貪冒之類。』然則盜蹠黔口，乃以虎豹擬之，《正論篇》所謂『禽獸行，虎狼貪』也。」⑤王先謙曰：「《後漢・梁冀傳》：『口吟舌言。』章懷注：『謂語吃不能明了。』『吟口』當與『口吟』同義。『盜跖吟口』三句與揚雄《解嘲》『孟軻雖連蹇（連蹇謂口吃），猶爲萬乘師』文意近似。諸說皆非。」周大璞謂楊注最允，引《莊子・盜跖》「跖之爲人也，辯足以飾非」以駁王先謙說〔註22〕。⑥魯實先曰：「《莊子・盜跖篇》云：『跖之爲人也，辯足以飾非。』則跖非口吃也。案《莊子・說劍篇》云：『趙太子曰：吾王所見劍士，皆蓬頭突鬢，瞋目而語難。王乃說之。』注曰：『勇士憤氣積於心胃（胷），言不流利也。』所謂吟口者，蓋亦語難之謂也。」〔註23〕⑦蔣禮鴻駁劉師培說，是也；而謂「吟口」當作「企足」，是人名。⑧王天海曰：「吟口，風歎於人口。『吟』有憂歎之義。」⑨袁金平校「吟」作「今」，謂「口」衍文〔註24〕。⑩樊波成曰：「『吟口』不成辭，當爲『貪』字的合文。」〔註25〕王懋竑、郝懿行等說是，梁啓雄、李滌生從其說。名聲若日月，謂名聲顯著耳。劉師培謂「『聲』字係衍文」，以「名」字屬上句，非是。本書《王霸》：「名聲若日月，功積如天地。」《說苑》作「名如日月」，彼文自無「聲」字。《莊子・徐无鬼》：「且假夫禽貪者器。」奚侗曰：「《說文》：『禽，從厹，象形，今聲。』凶象禽首，則禽亦當有凶義。《易・恒卦》禽與凶叶韻，禽、凶音亦相近。『禽貪』猶言『凶貪』也。《說苑・說叢篇》：『盜跖凶貪。』」〔註26〕馬敘倫曰：「《荀子》云云，王懋竑謂『吟口』當依《說苑》作『凶貪』。此作『禽』者，《說文》『禽』從今聲也，東、侵聲近，故借禽爲凶。」〔註27〕

〔註22〕周大璞《荀子札記》，《清議》第 1 卷第 9 期，1948 年版，第 25 頁。

〔註23〕魯實先《荀子札記》，《責善》半月刊，第 1 卷第 24 期，1941 年版，第 9 頁。

〔註24〕袁金平《〈荀子・不苟〉「吟口」考釋》，《長江學術》2012 年第 2 期，第 147～148 頁；其說又見袁金平《利用楚簡文字校釋〈荀子〉一則》，《古文字研究》第 29 輯，中華書局 2012 年版，第 618～619 頁。

〔註25〕樊波成《經學與古文字視野下的〈荀子〉新證》，上海社科院 2012 年碩士學位論文，第 62 頁。

〔註26〕奚侗《莊子補注》卷 4，民國六年當塗奚氏排印本，本卷第 4 頁。

〔註27〕馬敘倫《莊子義證》卷 24，收入《民國叢書》第 5 編，（上海）商務印書館 1930 年版，本卷第 17 頁。

（4）君子易知而難狎，易懼而難脅，畏患而不避義死，欲利而不為
　　所非

　　　楊倞注：心以為非，則捨之。

　按：①王念孫、郝懿行、久保愛並謂「知」當據《韓詩外傳》卷 2 作「和」。
　　　俞樾曰：「《外傳》作『和』，字之誤也。知，接也。」龍宇純謂「知」
　　　無接義，當從王說〔註 28〕。王天海曰：「《治要》錄此文正作『知』，
　　　俞說是也。」俞說是，鄧憂鳴、梁啓雄、李滌生亦從其說〔註 29〕。《鶡
　　　冠子・著希》：「夫君子者，易親而難狎，畏禍而難却（劫），嗜利而不
　　　為非，時動而不苟作。」〔註 30〕與此文可以互證。親亦接也。「知」
　　　之訓接，古書例證甚多，龍氏失考。②鍾泰曰：「所非，謂非義也。」
　　　楊樹達從其說〔註 31〕。據上引《鶡冠子》，「不為所非」即「不為非」。

（5）交親而不比，言辯而不辭

　　　楊倞注：親，謂仁恩。比，謂暱狎。辯足以明事，不至於騁辭。

　按：王志瑛從楊注訓「騁辭」〔註 32〕。郝懿行曰：「《韓詩外傳》卷 2『辭』
　　　作『亂』，於義較長，此形譌。」〔註 33〕王念孫曰：「《韓詩外傳》『不
　　　辭』作『不亂』。《外傳》是也，『不辭』二字文不成義，亦當依《外
　　　傳》作『不亂』，楊云『不至於騁辭』，加『騁』字以釋之，其失也迂
　　　矣。『亂』、『辭』形近而誤。」王先謙從郝、王說。物双松曰：「不辭，
　　　言不飾辭也。」久保愛曰：「《易》曰：『吉人辭寡。』」鍾泰曰：「『辭』

〔註 28〕 龍宇純《讀荀卿子札記》，收入《荀子論集》，學生書局 1987 年版，第 180～
　　　　181 頁。
〔註 29〕 鄧憂鳴《荀子札記（續）》，《國專月刊》第 2 卷第 5 期，1936 年版，第 49 頁。
〔註 30〕 《治要》卷 34 引「却」作「劫」，孫詒讓據改，是也。《韓詩外傳》卷 2 作「易
　　　　懼而不可劫也」，亦其證。屈守元謂「却」為「卻」形誤，非是。孫詒讓《札
　　　　迻》卷 6，中華書局 1989 年版，第 176 頁。屈守元《韓詩外傳箋疏》，巴蜀書
　　　　社 1996 年版，第 173 頁。黃懷信謂「『劫』當是『卻』之譌，孫說非」，俱矣，
　　　　黃懷信《讀〈鶡冠子〉札記》，收入《古文獻與古史考論》，齊魯書社 2003 年
　　　　版，第 402 頁。又黃懷信《鶡冠子彙校集注》說同，中華書局 2004 年版，第
　　　　17 頁。
〔註 31〕 楊樹達《鍾泰〈荀注訂補〉》，《清華學報》第 11 卷第 1 期，1937 年版，第 220
　　　　頁。
〔註 32〕 王志瑛《〈荀子〉校釋札記一則》，《古漢語研究》1995 年第 1 期，第 83 頁。
〔註 33〕 王天海引「於」作「其」，雖不礙文義，然可見其鈔書漫不經心也。

與『非』爲韻，作『辭』是也。『辭』謂多文辭。郝、王說非也。」鍾泰又曰：「『辭』有飾過義，又有詆誣義。故辯是而辭非。」〔註34〕梁啓雄從鍾氏前說。楊樹達曰：「郝懿行、王念孫據《韓詩外傳》校改『辭』作『亂』，是也。鍾泰云云，夫言辯而不多文辭，語豈可通？且『辭』古音在咍部，『非』古音在微部，二部不相通，不得爲韻也。」〔註35〕裴學海曰：「此當各依本書作解。『辭』爲『異』之借字，即君子之言辯而不奇異也。《儀禮·大射儀》：『不異侯。』鄭注曰：『古文異作辭。』是古文假『辭』爲『異』也，《荀子》多用古文，故亦借『辭』爲『異』。《外傳》改『辭』爲『亂』，自表面上看，似是文從字順，其實是不合邏輯，因爲言而亂者，根本上就不可稱之爲辯的緣故。」〔註36〕潘重規曰：「君子言辯而不辭，即下文『君子辯而不爭』之意。《說文》：『辭，訟也。』又『訟，爭也。』辭即爭也。《榮辱篇》：『辯而不說者，爭也。』義可互證。」楊柳橋、王天海從潘說。龍宇純說同潘氏，又曰：「《外傳》作『言辯而不亂』，既云辯矣，言自不亂。言辯而不亂，句實不辭。」〔註37〕章詩同曰：「不辭，不強詞奪理。」《外傳》作「亂」不通，郝、王說誤，裴學海、龍宇純已辨之。潘、龍二氏解「辭」爲「爭」非也，「言辯而不辭」的主詞是「言」，不是「辯」，此「辯」猶言明晰、說事分明，是形容詞。下文及《榮辱篇》「辯而不爭」的「辯」猶言辯論，是動詞，意思不同。「辭」籀文作「𧧼」，俗字作「辝」（金澤文庫鈔本《治要》卷38引此文正作俗體「**辝**」），此文當是「辟」形誤。《韓詩外傳》卷3：「適情辟餘。」趙懷玉據文義改「辟」作「辝」〔註38〕，是也，《文子·九守》、《下德》、《淮南子·氾論篇》、《精神篇》並有「適情辭餘」之語。《大戴禮記·保傅》：「然而不辭者。」王念孫曰：「『辭』當作『辟』，字之誤也。『辟』與『避』同。《賈子》、《漢書》並作『避』。」〔註39〕裴學海曰：「『辟』誤爲『辝』，後人改

〔註34〕鍾泰《〈荀注訂補〉補》（蔣禮鴻輯錄），收入《蔣禮鴻集》卷6，浙江教育出版社2001年版，第460頁。

〔註35〕楊樹達《鍾泰〈荀注訂補〉》，《清華學報》第11卷第1期，1937年版，第227～228頁。

〔註36〕裴學海《評高郵王氏四種》，《河北大學學報》1962年第2期，第49頁。

〔註37〕龍宇純《荀子集解補正》，收入《荀子論集》，學生書局1987年版，第131頁。

〔註38〕趙懷玉校本《韓詩外傳》，收入《龍溪精舍叢書》。

〔註39〕王念孫說轉引自王引之《經義述聞》卷11，江蘇古籍出版社1985年版，第

『辤』爲『辭』（『辤』古『辭』字），故今本作『不辭』。」〔註 40〕《鄧
子・轉辭》：「蕩淫辭之端。」覆宋本「辭」作「辤」。譚獻曰：「『辤』
當作『辟』。」〔註 41〕敦煌寫卷 S.3872《維摩詰經講經文（三）》：「細
雨辟天，豈有歸雲之日？」徐震堮曰：「『辟』疑當作『辭』。」〔註 42〕
皆其相誤之例。「辟」同「僻」。君子言辯而不辟，謂君子言詞有條理
而不邪僻也。

（6）小人能則倨傲、僻違以驕溢人

　　楊倞注：溢，滿。

　按：僻違，《記纂淵海》卷 12 引誤作「辟偽」〔註 43〕。違，讀爲甏。《說文》：
　　「甏，衺也。」本書《修身》「夷固僻違」同，王念孫曰：「楊分僻、
　　違爲二義，非也。僻、違皆邪也。」其說是，而未指出本字。「驕溢」
　　是先秦二漢人成語，猶言放縱驕滿，楊注是也。梁啓雄曰：「溢，借爲
　　恤，敷也，侮也。」非是。王天海曰：「上文言君子『以畏事人』，『溢』
　　當與『事』對。溢，盈也，滿也。盈、滿皆謂水漫出器外，是溢有漫
　　義。漫與僈通，僈，侮也。」王氏妄說，不通訓詁之法。溢自可訓漫，
　　但不得又通作僈訓侮。

（6）察而不激

　　楊倞注：但明察而不激切也。

　按：久保愛曰：「『激』當作『徼』。《論語》曰『惡徼以爲知者』。」劉師
　　培曰：「『激』當作『繳』〔註 44〕。察而不激，言但明察而不繳繞耳。」
　　董治安、王天海從劉說。久氏校作「徼」是也，但劉氏訓繳繞則誤。
　　徼，讀爲絞，急切也，故引申爲很戾之義。久氏所引《論語》見《陽
　　貨》，《釋文》：「徼，鄭本作絞。」定州八角廊漢簡本《論語》亦作「絞」。

---

274 頁。所引《賈子》見《保傅》，《漢書》見《賈誼傳》。

〔註 40〕裴學海《評高郵王氏四種》，《河北大學學報》1962 年第 2 期，第 100 頁。
〔註 41〕《鄧析子》，影印北圖藏清同治 11 年劉履芬影摹宋刻本，收入《續修四庫全
　　　　書》第 971 冊，第 642 頁。其書上下端校語爲譚獻所作。
〔註 42〕徐震堮《〈敦煌變文集〉校記再補》，《華東師大學報》1958 年第 2 期，第 120
　　　　頁。
〔註 43〕四庫本《記纂淵海》在卷 56。
〔註 44〕王天海引「繳」誤作「徼」。

《中論・覈辯》引孔子曰：「絞急以爲智。」字亦作交、狡、姣、勀、佼、挍、傲〔註45〕。

（7）君子崇人之德，揚人之美，非諂諛也

按：諂諛，《韓詩外傳》卷6作「道諛」，一音之轉也。

（8）以義變應，知當曲直故也

楊倞注：以義隨變而應，其所知當於曲直也。

按：王懋竑曰：「『當』字平聲。知其當曲而曲，當直而直，所謂以義變應也。」〔註46〕俞樾曰：「變，借爲徧。」王先謙曰：「以義變應者，以義變通應事也。不必改讀。」李滌生從王先謙說。久保愛曰：「知音智。」劉師培曰：「『變應』當作『應變』。」劉師培又曰：「下文『物至而應，事起而辨』，即此『變應』之確解。王念孫訓辨爲治，其說甚確。當，讀爲黨，所也。知當曲直，猶言知所曲直也。」王天海曰：「義，宜也。以義變應，猶言以宜變通適應之。知，知道。當，應當。楊注未切，他說皆非也。」王天海「變通適應」之說，即本於王先謙說，而顏曰「他說皆非」，然其說實誤也。久保愛「知」音智，劉師培讀變爲辨，皆是也。「變應」是動詞的並列結構。「義」讀如字，「當」讀去聲，猶言適當。「黨」訓所是名詞處所義，不是助詞，劉師培說誤。言君子以義變之應之者，其智適當於曲直故也。

（9）君子大心則天而道，小心則畏義而節

楊倞注：天而道，謂合於天而順道。

按：「天而道」上，王念孫、周廷寀、久保愛據《韓詩外傳》卷4補「敬」字〔註47〕，梁啓雄、駱瑞鶴、李滌生從王說；楊柳橋、高正補「則」字，高氏解爲「法天而行」；王天海補「制」字，謂「諸說亦非」。梁啓雄曰：「道，直也。」補「敬」字有據，《朱子語類》卷76、95、137、

〔註45〕參見蕭旭《淮南子校補》，花木蘭文化出版社2014年版，第278～280頁。
〔註46〕王懋竑《荀子存校》，《讀書記疑》卷11，收入《續修四庫全書》第1146冊，上海古籍出版社2002年版，第352頁。
〔註47〕周廷寀《韓詩外傳校注》卷4，民國21年安徽叢書編印處據歙黃氏藏營道堂刊本影印。下引同。

《西山讀書記》卷 3 引已脫。敬，慎也，與「畏」同義對舉。楊柳橋諸家未知「敬」字之誼，而臆補之。道，行也。劉師培拘於對文，讀道爲覃，訓覃延，亦非是。

（10）喜則和而理，憂則靜而理

楊倞注：皆當其理。

按：《韓詩外傳》卷 4 作「喜則和而治，憂則靜而違」。盧文弨、冢田虎俱謂當從《外傳》作「靜而違」，冢氏且曰：「違，去也。」劉台拱引本書《仲尼篇》「福事至則和而理，禍事至則靜而理」，謂上句作「和而治」，下句作「靜而理」，王念孫從劉說。今本不誤，宋·呂祖謙《麗澤論說集錄》卷 3 引同。《呂氏春秋·似順》：「見樂則淫侈，見憂則諍治，此人之道也。」正本于荀子，「諍治」即「靜而理」，尤爲確證。鄧憂鳴曰：「疑下『理』字或『思』字之誤。《爾雅》：『憂，思也。』靜而思，即《大學》之『靜而後能安慮』也。」〔註48〕其說非是。

（11）通則文而明，窮則約而詳

楊倞注：有文而彰明也。隱約而詳明其道也。

按：物双松曰：「詳有閒暇意。」帆足萬里曰：「約，簡約自守也。」豬飼彥博曰：「『約』如『約禮』之約。守其要而詳審之。」熊公哲曰：「約而詳，謂謙約而詳審。」駱瑞鶴曰：「文，就禮法而言。文而明，謂重禮法而明達也。」陸慶和曰：「約，當訓束。」〔註49〕李中生曰：「約，指約束、檢束。詳，通『祥』，善。」王天海曰：「約而詳，即簡約而審慎。《荀》書多約、詳連文，其義略同。楊注未的，他說亦未當。」《韓詩外傳》卷 4 作「達則寧而容，窮則納而詳」。「寧」、「納」當據此文校作「文」、「約」〔註50〕。本書《榮辱》：「是故窮則不隱，通則大明。」又

〔註48〕 鄧憂鳴《荀子札記（續）》，《國專月刊》第 2 卷第 5 期，1936 年版，第 49～50 頁。

〔註49〕 陸慶和《〈荀子〉舊注辨正》，《古籍整理研究學刊》1988 年第 3 期，第 39 頁。

〔註50〕 王懿榮、吳大澂、孫詒讓、方濬益皆指出《尚書》「寧王」、「前寧人」之「寧」是「文」形譌。王懿榮說參見陳介祺致潘祖蔭的信（1874 年），《秦前文字之語》，齊魯書社 1991 年版，第 40 頁。吳大澂說見《說文古籀補自敘》，收入《續修四庫全書》第 243 冊，上海古籍出版社 2002 年版，第 398 頁。孫詒讓

《儒效》:「通則一天下,窮則獨立貴名。」《孟子・盡心上》:「窮則獨善其身,達則兼善天下。」諸文可互證。「文而明」即「大明」也。本書《強國》:「佚而治,約而詳,不煩而功,治之至也。」又《王霸》:「之主者,守至約而詳,事至佚而功。」約,窮約、窮困。詳,安詳,物双松說是。

(12) 小人則不然,大心則慢而暴,小心則流淫而傾

楊倞注:以邪諂事人也。

按:盧文弨曰:「宋本『淫』上有『流』字,元刻及《外傳》俱無。」豬飼彥博曰:「淫,不正也。傾,不平也。」李滌生從豬飼說。王天海曰:「流淫而傾,放縱而邪僻。楊注不當。又『流』字,今存諸本並無,按文當有。」王說非是。《西山讀書記》卷 3 引無「流」字,「淫而傾」、「慢而暴」相對為文。傾,邪也。楊注不誤。

(13) 喜則輕而翾,憂則挫而懾

楊倞注:輕,謂輕佻失據。翾,小飛也。言小人之喜輕佻,如小鳥之翾然。或曰:與「懁」同。《說文》云:「懁,急也。」

按:物双松曰:「翾、儇字相通。《方言》:『虔儇,慧也。』」段玉裁、朱駿聲、文廷式並謂「翾」叚借為儇〔註51〕。梁啓雄曰:「翾,與『儇』同,輕薄的意思。《方言》:『儇,疾也,慧也。』《非相》:『鄉曲之儇子。』注云:『輕薄巧慧之子也。』」王天海曰:「翾,此通『懁』。《玉篇》:『懁,慢也,輕也。』此言小人喜則輕而慢也。楊注未得,他說亦未當。」王說非是,而又喜作大言。《韓詩外傳》卷 4 作「喜則輕易而快」,周廷寀謂「易」字衍〔註52〕,趙幼文謂「輕」字衍〔註53〕,俱可。周廷

說見《尚書騈枝敘》,收入《續修四庫全書》第 51 冊,第 31 頁。方濬益說見《綴遺齋彝器款識考釋》卷 1「吳生鐘」條,收入《金文文獻集成》第 14 冊,線裝書局 2005 年版,第 31 頁。「納」當作「約」,參見周廷寀說。

〔註51〕段玉裁《說文解字注》,朱駿聲《說文通訓定聲》,並收入《說文解字詁林》,中華書局 1988 年版,第 3969~3970 頁。文廷式《純常子枝語》卷 15,收入《續修四庫全書》第 1165 冊,第 203 頁。

〔註52〕屈守元《韓詩外傳箋疏》卷 4 則謂「輕」字衍,巴蜀書社 1996 年版,第 410 頁。

〔註53〕趙幼文《〈韓詩外傳〉識小》,《金陵學報》第 8 卷第 1、2 期合刊,1938 年版,

宋「翾」採楊氏後說，則非。《外傳》易「翾」作「快」，則翾自當訓
輕疾，物、段、朱、梁說是。《說文》：「儇，慧也。」《繫傳》：「謂輕
薄察慧小才也。」《非相篇》楊注：「儇與翾義同，輕薄巧慧之子也。」
彼注是。字亦作譞，《說文》：「譞，譞慧也。」《廣韻》：「譞，智也。」
《繫傳》：「譞，察慧也。」

（14）通則驕而偏，窮則棄而儑

　　　楊倞注：偏，頗。棄，自棄也。「儑」當爲「淫」，《方言》云：「淫，憂
　　　　　　也。」字書無儑字，《韓詩外傳》作「棄而累」也。

　按：楊注是也，王念孫、劉師培皆從其說〔註54〕。「累」是「儑」形譌；「淫」
　　　當讀爲懾，言憂恐、憂懼；朱駿聲謂「淫」叚借爲熱〔註55〕，亦是。餘
　　　說紛紜，不復徵引。

（15）故馬鳴而馬應之

　按：盧文弨曰：「《外傳》此下尚有『牛鳴而牛應之』六字。」《外傳》「牛
　　　鳴而牛應之」疑後人所增。《董子·同類相動》：「美事召美類，惡事召
　　　惡類，類之相應而起也，如馬鳴則馬應之。」亦無此句。盧文弨校本
　　　據《外傳》補「牛鳴則牛應之」，蘇輿從盧說〔註56〕，非是。《御覽》
　　　卷896、《記纂淵海》卷21引《荀子》並無下句，《類聚》卷69引《董
　　　子》亦無〔註57〕。宋·黃庭堅《與幕府書》：「馬鳴而馬應之，非智也。」
　　　雖不知黃氏所引出《荀子》還是《外傳》，然亦無下句。

（16）其誰能以己之漁漁，受人之摵摵者哉

　　　楊倞注：漁漁，明察之貌。漁，盡〔也〕，謂窮盡明於事。「摵」當爲「惑」。
　　　　　　摵摵，昏也。《楚詞》曰：「安能以身之察察，受物之昏昏者乎？」

第112頁。賴炎元《韓詩外傳校勘記》全襲趙說，（香港）《聯合書院學報》
　　　第1期，1962年版，第54頁。
〔註54〕王念孫《廣雅疏證》，收入徐復主編《廣雅詁林》，江蘇古籍出版社1992年版，
　　　第45頁。
〔註55〕朱駿聲《說文通訓定聲》，武漢市古籍書店1983年版，第110頁。另參見蕭
　　　旭《〈爾雅〉「蟄，靜也」疏證》。
〔註56〕蘇輿《春秋繁露義證》，中華書局1992年版，第358頁。
〔註57〕四庫本《記纂淵海》在卷58。

按：郝懿行曰：「《外傳》卷 1 作『莫能以己之皭皭，容人之混汙然』〔註58〕。『皭』與『噍』古音同，『混汙』與『械械』音又相轉，此皆假借字耳。《楚詞》作『察察』、『汶汶』，當是也。」久保愛曰：「噍噍，舊作『僬僬』，觀訓盡，則誤也。」豬飼彥博曰：「噍，當作『燋』，明貌。」王先謙曰：「焦、爵雙聲，故『皭皭』亦為『噍噍』也。『械』當為『惑』，楊說是也。字書無『械』字，蓋『惑』亦作『㦛』，遂轉寫為『械』耳。」朱駿聲曰：「惑，字亦作㦛，誤作械。」〔註59〕高亨曰：「噍噍者，潔白也。械械者，汙黑也。噍，借為皭，郝、王說是也。械，借為黬。《說文》：『黬，羔裘之縫。』黬既從黑，則必有黑義。黑者必汙，故黬亦兼有汙義。」王天海曰：「噍噍，明察貌。械械，疑『㦛㦛』之訛。『噍噍』可讀作『皎皎』，即潔白之貌。『械械』可讀作『黑黑』，即汙黑之貌。如此則勝於楊注也。」「噍噍」讀為「皭皭」，郝懿行、王先謙說是也。「械械」亦作「惑惑」、「域域」、「棫棫」，古字作「或或」。「汶汶」讀為「昏昏」、「惛惛」，省作「文文」，亦作「忞忞」〔註60〕。王天海妄說通借，而竟自許「勝於楊注」。高亨讀械為黬，非是。「黬」或作「緎」、「䵑」、「䘱」，字從「或」者，「或」即「域」，言縫之界域；《爾雅釋文》引孫炎注：「緎，縫之界域。」字從「黑」者，言其縫黑色也。

（17）君子養心莫善於誠，致誠則無它事矣

楊倞注：致，極也。極其誠則外物不能害。

按：董治安曰：「巾箱本、劉本、遞修本『它』作『他』。」久保愛本亦作「他」。《治要》卷 38 引下句作「致誠無他」。冢田虎曰：「此一段全為《子思》、《孟子》所化者也。」《淮南子·泰族篇》：「故聖人養心莫善於誠，至誠而能動化矣。」亦本於荀子。致，讀為至。此文「無它事」疑本作「動化」。「動化」是先秦二漢成語。此文「動化」譌作「無他」，後人又妄加「事」字。下文云：「誠心守仁則形，形則神，神則能化矣；誠心行義則理，理則明，明則能變矣。」其言「變化」，

〔註58〕 王天海竟以「然」屬下句首，而不一檢《外傳》原文。
〔註59〕 朱駿聲《說文通訓定聲》，武漢市古籍書店 1983 年版，第 222 頁。
〔註60〕 參見蕭旭《〈敦煌變文〉校補（一）》，收入《群書校補》，廣陵書社 2011 年版，第 1174 頁。又參見蕭旭《孔子家語校補》，收入《群書校補（續）》，花木蘭文化出版社 2014 年版，第 394 頁。

即「動化」之誼，猶言感化也。至誠而能動化，猶言精誠所至，金石爲開也。《新序・雜事四》：「熊渠子見其誠心，而金石爲之開。」《西京雜記》卷 5 引揚子雲曰：「至誠則金石爲開。」王懋竑曰：「無他事，言他無所用力也。注非是。」〔註 61〕王念孫曰：「君子非仁不守，非義不行，故曰『無它事』。」久保愛曰：「無他事，言別無方法也。」梁啓雄曰：「『事』是『從事』之事。謂不用從事於其他養心術。」李滌生曰：「無它事以分其心。」皆失之。

（18）誠心守仁則形，形則神，神則能化矣

楊倞注：誠心守於仁愛，則必形見於外，則下尊之如神，能化育之矣。化，謂遷善也。

按：形，謂表現於外在，楊注是也。梁啓雄曰：「形，即《中庸》『誠則形』之形，朱注：『形者，積中而發外。』」李滌生從其說，是也。鍾泰曰：「形之言顯也。楊注失之。」鍾氏解爲顯亦是，而以楊注爲誤，則斷爲二橛矣。王天海曰：「形，通『型』，猶言楷範、典型。」王氏無視《中庸》「誠則形」之文，又妄說通借。

（19）身之所長，上雖不知，不以悖君

楊倞注：不怨君而違悖也。

按：郝懿行曰：「悖者，『倍』之假借字。倍訓反，與『背』同。」王引之曰：「悖，怨懟也。《仲尼篇》曰『君雖不知，無怨疾之心』，是也。《方言》曰：『愂，懟也。』《廣雅》曰：『勃，懟也。』『愂、怨、懟恨也。』悖、愂、勃字異而義同。楊注其失也迂矣。」王天海曰：「悖，叛逆也。郝說是，他說皆非。」王引之以《荀》證《荀》，其說是也，孫詒讓、李滌生從其說〔註 62〕。王念孫曰：「《方言》：『愂，懟也。』《荀子》云云。悖與愂通。」〔註 63〕錢繹說同〔註 64〕。

〔註 61〕 王懋竑《荀子存校》，《讀書記疑》卷 11，收入《續修四庫全書》第 1146 冊，上海古籍出版社 2002 年版，第 352 頁。

〔註 62〕 孫詒讓《荀子校勘記上》，收入《籀廎遺著輯存》，中華書局 2010 年版，第 507 頁。

〔註 63〕 王念孫《廣雅疏證》，收入徐復主編《廣雅詁林》，江蘇古籍出版社 1992 年版，第 317 頁。

〔註 64〕 錢繹《方言箋疏》卷 12，上海古籍出版社 1984 年版，第 675 頁。

（20）言無常信，行無常貞

按：冢田虎指出二語是上文「庸言必信，庸行必愼」之反，「貞」是「愼」缺誤，是也。《記纂淵海》卷74引作「眞」，猶可見其脫誤之跡。《記纂淵海》卷49引作「言無常正，行無常信」〔註65〕，非是。久保愛校曰：「標注本『貞』作『愼』。」王天海必謂二文有異，「冢說非也」，疏矣。李滌生曰：「貞，定也。」亦非。

（21）唯利所在，無所不傾

楊倞注：利之所在，皆傾意求之。

按：傾，俞樾訓盡，梁啓超訓傾邪，鍾泰訓頗，龍宇純訓傾向，孫詒讓、李滌生從俞說〔註66〕，陸慶和從梁說〔註67〕。皆未允。傾當讀爲營，謀求也。

（22）夫富貴者，則類傲之；夫貧賤者，則求柔之

楊倞注：富貴之類，不論是非，皆傲之也。見貧賤者，皆柔屈就之也。

按：孫詒讓曰：「類，與『戾』通。類、傲二字平列，與『求柔』文正相對。」俞樾曰：「求，猶務也。」孫詒讓、李滌生從俞說〔註68〕。于鬯曰：「『類』當作『顡』，又爲『藐』之借字，書傳又用『藐』字居多。」物双松曰：「求柔之，務求柔安之也。」久保愛引古屋鬲曰：「類，率也。」鄧戞鳴曰：「張懷民曰：『類讀爲率。』張說近是，然猶未盡善也。蓋『類』當與『纇』字意同。纇，戾也。」〔註69〕豬飼彥博曰：「『求』、『逑』通，等也。」朝川鼎曰：「先君曰：『類疑當作顡。顡，貌古字。貌傲者，貌恭之反。』」冢田虎曰：「求，等也。類、等皆猶言同。」熊公哲曰：「類，猶例也。」楊柳橋曰：「類，皆也。求，終也。終，竟也。竟，周徧也。是『求』有周徧之義。」王天海曰：「求，盡也，全也。楊注已訓類、求爲皆，而說者不察，故多歧說也。」「求」無「皆」義，楊柳橋轉展

〔註65〕四庫本《記纂淵海》分別在卷49、44。

〔註66〕孫詒讓《荀子校勘記上》，收入《籀廎遺著輯存》，中華書局2010年版，第507頁。

〔註67〕陸慶和《〈荀子〉舊注辨正》，《古籍整理研究學刊》1988年第3期，第39頁。

〔註68〕孫詒讓《荀子校勘記上》，收入《籀廎遺著輯存》，中華書局2010年版，第508頁。

〔註69〕鄧戞鳴《荀子札記（續）》，《國專月刊》第2卷第5期，1936年版，第51頁。

說之，非是。求訓等，是匹配義，不得轉訓同，冢說亦非。楊注但說句義，非訓類、求爲皆。王天海之察，如不察耳。孫詒讓說是，梁啓雄從其說，鄧憝鳴說亦是。孫氏未解「求」字，蔣禮鴻引孫說以駁俞說，而云：「然『求』字費解，無以易俞說也。」〔註70〕求，讀爲優。「優柔」與「戾傲」文正相對。

《榮辱篇》第四校補

（1）憍泄者，人之殃也；恭儉者，偋五兵也

　　楊倞注：泄，與「媟」同，嬻也，慢也。偋，當爲屛，却也。

按：憍，吳勉學《二十子全書》本、世德堂本、四庫本、盧校本作「橋」。注「媟」，遞修本、四庫本作「渫」。王天海曰：「注『嬻也，慢也』，明世本、四庫本、盧本、《集解》本皆作『嫚也』，無『嬻也』二字。」遞修本亦作「嫚也」，久保愛本作「嬻也，嫚也」。王懋竑曰：「『橋』與『驕』同。『泄』如字，即《詩》『無然泄泄』之泄，注改與『渫』同，非是。《淮南子》注：『橋，戾也。』」〔註71〕劉台拱曰：「『憍泄』即『驕泰』之異文。《荀子》他篇或作『汏』，或作『忕』，或作『泰』，皆同。《賈子》曰：『簡泄不可以得士。』亦以泄爲汏。」王念孫、孫詒讓、俞樾、符定一取劉說〔註72〕。朱駿聲曰：「泄，叚借爲媟。」又曰：「媟，經傳多以媟爲之。《荀子·榮辱》以『泄』爲之。《管子·輕重戊》：『綫繑而踵相隨。』」〔註73〕按：猶橋泄，即嬌媟也。以綫爲

〔註70〕蔣禮鴻《荀子餘義（上）》，《中國文學會集刊》第 3 期，1936 年版，第 65 頁。

〔註71〕王懋竑《荀子存校》，《讀書記疑》卷 11，收入《續修四庫全書》第 1146 冊，第 352 頁。

〔註72〕劉台拱《荀子補注》，收入《叢書集成續編》第 15 冊，新文豐出版公司 1988 年版，第 478 頁。王先謙誤以爲是王念孫說，王天海照鈔，而不檢劉氏原書也，王念孫明引作「劉云」。孫詒讓《荀子校勘記上》，收入《籀廎遺著輯存》，中華書局 2010 年版，第 508 頁。俞樾《莊子平議》，收入《諸子平議》卷 17，上海書店 1988 年版，第 338 頁。符定一《聯緜字典》辰集，中華書局 1954 年版，第 232 頁。

〔註73〕王念孫則曰：「繑與屬同（《集韻》：『屬，或作繑』）。綫當作曳。曳，引也。言引屬而踵相隨也。」王念孫《管子雜志》，收入《讀書雜志》卷 8，中國書店 1985 年版，本卷第 85 頁。

之。注：『謂連續也。』非是。」〔註74〕沈瓞民曰：「憍泄，王念孫以
『憍泰』之異文，義迂。憍即驕字。泄，《孟子·離婁篇》：『武王不
泄邇（邇）。』趙岐註：『泄，狎也。』則『憍泄』即『驕狎』之異文，
不必訓泰也。」〔註75〕尚節之曰：「憍泄，即驕逸。」〔註76〕久保愛
曰：「憍，舊作『橋』，今據宋本、元本改之。憍，通作『驕』。『泄』
當作『溢』，以音誤者也。《不苟篇》曰：『小人能則倨傲、僻違以驕
溢人。』」冢田虎亦讀作「驕溢」。梁啓雄曰：「憍，同『喬』，古書多
以『驕』代之。『泄』當作『媟』，《賈子·道術》：『反恭爲媟。』古
書多以『褻』代之。」王天海曰：「憍，同『驕』。泄，通『褻』，侮
狎、輕慢。楊注不誤，王氏輾轉爲說，不可取也。」《方言》卷 13：
「媟，狎也。」郭璞注：「相親狎也。」戴震曰：「《說文》云：『媟，
嬻也。』亦通用渫，《荀子》楊倞注云：『泄與渫同，嫚也。』」〔註77〕
錢繹曰：「《說文》：『媟，嬻也。嬻，媟嬻也。』《賈子新書·道術篇》：
『接遇慎容謂之恭，反恭謂之媟。』《眾經音義》卷 14 云：『媟嬻，
謂鄙媟也。』引此文及注，又引《通俗文》曰：『相狎習謂之媟嬻。』
《眾經音義》卷 20 云：『媟嬻，經文作泄媟。』《荀子》楊倞注云云。
亦通作褻，《廣雅》：『褻黷，狎也。』」〔註78〕「媟」爲本字，「泄」、
「渫」、「褻」皆借字。字亦作怈（愖）、忕，《說文》：「愖，習也。」
《左傳·桓公十三年》杜預注：「狃，忕也。」孔疏引《說文》：「狃，
狎也。忕，習也。」狃、忕皆狎習、輕慢之義。《玄應音義》卷 12：「習
忕：又作愖。《字林》：愖，習也。」字亦作娸，《玉篇》：「媟，慢也，
嬻也。娸，同上。」俗字亦作怢、汏。劉台拱讀泄爲泰、忕（汏），
亦是也，但未探本耳（《說文》：「泰，滑也。」「泰」顯非本字）。沈
瓞民、王天海未能會通，而遽譏王念孫「義迂」、「輾轉爲說」，疏矣。

（2）故與人善言，煗於布帛；傷人之言，深於矛戟

〔註74〕朱駿聲《說文通訓定聲》，武漢市古籍書店 1983 年版，第 668、142 頁。
〔註75〕沈瓞民《讀荀臆斷》，《制言》第 58 期，1939 年版，本文第 5～6 頁。沈氏引
　　　　「邇」誤作「貳」。
〔註76〕尚節之《荀子古訓考》，北京《雅言》1941 年第 7 期，第 17 頁。
〔註77〕戴震《方言疏證》卷 13，收入《戴震全集（5）》，清華大學出版社 1997 年版，
　　　　第 2479 頁。
〔註78〕錢繹《方言箋疏》卷 13，上海古籍出版社 1984 年版，第 790 頁。

按：王念孫曰：「『之』本作『以』，《類聚・人部三》、《御覽・兵部八十四》引並作『傷人以言』。」王氏所引《御覽》即卷 353。劉師培曰：「王說是也，《金樓子・立言篇上》述此文正作『傷人以言』。《意林》及《御覽》卷 820 引作『與人惡言』，非是。」《御覽》卷 390 引作「贈人以言，重於金石珠玉；傷人以言，重於刀戟」，《類聚》卷 19 引作「贈人以言，重於珠玉；傷人以言，甚於劍戟」。其引作「贈人以言，重於金石珠玉」，據本書《非相篇》也。裴學海曰：「『之』當訓『以』。」〔註 79〕楊柳橋曰：「之，猶以也，不煩改字。」其說是也，《記纂淵海》卷 57、63、《事文類聚》別集卷 30 引仍作「之」。龍宇純曰：「與讀同舉。」〔註 80〕其說非是，「與」即贈與義。王天海曰：「《意林》引作『與人惡言』，正與『與人善言』相對，於義爲長。然則『傷人之言』其義甚明，不必改『之』作『以』。」王天海所說，不知所言。《意林》卷 1 引作「與人惡言」，是臆改，不可據。且「與人惡言」安可看出「傷人之言」不必改邪？

（3）博之而窮者，訾也

按：錢佃《考異》：「之，諸本無。」王天海曰：「據下文『清之』、『篆之』之文例，當有。」王說非是，下文「辯而」、「廉而」、「勇而」、「信而」，皆無「之」字；本書《大略篇》亦有此句，正無「之」字。

（4）家室立殘，親戚不免乎刑戮

按：《說苑・貴德》引作「家室離散，親戚被戮」。「立殘」讀如字雖通，然疑是「離散」的楚語音轉〔註 81〕。

（5）君上之所惡也，刑法之所大禁也

按：「惡」上當據《說苑・貴德》引補「致」字。致，讀爲至。

（6）乳彘不觸虎，乳狗不遠遊，不忘其親也

按：錢佃《考異》：「監本作『不觸虎』。」遞修本、四庫本作「觸虎」。久

〔註 79〕 裴學海《評高郵王氏四種》，《河北大學學報》1962 年第 2 期，第 57 頁。
〔註 80〕 龍宇純《讀荀卿子札記》，收入《荀子論集》，學生書局 1987 年版，第 183 頁。
〔註 81〕 參見蕭旭《馬王堆古醫書校補》。

保愛據宋本、韓本、標注本補「不」字，梁啓雄從之，孫詒讓亦從宋本、監本補「不」字〔註82〕。盧校本、王先謙本無「不」字。王先謙曰：「觸虎者，蓋衛其子，當時有此語耳。」豬飼彥博曰：「乳彘乳狗，母也。『親』當作『子』。」邵瑞彭曰：「親謂子，猶《周語》『愛親禮新』之親。」〔註83〕梁啓雄曰：「乳彘、乳狗，指哺乳的母彘、母狗。不觸虎，謂爲哺養幼彘而愛身也。不遠遊，謂爲哺養幼狗不遠離也。親，指親愛的幼子。」楊樹達曰：「乳彘觸虎，蓋衛其母。王云『衛子』，非。」潘重規曰：「乳彘乳狗，即幼彘幼狗也，故曰不忘其親。王似誤解。」〔註84〕王叔岷曰：「審文義，無『不』字是也。王說得之。《淮南子・說林篇》：『乳狗之噬虎也。』（又見《文子・上德篇》，『狗』作『犬』）。《列女傳・節義篇》：『乳狗搏虎。』並可爲旁證。」徐仁甫曰：「《列女傳》：『夫慈，故能愛。乳狗搏虎，伏雞搏狸，恩出于中心。』《公羊・莊公十二年傳》何休注：『猶乳犬攫虎，伏雞搏狸，精誠之至也。』《淮南子・說林訓》：『乳狗之噬虎也，伏雞之搏狸也，恩之所加，不量其力。』」王天海曰：「依文意『不』字當有。」王先謙、邵瑞彭、王叔岷、徐仁甫說是。《吳子・吳起初見文侯》：「譬猶伏雞之搏狸，乳犬之犯虎，雖有鬪心，隨之死矣。」《越絕書・敘外傳記》：「乳狗哺（搏）虎，不計禍福。」皆乳狗指母而衛其子之證。《建炎以來繫年要錄》卷118林季仲上奏曰：「臣聞古語有曰：『乳彘搏虎，伏雞搏狸。』夫彘非虎之敵，雞非狸之敵，其能搏之者，發於感憤之誠也。」

（7）凡鬪者，必自以為是，而以人為非也

　按：必，《說苑・貴德》引作「皆」。

（8）所謂以狐父之戈钃牛矢也

　　楊倞注：《管子》曰：「蚩尤爲雍狐之戟，狐父之戈。」钃，刺也。古良劍

〔註82〕孫詒讓《荀子校勘記上》，收入《籀廎遺著輯存》，中華書局2010年版，第509頁。
〔註83〕邵瑞彭《荀子小箋》，《唯是》第3期，1920年版，第24頁。
〔註84〕潘重規《讀王先謙〈荀子集解〉札記》，《制言》第12期，1936年版，本文第3頁。

謂之屬鏤，亦取其刺也。或讀鐯爲斫。

按：所引《管子》，今本《地數》作「雍狐之山發而出水，金從之，蚩尤受而制之，以爲雍狐之戟、芮戈」，《路史》卷13引作「雒狐之戟，狐父之戈」。《類聚》卷60引魏文帝《典論》：「昔周魯寶雍狐之戟，屈盧之矛，孤（狐）父之戈，徐氏匕首，凡斯皆上世名器。」〔註85〕《玉海》卷151引《博物志》：「谿子之弩，狐父之戈。」良劍謂之「屬鏤」，音轉又作「獨鹿」、「屬盧」、「屬婁」、「屬鹿」，又作「鹿盧」、「轆轤」，以其方環上有轆轤銅轉紐〔註86〕，非取刺爲義，楊注非是。周靖《篆隸考異》卷4：「鐯，俗。篆作斮，斬也。」郝懿行曰：「鐯訓刺，亦未聞。」桂馥、王筠、劉師培並謂鐯當訓斫〔註87〕。豬飼彥博曰：「鐯，鉏而除之也。」徐復曰：「楊注本作『或讀爲鐯斫』，所以注『鐯』字讀音。鐯訓刺，當爲『撾』字之假借。劉師培據《御覽》引文，謂『矢』字乃衍文，其說亦非。」王天海曰：「鐯，同『斸』。《釋名》：『鐯，誅也，主以誅鉏根株也。』《玉篇》：『鐯，鉏也。』《集韻》：『斸，《說文》：「斫也。」或從金。』《正字通》：『鐯，同「斸」。』民國元年修《定海縣志》：『今謂以小鉏拾狗糞曰鐯。』此皆可證『鐯』當爲『鋤』一類農具，引申爲鋤拾之動作。又作剗除用。楊注訓鐯爲刺，非也。」王天海所說，自《定海縣志》以上，皆抄自《漢語大字典》〔註88〕，其解鐯爲鋤拾，駁楊注，非也。狐父之戈自當言擊刺，不當訓鋤拾，楊注不誤。徐復讀鐯爲撾，是也，然未探本。字本作觸，觸及，引申之則爲擊刺。字亦作斀、敊，《集韻》：「斀，擊也。」又「敊，擊也。」鐯、斸爲鋤名，亦取義於斫擊。

（9）我欲屬之狂惑疾病也，則不可，聖王又誅之

楊倞注：屬，託也。

〔註85〕《御覽》卷339、346引「孤」作「狐」，卷346引「雍」誤作「鹿」。

〔註86〕參見蕭旭《「鹿車」名義考》，收入《群書校補（續）》，花木蘭文化出版社2014年版，第2128頁。

〔註87〕桂馥《説文解字義證》，齊魯書社1987年版，第1246頁。王筠《説文解字句讀》，中華書局1988年版，第573頁。

〔註88〕《漢語大字典》（縮印本），湖北辭書出版社、四川辭書出版社1992年版，第1780頁。

按：豬飼彥博曰：「屬謂附其屬也。」龍宇純曰：「楊注至迂曲難通。屬，同合。」王天海曰：「屬，歸屬、比屬也。楊注訓爲託，猶託付、比附也，義亦通。」《說苑・貴德》引「屬」作「比」，是劉向以「比」解之。

（10）侔侔然唯利飲食之見，是狗彘之勇也

楊倞注：侔侔，愛欲之貌。《方言》云：「牟，愛也，宋魯之間曰牟。」

按：楊注所引《方言》，與今本卷 1 合。二「牟」字，遞修本作「侔」。王引之、久保愛並謂「利」字衍，是也，《記纂淵海》卷 46 引已衍。侔訓愛欲，即借爲牟。邵瑞彭曰：「『侔侔』與『貿貿』、『瞀瞀』同，蓋眊之借字也。《孟子・離婁》趙注：『眊者蒙蒙目不明之貌。』」〔註 89〕其說非是。

（11）義之所在，不傾於權，不顧其利，舉國而與之，不為改視

按：熊公哲曰：「與，付與也。」王天海曰：「與之，干與之。」熊說是，「與」同「予」。言雖以天下與之，而不動心顧視也。

（12）輕死而暴，是小人之勇也

按：王天海曰：「暴，兇殘、暴虐。」暴，讀爲摽，拋棄也。言輕死而棄生，乃小人之勇。另詳《修身篇》校補。

（13）鯈𩵦者，浮陽之魚也

楊倞注：鯈𩵦，魚名。浮陽，謂此魚好浮於水上就陽也。今字書無𩵦字，蓋當作魼，《說文》云即「鱣鮪魼魼」字。蓋鯈魚一名鯈魼。莊子與惠子遊於濠梁之上，鯈魚出遊，是亦浮陽之義。或曰：浮陽，渤海縣名也。

按：①鯈𩵦，桂馥、王筠、朱駿聲並從楊注〔註 90〕。方以智曰：「今字書無𩵦字，惟《字彙》載之，音喬。《轉略注》曰：『𩵦從本，音叨。故𩵦音喬，今作𩵦，則音鉢。故或以爲白魚之轉聲。開寶《本草》以鱎

〔註 89〕邵瑞彭《荀子小箋》，《唯是》第 3 期，1920 年版，第 24 頁。

〔註 90〕桂馥《說文解字義證》，第 1018 頁。王筠《說文解字句讀》，第 460 頁。朱駿聲《說文通訓定聲》，武漢市古籍書店 1983 年版，第 683 頁。

魚爲白魚，言其頭尾向上也。《說苑》「陽橋之魚」，豈其此乎？』物双松全引其說〔註91〕。《正字通》卷12：「《轉注》說是，俗譌作鮇，音鉢，非。」又曰：「鱎音喬，與鮇音訓同。」徐光烈取《正字通》說〔註92〕。郝懿行曰：「『鮇』不成字，『鮁』非魚名。疑當爲『鱧』。」王念孫曰：「『鮁』非魚名。疑『鮇』乃『鮏』字之誤。」孫詒讓、梁啓雄從王說〔註93〕。李調元曰：「《說苑》『陽鱎』。按：鱎又作鮇，《荀子》云云……俗譌作鮇，從本，非。」〔註94〕冢田虎曰：「疑鮇、鮴誤歟？」駱瑞鶴曰：「疑『鮇』本當作『鰷』……古名鰥，後音轉爲鱎。」朝川鼎曰：「鰷鮇皆小魚總名，不可強別爲何物焉。」王天海曰：「鰷魚，又名白鰷。『鮇』當爲『鰷』之形誤也。鰷，『鰷』之俗體。鰷鰷連稱者，皆言白鰷之魚也。楊注及諸說皆未思鮇乃鰷之形誤，又以『鰷鮇』爲二魚，故歧說紛紜，莫衷一是也。」楊寶忠曰：「諸說皆臆測也。《萬象名義》：『鮇，蒲故〔反〕。』今本《玉篇》字作『鰭』，注云：『蒲故反，鱖鰷也。』『鰭』譌作『鮇』。俗書本、本二旁不分，故鮇又變作鮇。」〔註95〕王天海全是妄說，而又好大言，批評「諸說皆未思」，然其思之也，與不思同。古籍無「鰷」字，「鰷」是「鰷」今簡化字。《集韻》：「鰷，白鰷，魚名，或作鰷、鮍。」段玉裁曰：「鰷，其字亦作鮍，亦作䰽，俗作鰷。」〔註96〕苟如王天海說，「鰷鰷」成何語乎！方以智從楊慎《轉略注》說，謂「鮇」當從「本（tāo）」得聲作「鮇」，不從「本（bēn）」得聲，故音叨，音轉作喬、橋，盧文

〔註91〕方以智《通雅》卷47，中國書店1990年影印康熙姚文燮浮山此藏軒刻本，第577頁。今本楊慎《轉注古音略》卷5作「鮇，音鮁，《荀子》『鰷鮇者，浮陽之魚也』」，與方氏所引不同，收入《叢書集成初編》第1243冊，中華書局1985年影印，第158頁。王天海引物氏說，僅以「字書無鮇字」五字爲方氏語，誤「鮇」作「鮇」，誤「本」作「本」，而不一檢《通雅》原書，亦云疏矣！

〔註92〕徐光烈《關於魚部字釋義的幾個問題》，收入《詞典研究叢刊（2）》，四川人民出版社1981年版，第94頁。

〔註93〕孫詒讓《荀子校勘記上》，收入《籀廎遺著輯存》，中華書局2010年版，第509頁。

〔註94〕李調元《卍齋璅錄》卷6，收入《叢書集成新編》第13冊，新文豐出版公司1985年版，第555頁。

〔註95〕楊寶忠《疑難字續考》，中華書局2011年版，第455頁。

〔註96〕段玉裁《說文解字注》，上海古籍出版社1981年版，第577頁。

弨亦取楊愼說〔註97〕。然「鮩」字《篆隸萬象名義》始收之，唐代以前文獻無徵，其說不可信。《六書故》卷 20、《記纂淵海》卷 2、《事文類聚》後集卷 34、《合璧事類備要》別集卷 86、《永樂大典》卷 7514 引並同今本作「鯈鮩」〔註98〕。疑「鮩」是「鮣」形譌，《廣雅》：「鮣，鯈也。」《篆隸萬象名義》同。敦煌寫卷 P.2011 王仁昫《刊謬補缺切韻》：「鮣，儵。」「儵」是「鯈」借字。王念孫曰：「鰷與鯈同。」〔註 99〕此文「鯈鮩」是複語。丁惟汾曰：「鮩爲猝之同聲假借，鯈爲倏之同聲假借。此魚群游水上，往來倉猝，出沒鯈（倏）忽，故謂之鮩，又謂之鯈。」〔註 100〕丁氏說其名義甚確。②「浮陽」楊注列二說。久保愛曰：「此『陽』字當與『揚』字通而讀之矣。」〔註101〕朝川鼎曰：「小魚多是就淺而出游，故曰浮陽。浮陽、陽橋，音近義同。」梁啓雄曰：「浮陽，猶浮蕩也。陽與蕩通。」王天海曰：「浮陽，浮於水而向陽也，由下文『肶於沙而思水』可知，楊注前說是也，或說非。」張新武曰；「『浮』是輕浮、輕佻的意思，『陽』是輕動、遊蕩的意思，則『浮陽』的意思就是『輕舉妄動』。」〔註 102〕諸說皆誤。「肶於沙而思水」寫鯈鮩（鮣）的遭遇，據之怎麼可知「浮陽」之含義？王天海說適以自欺耳！陽，讀爲仰、昂。言鯈鮩，是浮而昂首之魚也。《說苑・政理篇》：「陽晝曰：『夫扱綸錯餌，迎而吸之者，陽橋也。』」《文選・與滿公琰書》李善注引作「揚鰽」，《爾雅翼》卷 28、《類說》卷 30、《記纂淵海》卷 84、《錦繡萬花谷》前集卷 14、《職官分紀》卷 42 引作「陽鰽」，《事類賦注》卷 29 引作「陽喬」；宋・毛滂《上曾太尉書》、宋・程珌《上監司》用此典，亦作「陽鰽」。「鰽」爲魚名專字。陽、揚之言仰、昂，鰽、喬、橋之言撟。舉手謂之撟〔註 103〕，引申

〔註97〕轉引自徐復主編《廣雅詁林》，江蘇古籍出版社 1992 年版，第 961 頁。
〔註98〕四庫本《記纂淵海》在卷 55。
〔註99〕王念孫《廣雅疏證》，收入徐復主編《廣雅詁林》，江蘇古籍出版社 1992 年版，第 975 頁。
〔註100〕丁惟汾《方言音釋》，齊魯書社 1985 年版，第 285 頁。
〔註101〕王天海引「讀之矣」誤作「誤之也」。
〔註102〕張新武《〈荀子〉詞義訓解辨正》，中國訓詁學研究會 2010 年學術年會論文。
〔註103〕舉足謂之蹻，同源字。

之，舉首亦謂之撟也〔註 104〕。《爾雅》「鰋」郭璞注：「今鰋（偃）額白魚。」郝懿行疏：「鰋，《說文》作『鰻』。白魚名鮊，《廣雅》云：『鮊，鱎也。』《玉篇》：『鱎，白魚也。』鮊一作鮊。郭注『鰋額』，唯《六書故》引作『偃』，今據以訂正。」〔註 105〕鰋之言偃，亦仰也，指昂首。王念孫曰：「鮊之言白也……鱎之言皜也。」〔註 106〕王氏謂鱎之言皜，未得。《本草綱目》卷 44：「白魚：鱎魚。白亦作鮊。白者，色也。鱎者，頭尾向上也。」斯乃得之。白魚名鮊（鮊），以其色名之也；又名鱎、鰋（鰻），又名陽橋（鱎），以其形名之也；又名鮃、鯈，以其動作名之也。皆一物之別名。

（14）胠於沙而思水，則無逮矣

楊倞注：「胠」與「袪」同。揚子《方言》云：「袪，去也，齊趙之总語。」去於沙，謂失水去在沙上也。《莊子》有《胠篋篇》，亦取去之義也。

按：王引之曰：「魚在沙上，不得謂之去於沙。楊說非也。『胠』當爲『佮』〔註 107〕（字從人，谷聲。谷，其虐反，與風俗之俗從谷者不同）。《玉篇》：『佮，倦也。』《集韻》：『㣐，《方言》：「傍也。」（傍與倦同），或作㣐、佮。』……谻、㰜、㣐並與佮同……然則佮者，窮困之謂，言魚困於沙而思水，則無及也。」朱駿聲曰：「胠，叚借爲袪，或爲去。」〔註 108〕俞樾曰：「『胠』當作『阹』。阹，闌也。」章太炎曰：「胠亦即阹，謂爲沙所遮限也。」〔註 109〕章氏當即本於師說。孫詒讓從王引之說，又引俞說〔註 110〕。王先謙、梁啓雄、陳直均從俞說。劉師培曰：「俞說是也，《原本玉篇》『阹』字注引《漢書音義》云：『開也。』

〔註 104〕《漢書・揚雄傳》《甘泉賦》：「仰撟首以高視。」五臣本作「矯首」，《韻補》卷 4 引同。《文選・思玄賦》「仰矯首以遙望兮。」李善注引《甘泉賦》作「矯首」。

〔註 105〕郝懿行《爾雅義疏》，上海古籍出版社 1983 年版，第 1171 頁。

〔註 106〕王念孫《廣雅疏證》，收入徐復主編《廣雅詁林》，江蘇古籍出版社 1992 年版，第頁。

〔註 107〕中華書局點校本王先謙《荀子集解》第 57 頁引「佮」誤作「俗」，「谷」誤作「谷」，董治安、王天海一承其誤作「俗」，不思「俗」無困倦義也。

〔註 108〕朱駿聲《說文通訓定聲》，武漢市古籍書店 1983 年版，第 431 頁。

〔註 109〕章太炎《春秋左傳讀》，收入《章太炎全集（2）》，上海人民出版社 1982 年版，第 260 頁。

〔註 110〕孫詒讓《荀子校勘記上》，收入《籀廎遺著輯存》，中華書局 2010 年版，第 509 頁。排印本「佮」誤作「俗」，「谷」誤作「谷」。

〔註 111〕即此胠沙之義。」劉師培又曰:「眾說均非。胠當作需,需爲止而不進之義,引伸之即爲滯。」李滌生從劉氏讀爲需。蔣禮鴻曰:「俞說甚是。惟胠自可借爲阹,不必以爲誤字。」〔註 112〕鄧戞鳴曰:「于、於通用,于、如又通用。如,往也。則去於沙者,去往沙也。王以意改於(胠)爲俗,殊無據,不可信。」〔註 113〕邵瑞彭曰:「『呿(胠)』疑本作『呴』,即『呴』之借字。《莊子・大宗師》:『泉涸魚相與處於陸,相呴以濕,相濡以沫。』『呿於沙』即此義也。」〔註 114〕物双松曰:「胠訓發也,開也。謂魚倦罷鼓動兩腮也。」久保愛曰:「胠,與『呿』通。呿,張口貌。」王天海從物、久說。楊柳橋曰:「胠,應讀爲劫。」丁曉珉謂「胠」指魚的胸部兩側,字亦作「魼」,此作動詞用,指魚的胸部兩側隔(擱)淺於沙上〔註 115〕。「呿」訓張口者,是「嘘」借字,謂張口呼氣〔註 116〕。考《方言》卷 6:「抾摸,去也。齊趙之總語也。抾摸,猶言持去也。」然則《方言》訓「去」是持去義,非離去義,王引之、鄧戞鳴皆誤解其義矣。楊注不誤。

(15) 挂於患而欲謹,則無益矣

　　楊倞注:人亦猶魚也。

　按:患,《記纂淵海》卷 2 引作「罟」〔註 117〕,則誤以此二句亦寫儵鰱。

(16) 自知者不怨人,知命者不怨天

　按:此蓋古諺語。《意林》卷 1 引《太公金匱》:「太公曰:『臣聞之,知天者不怨天,知己者不怨人。』」《說苑・談叢》:「知命者不怨天,知己者不怨人。」(久保愛已引《說苑》)《淮南子・繆稱篇》:「是故知己者不怨人,知命者不怨天。」

〔註 111〕《玉篇殘卷》引作「開也,合閉也」,似當引「合閉(閇)」以證其說。

〔註 112〕蔣禮鴻《義府續貂》,收入《蔣禮鴻集》卷 2,浙江教育出版社 2001 年版,第 59 頁。

〔註 113〕鄧戞鳴《荀子札記(續)》,《國專月刊》第 2 卷第 5 期,1936 年版,第 51～52 頁。

〔註 114〕邵瑞彭《荀子小箋》,《唯是》第 3 期,1920 年版,第 24 頁。

〔註 115〕丁曉珉《〈荀子〉「胠於沙」解》,《古漢語研究》2002 年第 3 期,第 86 頁。

〔註 116〕參見蕭旭《呂氏春秋校補》,花木蘭文化出版社 2016 年版,第 325～327 頁。

〔註 117〕四庫本《記纂淵海》在卷 55。

（17）材愨者常安利，蕩悍者常危害

　　　　楊倞注：材愨，謂材性愿愨也。蕩悍，已解於《修身篇》。

　　按：《修身篇》：「加惕悍而不順，險賊而不弟焉，則可謂不詳少者矣。」楊
　　　　倞註引韓侍郎曰：「惕與蕩同，字作心邊易，謂放蕩兇悍也。」本篇下
　　　　文「惕悍憍暴」，楊倞註：「惕與蕩同。」疑此「蕩」本作「惕」。汪中
　　　　曰：「『材』疑當作『朴』，字之誤也。」王懋竑說同〔註118〕，梁啓雄從
　　　　王說。王念孫、孫詒讓從汪說〔註119〕，王念孫又補充說：「《大戴記‧
　　　　王言篇》：『士信、民敦、工璞、商愨、女憧、婦空空。』《家語》作『士
　　　　信民敦而俗樸（樸、朴、璞並通），男愨而女貞』，王肅云：『樸愨，愿
　　　　貌。』」《記纂淵海》卷13引已誤作「材愨」〔註120〕。

（18）軥錄疾力

　　　　楊倞注：「軥」與「拘」同。拘錄，謂自檢束也。疾力，謂速力而作也。

　　按：宋翔鳳、朱駿聲並從楊注〔註121〕。傅山曰：「今人謂少年敏捷不委罷
　　　　者曰『疾力轂轆』，即此意，但字稍轉變耳。軥，本音構，又音溝，其
　　　　入聲即轂。」方以智曰：「軥錄，拘摟之轉也。拘摟，傴僂之轉也。丁
　　　　度曰：『拘摟，聚也，言卷聚也。』《荀子》『軥錄力病（疾力）』，正言
　　　　拘摟用力之疾也。」物双松全引其說〔註122〕。盧文弨曰：「楊注云云，
　　　　蓋以《君道篇》『愿愨拘錄』語，故謂『軥』同『拘』。然《淮南子‧
　　　　主術訓》：『而加之以勇力辨（辯）慧、捷疾劬錄。』則『劬錄』猶今
　　　　人之所謂勞碌，但以檢束為言，非也。《泰族訓》又云『劬祿疾力』，
　　　　作『劬』是也。『祿』當作『錄』，或古人以音同得借用也。《君道篇》
　　　　以『愿愨拘錄』為官人使吏之材，則尤當作勤勞解為是。」〔註123〕

〔註118〕王懋竑《荀子存校》，《讀書記疑》卷11，收入《續修四庫全書》第1146冊，
　　　　第352頁。
〔註119〕孫詒讓《荀子校勘記上》，收入《籀廎遺著輯存》，中華書局2010年版，第
　　　　509頁。
〔註120〕四庫本《記纂淵海》在卷56。
〔註121〕宋翔鳳《小爾雅訓纂》卷2，《龍谿精舍叢書》本。朱駿聲《說文通訓定聲》，
　　　　武漢市古籍書店1983年版，第350、351頁。
〔註122〕方以智《通雅》卷5，中國書店1990年影印康熙姚文燮浮山此藏軒刻本，第
　　　　63頁。王天海引物氏說，僅以「軥錄拘摟之轉也」七字為方氏語，而不一檢
　　　　《通雅》原書，亦疏矣！
〔註123〕盧文弨《鍾山札記》卷2，中華書局2010年版，第60頁。盧校《荀子》說

王念孫從盧說。郝懿行曰：「軥與局同，錄與逯同。《逯者，行謹逯逯也。軥錄，猶局促，並疊韻字也。《君道篇》作『拘錄』。」楊柳橋從郝說。久保愛曰：「軥錄，勉強之意。」蔣超伯曰：「楊倞注非也。劬錄、劬勞，一音之轉。《楚詞》：『躬劬勞而瘏瘁。』《詩》：『母氏劬勞。』平聲爲勞，仄聲即錄。」〔註124〕劉師培曰：「盧說近是。『軥錄』即『劬勞』之異文。」于省吾、梁啓雄、李滌生取劉說，鍾泰解《君道篇》「拘錄」亦取劉說〔註125〕。楊樹達曰：「劉申叔說是也，『拘』與『劬』聲類同，『錄』與『勞』雙聲，音理固通。然錄者謹也，拘錄言謹，劬勞言勤，義自有別。《說文》：『逯，行謹逯逯也。』又『睩，目睩謹也。』《廣雅》：『睩，善也。』拘錄言謹，與『願愨』正相類，非謂劬勞也。」〔註126〕傅、方、盧、蔣、劉說皆是也，而猶未探本。考《說文》：「劬，勞也。」鄭知同曰：「劬，古亦通作軥、拘。《荀子‧榮辱篇》『軥錄疾力』，《君道篇》『願愨拘錄』，《淮南‧主術訓》作『捷疾劬錄』是也。勤勞謂之『軥錄』、『拘錄』者，古從句聲諸字皆有屈曲之義。『錄』者『趢』之借。《說文》：『趢，行趢趢也，一曰曲脊兒。』凡人力作時恒傴僂其背而不伸，是以謂之『軥錄』。『佝趢』其正字也。鈕氏疑《說文》『勮』訓『務』，『劬』即『勮』之別體，則音讀迥異。『劬』之古音如鉤、苟、雊也。鈕氏不審音大抵如此。總由不識『佝』字。」〔註127〕鄭氏謂「凡人力作時恒傴僂其背而不伸，是以謂之軥錄」得其語源，而謂本字作「佝趢」則拘矣。字亦作「劬祿」，《淮南子‧泰族篇》：「雖察慧捷巧，劬祿疾力，不免於亂也。」都是「果臝」轉語，又作「痀僂」、「傴僂」等形，曲脊之貌〔註128〕，故爲勤苦勞力義。疾亦力也，楊注非是。

同而語略，故詳引此文。

〔註124〕蔣超伯《讀〈淮南子〉》，收入《南漘楛語》卷 7，《續修四庫全書》第 1161 冊，上海古籍出版社 2002 年版，第 358 頁。

〔註125〕鍾泰《荀注訂補》，商務印書館 1936 年版，第 85 頁。

〔註126〕楊樹達《鍾泰〈荀注訂補〉》，《清華學報》第 11 卷第 1 期，1937 年版，第 237 頁。

〔註127〕鄭珍《說文新附考》卷 6，收入《續修四庫全書》第 223 冊，上海古籍出版社 2002 年版，第 336 頁。

〔註128〕參見蕭旭《「果臝」轉語補記》，收入《群書校補（續）》，花木蘭文化出版社 2014 年版，第 2293～2294 頁。

（19）陶誕突盜

　　楊倞注：「陶」當爲「檮杌」之檮，頑囂嚚之貌〔註129〕。突，凌突不順也。

　　　　　或曰：「陶」當爲「逃」，隱匿其情也。

按：本書《王霸》：「汙漫突盜以先之。」楊倞注：「突，陵突，觸。盜，竊
也。」①郝懿行曰：「陶古讀如謠。謠者，毀也。陶誕即謠誕，謂好毀
誇誕也。突盜，謂好侵突掇盜也。每二字爲一義，注似失之。」王紹蘭
曰：「陶即詢之借字，往來言也。謂行道往來不根之流言。」〔註130〕王
念孫曰：「楊釋陶字之義未安。余謂陶讀爲謟。謟、誕雙聲字，謟亦誕
也。《性惡篇》曰：『其言也謟，其行也悖。』謂其言誕也。作陶者，借
字耳。《彊國篇》曰：『陶誕比周以爭與，汙漫突盜以爭地。』陶誕突盜
四字，義並與此同。」孫詒讓、梁啓雄從王說〔註131〕。陳奐曰：「《傳》
詁盜爲逃，謂盜即逃之假字。《荀子·榮辱篇》云：『陶誕突盜、愓悍憍
暴以偷生。』又云『汙漫突盜，常危之術也。』《王霸篇》云：『汙漫突
盜以先之。』案『突盜』即《王制篇》之『遁逃』。此盜、逃通用之證。」
〔註132〕王懋竑曰：「『陶』字疑或時自有此語，注改『陶』爲『檮』，又
改爲『逃』，皆未妥。」〔註133〕嚴元照曰：「陶誕即滔慢之義。」〔註134〕
章太炎曰：「『陶』同聲之『詢』，《說文》訓『往來言』，即《荀子》『陶
誕』之意。」〔註135〕章太炎又曰：「陶誕，詐也。《荀子·榮辱篇》：『陶
誕突盜。』《彊國篇》：『陶誕比周。』今人謂欺詐爲陶誕，陶讀如掉。」
〔註136〕劉師培校《彊國篇》曰：「『陶』當作『傜』，邪也。則陶誕猶言

〔註129〕宋本作「囂」，王天海以宋本作底本，誤作「嚚」。

〔註130〕王紹蘭《讀書雜記·荀子》，收入《叢書集成續編》第18冊，第113頁。

〔註131〕孫詒讓《荀子校勘記上》，收入《籀廎遺著輯存》，中華書局2010年版，第
　　　　510頁。

〔註132〕陳奐《詩毛氏傳疏》卷19，收入《續修四庫全書》第70冊，上海古籍出版
　　　　社2002年版，第256頁。

〔註133〕王懋竑《荀子存校》，《讀書記疑》卷11，收入《續修四庫全書》第1146冊，
　　　　第352頁。

〔註134〕嚴元照《娛親雅言》卷2，收入《續修四庫全書》第1158冊，上海古籍出版
　　　　社2002年版，第266頁。

〔註135〕章太炎《春秋左傳讀》，收入《章太炎全集（2）》，上海人民出版社1982年版，
　　　　第705頁。

〔註136〕章太炎《新方言》卷2，收入《章太炎全集（7）》，上海人民出版社1999年
　　　　版，第47頁。

欺詐矣。」〔註137〕沈瓞民曰：「『陶』當如字。諸家說均未允。《晉書·劉伶傳》『伶雖陶兀昏放』之陶同。下文云『汙漫突盜，常危之術也』，以汙侵證陶誕，則『陶』字不當改。」〔註138〕物双松曰：「陶誕，當爲『逃誕』也。『突盜』只是凌奪貪利意。」久保愛曰：「『陶』疑當爲『啕』，多言也。」安積信曰：「恐『陶』、『唐』古通用，即荒唐之義。」章詩同曰：「突盜，兇暴而倔強，不能馴服。」許嘉璐謂「突」是「突然」、「突出」的意思〔註139〕。楊柳橋曰：「陶，當讀爲誷，即今所謂傳聞言也。《說文》：『突，滑也。』《廣雅》：『突，欺也。』盜，猶私也。」李滌生曰：「突，凌突不順。」王天海曰：「陶誕，郝說是。突盜，欺詐掠奪。突，詐欺也。《廣雅》：『突，欺也。』王念孫《疏證》：『謂詐欺也。』楊注未得，他說皆未切。」考《廣雅》：「遹、詐、僞、突，欺也。」王念孫曰：「突者，《荀子·榮辱篇》云云。陶誕突盜，皆謂詐欺也。《賈子·時變篇》云：『欺突伯父。』」〔註140〕王天海引王氏《疏證》，但引「謂詐欺也」四字，而以「突，詐欺也」作爲自己的按語，似出於他的發明，而不忘批評天下人「他說皆未切」，甚奇。②以上諸說，王念孫謂「陶誕突盜」四字同義，是也，而未探本。「盜」亦詐欺、虛妄義，《老子》第53章：「朝甚除，田甚蕪，倉甚虛，服文綵，帶利劍，厭飲食，財貨有餘，是謂盜夸。」「夸」別本作「誇」，古今字。《韓子·解老》引作「盜竽」。顧炎武曰：「夸，古音枯。《說文》夸從大于聲。楊愼據《韓非子》改《老子》盜夸爲盜竽，恐非。」又曰：「楊愼改爲盜竽，謂本之《韓非子》，而不知古人讀夸爲剗，正與除爲韻也。」〔註141〕顧說是，「竽」讀爲「夸」。「盜夸」謂虛夸。《韓子》解云：「竽也者，五聲之長者也。故竽先

〔註137〕劉師培《荀子補釋》，收入《劉申叔遺書》，江蘇古籍出版社 1997 年版，第961 頁。

〔註138〕沈瓞民《讀荀臆斷》，《制言》第 58 期，1939 年版，本文第 6 頁。

〔註139〕許嘉璐《〈說文解字〉釋義方式研究》，收入《未輟集》，中國社會科學出版社2000 年版，第 188 頁。

〔註140〕王念孫《廣雅疏證》，收入徐復主編《廣雅詁林》，江蘇古籍出版社 1992 年版，第 184 頁。

〔註141〕顧炎武《唐韻正》卷 4，收入《四庫全書》第 241 冊，臺灣商務印書館 1986年初版，第 215 頁。顧炎武《答李子德書》，收入《亭林文集》卷 4，《續修四庫全書》第 1402 冊，上海古籍出版社 2002 年版，第 101 頁。

則鐘瑟皆隨，竽唱則諸樂皆和。」韓非指「竽」為樂器，非也。馬敍倫曰：「此盜字義當訓貪欲。夸，《說文》曰：『奢也。』竽亦從于聲，得通假。」〔註142〕于省吾曰：「『盜夸』即『誕夸』，盜、誕雙聲。『誕夸』亦作『夸誕』，《荀子・不苟》：『夸誕生惑。』」〔註143〕于說得其誼。《莊子・庚桑楚》：「舉賢則民相軋，任知則民相盜。」宣穎曰：「盜，詐也。」〔註144〕「知」讀為「智」。《韓子・八說》：「故無術以用人，任智則君欺，任修則君事亂。」此可證宣說。武延緒改「知」作「利」〔註145〕，大誤。《正統道藏・太清部》宋李昌齡傳《太上感應篇》卷5：「雖誕突盜傲，不可率者，亦不敢失禮於其門。」字亦作到、倒，《史記・韓世家》：「不如出兵以到之。」《索隱》：「到，欺也，猶俗云『張到』。」《呂氏春秋・明理》：「父子相忍，弟兄相誣，知交相倒。」馬敍倫曰：「相倒亦謂相欺，與『相誣』義同。」〔註146〕「突」訓欺，蓋「詑」之借字。《說文》：「詑，沇州謂欺曰詑。」字亦作訑、訑，《玉篇》：「詑，俗作訑。」《急就篇》卷4：「謾訑首匿愁勿聊。」《集韻》：「詑、訑、訑，欺也，或從也，俗從他。」字亦作誃，《集韻》：「誃，欺罔也，同『詑』。」字亦作移，《戰國策・秦策三》：「眾口所移，毋翼而飛。」字亦省作他，《淮南子・說山篇》：「媒但者，非學謾他，但成而生不信。」高注：「但，猶詐也。」方以智曰：「但與誕通。」〔註147〕王念孫曰：「但，與誕同。他與詑同。詑、訑、他字異而義同。」〔註148〕音轉亦作誒，《集韻》：「誒，僻誕也。」③「陶誕」俗語轉作「搗蛋」，而義亦有所轉移。《三朝北盟會編》卷11：「揀

〔註142〕馬敍倫《老子校詁》卷3，中華書局1974年版，第472頁。

〔註143〕于省吾《老子子新證》，收入《雙劍誃諸子新證》，.中華書局2009年版，第1216頁。

〔註144〕宣穎《南華經解》卷23，收入《續修四庫全書》第957冊，第514頁。

〔註145〕武延緒《莊子札記》卷3，永年武氏壬申歲刊所好齋札記本（民國21年刊本），本卷第1頁。

〔註146〕馬敍倫說轉引自陳奇猷《呂氏春秋新校釋》，上海古籍出版社2002年版，第366頁。

〔註147〕方以智《通雅》卷5，收入《方以智全書》第1冊，上海古籍出版社1988年版，第215～216頁。

〔註148〕王念孫《淮南子雜志》，收入《讀書雜志》卷14，中國書店1985年版，第83頁：其說又見王念孫《廣雅疏證》，收入徐復主編《廣雅詁林》，江蘇古籍出版社1998年版，第184頁。

人選將，乘夜來搞蛋。」章太炎曰：「陶誕，詐也。《荀子・榮辱篇》：『陶誕突盜。』《彊國篇》：『陶誕比周。』今人謂欺詐爲陶誕，陶讀如掉。」〔註149〕郭象升曰：「章先生說『陶誕』即今語之『倒蛋』，又轉爲『搞蛋』矣，忘古訓而以聲音相借也。（《榮辱篇》P12）」〔註150〕所引章先生說，當指太炎說。1934年《阜寧縣新志》：「陶誕，謂不忠實。陶讀如掉。」〔註151〕《巴縣志》：「今俗謂欺詐爲『陶誕』，音轉字變爲『搞蛋』。」〔註152〕④《楚辭・卜居》：「突梯滑稽。」文廷式曰：「注家但解『滑稽』，未有能解『突梯』者。余案：突、滑，梯、稽，皆疊韻字，突梯即滑稽也，變文以足句耳。以此推之，宋玉《風賦》『被麗披離』，被麗即披離也。《九辯》『憭悷懭悢』，憭悷即懭悢也。司馬相如《子虛賦》『罷池陂陀』，罷池即陂陀也。《上林賦》『潏弗宓汨』，《史記》作『潏浡滵汨』，潏與宓，弗與汨皆疊韻也。『偪側泌瀄』，偪側即泌瀄也。『嗌呀豁閜』，《文選》作『閜』字，嗌呀即豁閜也。『巖磈嵔瘣』，巖磈即嵔瘣也。『柴池茈虒』，柴池即茈虒也。《大人賦》『糾蓼叫奡』，糾蓼即叫奡也。楊雄《甘泉賦》『柴虒參差』，柴虒即參差也。《蜀都賦》『崇戎總濃』，崇戎即總濃也。枚乘《七發》『沌沌渾渾，狀如奔馬；混混庉庉，聲如雷鼓。』沌沌渾渾即庉庉混混也。以及木華《海賦》之『灌涾濩渭』，左思《吳都賦》之『颶瀏颷颲』，悉用此例。若《荀子・議兵篇》之『隴種東籠』，則又見於子書者也。」〔註153〕姜亮夫曰：「朱珔《文選集釋》云：『疑此突梯即突盜之通用字，盜與梯一聲之轉，皆謂詐欺也，與滑稽正相類。』按朱說極確……朱熹訓爲滑溙，即與下『滑稽』之義同，此正古行文之變以足句也。《風賦》言『被麗披離』，《子虛賦》之『罷池陂陀』，《上林賦》之『潏弗宓汨』，《甘泉賦》之『柴虒參差』，皆其例也。《荀子・議兵》之『隴

〔註149〕章太炎《新方言》卷2，收入《章太炎全集（7）》，上海人民出版社1999年版，第47頁。

〔註150〕王開學輯校《郭象升藏書題跋・子部》，山西古籍出版社2008年出版，第128頁。

〔註151〕1934年《阜寧縣新志》（合訂本），阜寧縣縣志編纂委員會1987年，第667頁。許寶華、宮田一郎《漢語方言大詞典》未引「陶讀如掉」四字，中華書局1999年版，第5212頁。

〔註152〕向楚主編《巴縣志選注》，重慶出版社1989年版，第316頁。

〔註153〕文廷式《純常子枝語》卷9，收入《續修四庫全書》第1165冊，上海古籍出版社2002年版，第123頁。

種束籠』，其句法皆同。《荀子》言『陶誕突盜』，『陶誕』亦『突盜』一聲之轉也。」〔註 154〕姜氏所言，乃節錄文廷式說，而未言出處，斯亦通人之蔽也。「變文足句」的語言現象，是確實存在的，《淮南子·俶眞篇》「蕭條霄霓」，《文選·洞簫賦》「阿那腲腇」，亦其例。然當謂「滑稽」即「突梯」，狡猾、詐欺之義。《說文》云「突，一曰滑也」，即是聲訓。前人釋「滑稽」，皆未達其語源，不具引徵。姜氏謂「陶誕亦突盜一聲之轉」，恐不可信。「突梯」轉音又作「詑詆」〔註 155〕，「梯」即「詆」借字，詆亦欺也。《廣韻》：「詑，詑詆。」倒言亦作「謕詑」、「詆詑」、「詆禿」，《原本玉篇殘卷》「詑」字條引《字書》：「謕詑也。」又「謕」字條引《字書》：「謕詑，狡猾也。」《玉篇》：「詑，詆詑。」又「迌，他沒切，詆詑貌。」〔註 156〕「迌」同「詑」。蔣斧印本《唐韻殘卷》、《廣韻》並云：「詑，詆詑，狡猾。」敦煌寫卷 P.2011 王仁昫《刊謬補缺切韻》：「詆，詆詑。」《集韻》：「詑，詆詑，狡猾也，一曰相欺詆。」又「謕、詆：僻也，一曰狡獪，或省。」《六書本義》卷 4：「禿，又詆禿，作『詑』非。」音轉又作「讁詑」，P.2011 王仁昫《刊謬補缺切韻》：「詑，吐和反，讁詑，又吐各反。讁，他擊反。」音轉又作「剔禿」、「禿剔」，《廣韻》「詆」、「剔」同音他歷切。敦煌寫卷 P.2653《燕子賦（一）》：「交橫禿剔。」伏俊璉校：「禿剔，丁卷作『剔禿』〔註 157〕。江藍生認爲應作『踢突』，『突』義爲衝、急出。」《燕子賦（一）》：「雀兒剔禿。」伏俊璉校：「徐復說：『《廣韻》：「詑，詆詑，狡猾。」剔禿、詆詑音近通用。』江藍生認爲『剔禿』即上文『禿剔』，字應作『踢突』。項楚說應即『抵突』。按：江說是，甲卷（引者按：即 P.2491）即作『禿剔』。」〔註 158〕徐復說是，我舊說云：「剔禿，讀爲踢揬，猶言踢打。」〔註 159〕亦誤。⑤劉盼遂曰：「跌踼（踢），亦作倜儻、

〔註 154〕姜亮夫《楚辭通故（四）》，收入《姜亮夫全集》卷 4，雲南人民出版社 2002 年版，第 638 頁。

〔註 155〕《孟子·盡心上》趙岐注：「摩突其頂。」焦循曰：「突、禿聲轉，突即禿。」焦循《孟子正義》卷 27，中華書局 1987 年版，第 916 頁。

〔註 156〕《玉篇》據元至正二十六年南山書院刊本，元延祐二年圓沙書院刻本、早稻田大學藏和刻本同，澤存堂本「詆」誤作「詆」。

〔註 157〕引者按：丁卷即 S.6267。

〔註 158〕伏俊璉《敦煌賦校注》，甘肅人民出版社 1994 年版，第 432、469～470 頁。

〔註 159〕蕭旭《敦煌賦校補》，收入《群書校補》，廣陵書社 2011 年版，第 861 頁。

椒儔（俶黨）、佚宕、佚蕩、佚傷、陶誕、挑達、條達、叟達、駘蕩、弔儻、弔當……」〔註160〕劉氏以「陶誕」與諸詞相廁，斷不可信。

（20）則君子注（注）錯之當，而小人注錯之過也

楊倞注：注錯，謂所注意錯履也，亦與措置義同也。

按：王念孫曰：「楊後說得之。注、錯二字同義。《廣雅》：『措、鈺，置也。』措鈺即注錯……注、錯二字皆上下平列。」楊柳橋取王說，又申之曰：「注，借爲侸。《說文》：『侸，立也。』侸，即今『住』之本字。」物双松曰：「亦舉厝意。『注』字音或近『處』。」冢田虎曰：「意之所在曰注。」王天海曰：「注錯，當爲『舉措』。注，乃『舉』之音轉。王說注、錯同義，則非當。」王念孫說至確，然未探本。注，讀爲投、殳，置也。字亦作投。王念孫又曰：「《韓詩外傳》：『於此有絺綌五兩，敢置之水浦。』《列女傳》作『願注之水旁』，是注爲置也。注與鈺通。《莊子・達生篇》：『以瓦注者巧。』《淮南子・說林訓》作鈺。是其證也。」〔註161〕《外傳》見卷1，《列女傳》見卷6。《莊子》之「注」，《呂氏春秋・去尤》作「投」，《淮南子》高誘注：「鈺者，提馬雒家謂之投翿。」《列子・黃帝》作「摳」，摳亦投借字〔註162〕。銀雀山漢簡（二）《起師》：「注之城中。」言置於城中。王天海不通訓詁，妄說通借，而謂王念孫不誤之說「非當」，僨矣。

（21）汙僈突盜，常危之術也

楊倞注：「僈」當爲「漫」，漫亦汙也。水冒物謂之漫。一曰：漫，欺誣之也。

按：王懋竑曰：「『僈』當同『嫚』。」〔註163〕物双松曰：「『汙僈』當作『汙漫』。」朝川鼎曰：「汙漫者，塗汙之義。」久保愛曰：「『僈』與『漫』

〔註160〕劉盼遂《〈莊子・天下篇〉校釋》，收入《劉盼遂文集》，北京師範大學出版社2002年版，第21～22頁。原文誤字，括注正字於後。

〔註161〕王念孫《廣雅疏證》、《補正》，收入徐復主編《廣雅詁林》，江蘇古籍出版社1992年版，第286頁。

〔註162〕參見洪頤煊《讀書叢錄》卷15，收入《續修四庫全書》第1157冊，上海古籍出版社2002年版，第692頁。

〔註163〕王懋竑《荀子存校》，《讀書記疑》卷11，收入《續修四庫全書》第1146冊，上海古籍出版社2002年版，第352頁。

同。」朱駿聲曰：「滿，叚借爲巇，滿、巇雙聲。《荀子・儒效》：『行不免於汙漫。』注：『欺誑。』《正論》：『流淫汙僈。』字又作僈。」〔註164〕梁啓雄曰：「汙僈，疑借爲『訏謾』。《說文》：『訏，詭譌也。謾，欺也。』」〔註165〕汙僈突盜，與前『陶誕突盜』同意。」王天海曰：「《荀子》全書，用『汙僈』者二見，用『汙漫』者凡七見，皆指行爲卑污狡詐，梁說與『陶誕』同意，非也。」楊注後說得之。梁啓雄讀「汙僈」爲「訏謾」亦是。「漫」、「僈」訓欺誑，即借爲「謾」字。「訏」訓詭譌，指虛誇之言，字亦作謼，《說文》：「謼，妄言也。」字亦作誇、夸、芌、迂、宇、荂、嘩、華、譁〔註166〕。「汙僈陶誕」四字皆指大言欺人，故易用之，其義一也。王天海解「汙」爲卑污，望文生義。

（22）凡人有所一同

按：熊公哲曰：「一，猶皆也。」王天海曰：「一，全也。」二氏說誤，《玉篇》：「一，同也。」

（23）是又人之所常生而有也

按：久保愛、王先謙謂「常」字衍，王天海從之；陶鴻慶乙其文，以「是又人之常」句。林源河曰：「常，取『通常』義。」〔註167〕三說皆非是。常，讀爲當。《記纂淵海》卷33引正作「當」〔註168〕。

（24）君子非得勢以臨之，則無由得開內焉

楊倞注：開小人之心而內善道也。

按：久保愛曰：「內，音納。」朝川鼎曰：「先君曰：『開內，猶啓迪也。』」「內」音納，是「納」的本字。《說文》：「內，入也。」開內，言開小人之心而進入之，非使之內善道之謂也。

〔註164〕朱駿聲《說文通訓定聲》，武漢市古籍書店1983年版，第745頁。

〔註165〕梁氏「訏」誤作「僈」，董治安、王天海照鈔，而不檢《說文》訂正。

〔註166〕參見蕭旭《大戴禮記拾詁》，收入《群書校補（續）》，花木蘭文化出版社2014年版，第1947～1948頁。

〔註167〕林源河《荀子義辨》，收入《荀儒考釋與中國國樂考原》，新加坡青年書局2007年版，第11頁。

〔註168〕四庫本《記纂淵海》在卷61。

（25）今是人之口腹，安知禮義，安知辭讓，安知廉恥隅積

　　楊倞注：隅，一隅，謂其分也。積，積習。

按：物双松曰：「『隅積』亦一連語。積者，實也。有外矜持廉節而內無其
　　實者，故云。」冢田虎曰：「隅積，其所積廉隅之謂也耳。」久保愛曰：
　　「廉、隅各一德，如砥屬廉隅是也，此分以爲文。」王先謙曰：「楊釋
　　隅積之義未晰。隅積與禮義、辭讓、廉恥相配爲文，皆人所不可不知
　　者。隅，道之分見者也。積，道之貫通者也。《解蔽篇》云：『道者體
　　常而盡變，一隅不足以舉之。曲知之人觀於道之一隅，以爲足而飾之。
　　惟孔子不蔽於成積。』此即隅積之義。」梁啓雄從王說。楊柳橋引其
　　說，而誤作王念孫語。趙海金曰：「當作『安知廉恥、安知隆積』。」
〔註169〕龍宇純曰：「隅積猶言廉隅。積即後世襀字。襀，衣冠之廉隅
　　也。」〔註170〕「襀」即「積」分別字，指衣裙上的皺褶，取重疊爲義，
　　龍說非是。王天海曰：「隅積，疑爲『齵差』之音誤。朱起鳳曰：『齵
　　差，即齟齬之義。積，則「皆」字混亂也。』齵差，有抵觸、相惡之
　　義。」朱起鳳、王天海妄改，不足信也。由《解蔽篇》，知「隅積」不
　　誤，《永樂大典》卷921、《喻林》卷60引同今本。楊倞、王先謙說是
　　也。焦循曰：「《說文》：『隅，陬也。』凡物由分而合爲聚，兩線相引，
　　其合處或角，以其聚則爲陬，以其遇則爲隅。遇者，會也。會者，合
　　也……有兩則分，亦有兩乃聚。隅、陬、限皆以兩得名。廉從兼得聲。
　　兼，并也。故隅亦名廉……凡心一則直，貳則曲。兩而合則愛，兩而
　　分則畏。……《荀子·榮辱篇》：『安知廉恥隅積。』注云：『隅，一隅，
　　謂其分也。』隅以分爲義，故云區隅。區之於歐，猶隅之於偶。偶爲
　　兩，知隅亦爲兩……隅與愚同聲。愚，鈍也。以義推之，凡兩線相交，
　　其正者爲方，其銳者爲角，其鈍者爲隅。」〔註171〕隅積，言積其一隅
　　而成大道也。

（26）亦呥呥而噍，鄉鄉而飽已矣

〔註169〕趙海金《〈荀子·榮辱篇〉「安知廉恥、隅積」當作「安知廉恥、安知隆積」
　　　　說》，《大陸雜誌》第32卷第10期，1966年版。
〔註170〕龍宇純《讀荀卿子三記》，收入《荀子論集》，學生書局1987年版，第237頁。
〔註171〕焦循《說「隅」》，收入《雕菰集》卷10，收入《續修四庫全書》1489冊，上
　　　　海古籍出版社2002年版，第200頁。

　　　　楊倞注：呷呷，嚍貌。嚍，嚼也。鄉鄉，趨飲食貌。

按：物双松曰：「鄉鄉，當是『享享』。」王先謙曰：「楊讀鄉爲向，故訓爲
　　趨食貌。但呷呷是嚍貌，則鄉鄉當是飽貌。若解爲趨食貌，文義不一
　　律。且趨飲食反在嚍嚼之後，未免倒置，楊說非也。鄉當爲薌之渻。
　　薌亦香字也，重言之則曰鄉鄉，正飽食甘美義。」楊柳橋從王說。龍
　　宇純曰：「鄉本作𗋵，象人就食之形，即後之饗字，通作享。此或即
　　用其本義，故曰鄉鄉而飽。」〔註172〕林源河曰：「『鄉鄉』作形容詞用，
　　然猶頗存『饗食』之意。」〔註173〕王天海曰：「鄉，讀爲享，通『饗』。
　　鄉鄉，猶言饗饗，喻其享用之貌。物讀是，楊注及他說皆非也。」王
　　天海說即襲自物双松、龍宇純。「饗饗」無形容詞用法，物說非是。如
　　王先謙說，字亦作膷，《廣雅》：「膷，香也。」余謂「鄉鄉」是飽貌，
　　讀爲「瀼瀼」，狀腹之飽圓。《說文》：「瀼，益州鄙言人盛，諱其肥，
　　謂之瀼。」《方言》卷 2：「瀼，盛也。秦、晉或曰瀼。梁、益之閒，
　　凡人言盛及其所愛，諱其肥晠（盛），謂之瀼。」郭璞注：「肥瀼多肉。」
　　《廣雅》：「瀼瀼，肥也。」《玉篇》：「盛，肥也。」又引《方言》：「瀼，
　　肥也。」「盛」即肥義。《廣韻》：「瀼，肥，蜀人云。」字亦作孃，《說
　　文》「孃，一曰肥大也。」字亦作壤，《漢書・鄒陽傳》：「壤子王梁代。」
　　晉灼注引《方言》作「壤」。

（27）幾直夫芻豢之縣糟糠爾哉

　　　　楊倞注：言以先王之道與桀跖相縣，豈止糟糠比芻豢哉？幾，讀爲豈。

按：王天海曰：「幾直，當讀作『豈止』。」直、特一聲之轉，故楊氏解作
　　「豈止」。

（28）告之示之，靡之儇之，鈆之重之

　　　　楊倞注：靡，順從也。儇，疾也。靡之儇之，猶言緩之急之也。「鈆」與
　　　　　　　　「沿」同，循也。撫循之，申重之也。

按：洪頤煊曰：「靡與磨字通用。《非相篇》：『鄉曲之儇子。』楊注：『儇與

〔註172〕龍宇純《讀荀卿子三記》，收入《荀子論集》，學生書局 1987 年版，第 238 頁。
〔註173〕林源河《荀子義辨》，收入《荀儒考釋與中國國樂考原》，新加坡青年書局 2007
　　　　年版，第 12 頁。

翾義同，輕薄巧慧之子也。』鉊即鎔字。謂或磨之使輕，或鎔之使重，皆取變化陶成之義。」〔註174〕王引之曰：「楊說非也。靡之偄之，即《賈子》所云『服習積貫』也。《儒效篇》曰：『居楚而楚，居越而越，居夏而夏，是非天性也，積靡使然也（楊注：『靡，順也。順其積習，故能然。』非是）。故人知謹注錯、愼習俗、大積靡，則爲君子矣。』《性惡篇》曰：『身日進於仁義而不自知者，靡使然也。』《方言》曰：『還，積也。』還與偄，聲近而義同。是靡之偄之皆積貫之意也。」王先謙、梁啓雄、龍宇純、楊柳橋並從王說。梁啓雄又申之云：「靡，借爲摩。」龍宇純又申之云：「《方言》還訓積，『還』與『貫、慣、遺』通。」〔註175〕楊柳橋又申之云：「《毛詩傳》：『靡，累也。』」朱駿聲曰：「靡，叚借爲縻。」〔註176〕豬飼彥博曰：「靡，磨切也。偄，慧利也。」高亨曰：「靡，當讀爲琢磨之磨。偄，當讀爲鎣。《廣雅》：『鎣，磨也。字亦作瑩。』」徐仁甫曰：「靡當訓累。靡、累二字疊韻。」駱瑞鶴曰：「靡借爲縻。偄借爲纋，《說文》、《廣雅》並云：『纋，絡也。』靡、偄相類，爲繫縻連絡之義。」〔註177〕林源河曰：「『靡』即『積靡』之靡。王引之說『靡』有積貫義，甚塙。『偄』字在《荀子》，並巧慧義。王說似迂曲。」〔註178〕王天海曰：「靡之，使之親順。偄之，使之聰慧。」「靡」當讀爲摩，俗字作磨，洪頤煊、高亨說是。王引之所引《儒效篇》、《性惡篇》二例亦此義。《易·中孚》：「我有好爵，吾與爾靡之。」沈祖緜曰：「惠士奇《易說》：『靡讀爲磨，與和協。吾與爾靡，言相磨礪也。』其說塙。磨礪亦與物之言。」並引《荀子》此三例〔註179〕。是沈氏亦讀靡爲磨也。高亨讀偄爲鎣，訓磨，是也。

〔註174〕洪頤煊《讀書叢錄》卷 15，收入《續修四庫全書》第 1157 冊，上海古籍出版社 2002 年版，第 688 頁。

〔註175〕龍宇純《荀卿子記餘》，《中國文史研究集刊》第 15 期，1999 年版，第 205 頁。

〔註176〕朱駿聲《說文通訓定聲》，武漢市古籍書店 1983 年版，第 745 頁。

〔註177〕徐仁甫《荀子辨正》，收入《諸子辨正》，成都出版社 1993 年版，第 125 頁。

〔註178〕林源河《荀子義辨》，收入《荀儒考釋與中國國樂考原》，新加坡青年書局 2007 年版，第 13 頁。

〔註179〕沈祇民《讀易臆斷卷中（四）》，《制言》第 14 期，1936 年版，本文第 9 頁。所引惠士奇《易說》，收入阮元《清經解》第 2 冊，上海書店 1988 年版，第 22 頁。

（29）俄則屈安窮矣

　　楊倞注：屈，竭也。安，語助也。猶言屈然窮矣。

按：鍾泰曰：「『安』與『焉』通。」尙節之說同〔註180〕。章詩同曰：「安，
相當於『而』。」王天海曰：「王引之《釋詞》：『安，焉也，然也。』並
引此文爲例。今謂『安』猶『乃』也。乃，猶且。」楊注及王引之、鍾
泰、尙節之說是，「安」、「焉」一聲之轉。王天海說至陋，「安」猶乃，
是承接連詞用法，相當於「於是」，不得轉訓爲「且」。

（30）況夫先王之道，仁義之統，《詩》《書》《禮》《樂》之分乎

　　楊倞注：爲生業尙不能知，況能知其遠大者？分，制也，扶問反。

按：王天海曰：「分，區別。道、統，與《詩》《書》《禮》《樂》並言之，則
自當區別也。若訓制，則義不明也。」楊說是，王氏未得其句法。道、
統、分對舉，至爲明顯。

（31）其汸（流）長矣，其溫（蘊）厚矣，其功盛姚遠矣

　　楊倞注：「姚」與「遙」同。言功業之盛，甚長遠也。

按：王引之曰：「盛，讀爲成。成，亦功也。姚，亦遠也。」孫詒讓從王說
〔註181〕。朱駿聲曰：「姚，叚借爲邎。」〔註182〕鄧憂鳴曰：「楊說是，
王說非也。」〔註183〕鍾泰曰：「『其功』與『其流』、『其蘊』對文，『盛』
不必與『功』字相屬，仍以從楊注爲是。」嚴靈峰曰：「疑『姚』字原
當作『桃』，上並脫『矣』、『其』二字。《廣雅》：『桃，祭先祖也。』楊
注非。」龍宇純曰：「余謂盛如字，姚讀同猷。以『功盛』、『猷遠』相
對爲文。」〔註184〕楊柳橋曰：「盛，謂大業。」王天海曰：「盛，甚也，
音近可通。甚姚遠，言其功極遙遠也。」鄧憂鳴、鍾泰說是，「遙遠」
作「其功盛」的補語。嚴靈峰妄改妄增，甚非校書之法。三句文法一律，

〔註180〕尙節之《荀子古訓考》，北京《雅言》1941 年第 5 期，第 28 頁。
〔註181〕孫詒讓《荀子校勘記上》，收入《籀廎遺著輯存》，中華書局 2010 年版，第
　　　　511 頁。
〔註182〕朱駿聲《說文通訓定聲》，武漢市古籍書店 1983 年版，第 328 頁。
〔註183〕鄧憂鳴《荀子札記（續）》，《國專月刊》第 2 卷第 5 期，1936 年版，第 52 頁。
〔註184〕龍宇純《讀荀卿子三記》，收入《荀子論集》，學生書局 1987 年版，第 239
　　　　頁。

則不得「盛姚遠」爲辭，王天海既不察其句法，又不通古音，妄說通借耳。睡虎地秦簡《爲吏之道》：「不時怒，民將姚去。」姚亦讀爲遙。字或作挑，《史記‧蘇秦傳》：「則莫若挑霸齊而尊之。」《戰國策‧燕策一》作「遙」，馬王堆帛書《戰國縱橫家書》作「招」，並音近相通。《漢書‧禮樂志》：「雅聲遠姚。」《正字通》曰：「姚與遙同。」王念孫、李賡芸說同〔註185〕。字亦作佻，《集韻》：「佻，遠也。」

（32）故曰：「短綆不可以汲深井之泉，知不幾者不可與及聖人之言。」

　　　　楊倞注：綆，索也。幾，近也。謂不近於習也。

　按：冢田虎曰：「幾，多也。」豬飼彥博曰：「幾，將及也。」陶鴻慶曰：「幾者猶言庶幾。不幾謂不近於道也。」梁啓雄曰：「幾，微也。微，明也。」楊柳橋曰：「幾，微也，神妙也。」熊公哲曰：「知不幾，謂知識不彀。」李中生曰：「不幾，當就數量少而言，同『無幾』，意思是沒有多少。」王天海曰：「幾，繼，上古聲同韻近，故可通。楊注未得，諸說亦非。」楊注不誤，豬飼、陶說亦是。此蓋古諺語。王叔岷已引《莊子‧至樂》、《淮南子‧說林篇》、《說苑‧政理》。

（33）故曰：「一之而可再也，有之而可久也，廣之而可通也，慮之而可安也。」

　　　　楊倞注：既知一則務知二。不可中道而廢。知禮樂廣博，則於事可通。

　按：周大璞曰：「此謂先王之道，仁義之統，《詩》《書》《禮》《樂》之分，知其一，即可知其二；有諸己，則終身可行；推而廣之，則知類通達。楊注皆失之。」〔註186〕王天海曰：「有，通『又』。有之，再之也。廣之，推廣之也，非知其廣博。楊注未允。」周說是，王天海說誤。四句「之」皆指代「《詩》《書》《禮》《樂》之分」，「有」必是動詞，不可作副詞「又」用。

（34）樂意者其是耶

〔註185〕王念孫《漢書雜志》，收入《讀書雜志》卷4，中國書店1985年版，本卷第31頁。李賡芸《炳燭編》卷2，收入《叢書集成新編》第13冊，新文豐出版公司1985年版，第595頁。

〔註186〕周大璞《荀子札記》，《清議》第1卷第9期，1948年版，第25頁。

楊倞注：樂意莫過於此。

按：王天海曰：「『樂意者』或當作『樂易者』。意、易，音近而誤也。」王
氏妄改。《皇王大紀》卷 78 引同今本。

（35）使貴賤之等，長幼之差，知賢愚能不能之分

按：王念孫曰：「元刻無『賢』字，是也。知，讀爲智。宋本有『賢』字者，
蓋誤讀『知』爲知識之知。」孫詒讓、王先謙從其說〔註 187〕。王天海
曰：「三『之』字皆當訓『有』。淺者不知，故於『使』下加『有』字，
巾箱本、題注本、遞修本並從之。王氏不審，反謂不得有『賢』字，誤
也。」王念孫說是，當據各本于「使」下補「有」字，刪「賢」字。《皇
王大紀》卷 78 引正作「使有貴賤之等，長幼之差，智愚能不能之分」。
「之」是結構助詞。

（36）皆使人載其事而各得其宜

楊倞注：載，行也，任之也。

按：「人」上當據本書《君道篇》補「其」字。

（37）然後使愨（穀）祿多少厚薄之稱

按：陶鴻慶曰：「『使』下當有『有』字。」于省吾曰：「之，是也。」王天
海曰：「陶說非也。之稱，即『有稱』。」陶說至確，本書《禮論》：「然
後皆有衣衾多少厚薄之數。」文例同，正有「有」字。「之」是結構助
詞。

（38）故仁人在上，則農以力盡田，賈以察盡財，百工以巧盡械器

按：《呂氏春秋‧上農》：「農攻粟，工攻器，賈攻貨。」

（39）或監門、御旅、抱關、擊柝，而不自以爲寡

楊倞注：御，讀爲迓。迓旅，逆旅也。

按：楊注至確。顧炎武曰：「《詩‧鵲巢》：『百兩御之。』御本亦作訝，又
作迓（引者按：見《釋文》）。《甫田》：『以御田祖。』御音迓。《書‧

〔註 187〕孫詒讓《荀子校勘記上》，收入《籀廎遺著輯存》，中華書局 2010 年版，第
511 頁。

牧誓》：『弗迓克奔。』馬融本迓作禦，《史記・周本紀》引此亦作『不禦克犇』〔註188〕。《洛誥》：『旁作穆穆迓衡。』漢獻帝《禪魏王詔》引此作『御衡不迷』。《宋書・禮志》晉《食舉樂東西廂歌》亦作『御衡不迷』。《禮記・曲禮上》：『君命召，雖賤人，大夫士必自御之。』註：『御當爲迓。』《春秋傳》曰：『跛者御跛者，眇者御眇者。』皆迓也，世人亂之。《公羊・成二年傳》：『使跛者迓跛者，使眇者迓眇者。』《穀梁傳》作『御』（引者按：見《穀梁傳・成公元年》）。《荀子》云云。」〔註189〕《書・盤庚中》：「予迓續乃命于天。」《匡謬正俗》卷2引作「御」，亦其例，例證尚多，不再舉證。逆旅稱「迓」者，「迓」亦作「訝」，取迎接爲義。《周禮・秋官・司寇》：「掌訝。」鄭玄注：「訝，迎也。鄭司農云：『訝讀爲「跛者訝跛者」之訝。』」孫詒讓曰：「訝、逆同義。掌逆旅大夫疑即此掌訝也。《荀子・榮辱篇》云云，訝、御字亦通。御旅，蓋逆旅之賤役，或即此官之胥徒與？……段玉裁云：『他經多作御，惟《周禮》作訝，古訝音同御也。《說文》曰：「訝，相迎也。」引《周禮》「諸侯有卿訝」。《公羊傳》：「跛者訝跛者。」《正義》所見本作「御跛者」。』詒讓案：今本《公羊・成二年傳》訝作迓，《輪人》先鄭注亦引作訝。《公羊釋文》云：『迓，本又作訝。』《穀梁傳》作御。賈所見《公羊》文蓋與《穀梁》同。」〔註190〕王天海曰：「御、逆同聲音近，故通。」「逆」與「訝」、「御」亦同源音轉。豬飼彥博曰：「『御』、『禦』同。禦旅，謂止行旅以察奸人。」非是。

（40）故曰：「斬而齊，枉而順，不同而一。」

　　楊倞注：斬而齊，謂彊斬之使齊，若《漢書》之「一切」者。枉而順，雖枉曲不直，然而歸於順也。不同而一，謂殊途同歸也。

按：三語本書《臣道篇》引作《傳》曰，彼注曰：「所以斬之，取其齊也。以枉曲之，取其順也。所以不同，取其一也。初雖似乖戾，然終歸於

〔註188〕引者按：《匡謬正俗》卷2引作「御」。
〔註189〕顧炎武《唐韻正》卷12，收入《叢書集成三編》第27冊，新文豐出版公司1997年印行，第611頁。
〔註190〕孫詒讓《周禮正義》卷65，中華書局1987年版，第2737頁。

理者也。」「斬」是不齊義，楊注非是。劉台拱曰：「斬，讀如儳。《說文》：『儳，儳互不齊也。』……言多少厚薄，儳互不齊，乃其所以爲齊也。」王念孫、孫詒讓、李滌生從劉說〔註191〕。王念孫又補充云：「儳而齊，即《正名篇》所謂『差差然而齊』。」王先謙從劉、王說，蔣禮鴻說亦同劉氏〔註192〕。諸說皆是，音轉亦作漸、嶄、巉、嶘、嶘、賤、踐、諓、屖〔註193〕。羅積勇謂劉台拱說「斬讀如儳」不一定可靠，云：「斬的後果，是被斬的東西不齊整，換言之，斬之此義可從其本義引申出來。」〔註194〕其說皮傅。

〔註191〕孫詒讓《荀子校勘記上》，收入《籀廎遺著輯存》，中華書局 2010 年版，第511 頁。
〔註192〕蔣禮鴻《義府續貂》，收入《蔣禮鴻集》卷 2，浙江教育出版社 2001 年版，第 224 頁。
〔註193〕參見蕭旭《〈睡虎地秦墓竹簡〉校補》，收入《群書校補（續）》，花木蘭文化出版社 2014 年版，第 36～40 頁。
〔註194〕羅積勇《〈故訓匯纂〉有助於傳統小學舉隅》，收入《〈故訓匯纂〉研究論文集》，商務印書館 2006 年版，第 121 頁。

卷第三

《非相篇》第五校補

（1）相人，古之人無有也，學者不道也。古者有姑布子卿，今之世，
梁有唐舉，相人之形狀顏色，而知其吉凶妖祥，世俗稱之

楊倞注：道，說。

按：王天海曰：「無有，即無囿。囿，拘束、局限也。諸說讀『有』爲『有
無』之『有』，故認爲與下文『古者有姑布子卿』相乖。」王說非是。
有，猶取也。謂古人無取，學者不道，惟世俗稱之。

（2）術正而心順

按：劉師培曰：「《類聚》卷 75、《御覽》卷 731 並『順』作『從』。」摹宋
本「順」下脫「之」字，當據遞修本補。《類聚》、《御覽》引作「術正
而心從之」，《事文類聚》前集卷 39、《合璧事類備要》前集卷 55、《辨
惑編》卷 3、《喻林》卷 41、《天中記》卷 41 引作「術正而心順之」。
久保愛據宋本刪「之」字，非是。

（3）昔者衛靈公有臣曰公孫呂，身長七尺，面長三尺，焉廣三寸，鼻
目耳具，而名動天下

楊倞注：面長三尺，廣三寸，言其狹而長甚也。

按：摹宋本、遞修本等各本作「廣」，王天海本以摹宋本作底本，誤作「寬」。

①「焉」字舊有十餘說：盧文弨曰：「案『焉』字，古多以為發聲……荀書或用焉，或用案，或用安，字異語同，皆以為發聲。」王念孫、王先謙、李滌生皆從盧說，陸以湉亦以為發聲詞〔註1〕。久保愛曰：「『焉』與『案』、『安』同，助聲也。《廣文選》作『眉』，《事文類聚》作『額』，皆私改者，不可從也。」王引之曰：「焉，猶乃也。言面長三尺，乃其廣僅三寸也。」裴學海從王說〔註2〕。吳昌瑩曰：「焉，猶而也。」裴學海後又改從吳說〔註3〕。王紹蘭曰：「焉、安古通，此『焉』則『頞』之借字也。蓋稱其鼻莖曰頞……楊、盧之說非是。」〔註4〕洪頤煊曰：「『焉』古通作『安』字。『焉』即『頞』字之假借。焉廣三寸，言其蹙也。楊注以『焉』為語助詞，非是。」〔註5〕鄒漢勛曰：「面長三尺，『三』疑當作『一』。《荀子》書焉、案、安三字通用。焉廣三寸，謂無頞也。《說文》：『頞，鼻莖也。從頁安聲。』《荀子》用安為頞，又轉為焉，此音同叚借也。」〔註6〕譚戒甫曰：「『焉』當假為頞，鼻莖也。」〔註7〕孫詒讓從洪說〔註8〕。馬敘倫稱王紹蘭說「切當不可易」〔註9〕。何九盈從鄒漢勛、王紹蘭說，而謂王引之說誤〔註10〕。朱亦棟曰：「舊以『焉』字屬上句，今以『焉』字屬下句。此『焉』字宜作『然』字解，不得作發聲解也。」〔註11〕王汝璧曰：「『焉』字宜連下讀，眉目之間曰顏。焉與關通。焉逢單焉，干支之首，亦與安通。

〔註1〕 陸以湉《冷廬雜識》卷4，中華書局1984年版，第215頁。
〔註2〕 王引之《經傳釋詞》，嶽麓書社1984年版，第41頁。裴學海《古書虛字集釋》，中華書局1954年版，第106頁。
〔註3〕 吳昌瑩《經詞衍釋》，中華書局1956年版，第32頁。裴學海《評高郵王氏四種》，《河北大學學報》1962年第2期，第49頁。
〔註4〕 王紹蘭《讀書雜記·荀子》，收入《叢書集成續編》第18冊，第113頁。
〔註5〕 洪頤煊《讀書叢錄》卷15，收入《續修四庫全書》第1157冊，上海古籍出版社2002年版，第688頁。
〔註6〕 鄒漢勛《讀書偶識》卷10，中華書局2008年版，第217頁。
〔註7〕 譚戒甫《「實義」誤解為「語詞」》，《中國歷史文獻研究集刊》第2集，湖南人民出版社1981年版，第17頁。
〔註8〕 孫詒讓《荀子校勘記上》，收入《籀廎遺著輯存》，中華書局2010年版，第512頁。
〔註9〕 馬敘倫《讀書續記》卷2，中國書店1985年版，本卷第31、34頁。
〔註10〕 何九盈《中國古代語言學史》第7章，廣東教育出版社2006年版，第320頁。
〔註11〕 朱亦棟《群書札記》卷9，收入《續修四庫全書》第1155冊，上海古籍出版社2002年版，第123頁。

額、顏同物，故知焉、顏假借通用也。顏廣三寸，庶幾不太狹長……故書或作『眉廣三寸』，按下文『伊尹之狀，面無顏麋』，此不得又作眉字，故知不然也。」〔註12〕高亨曰：「焉，疑借爲顏。《小爾雅》：『顏，額也。』《廣雅》：『顏，額也。』」楊柳橋從高說。于鬯曰：「疑『焉』爲『象』字之誤。『象』實爲『喙』字之借。喙，口也。」朝川鼎曰：「『焉』字當從《廣文選》作『眉』爲是。」劉師培曰：「《白帖》卷21 及 30、《御覽》卷 363、365 引無『焉』字，《初學記》卷 19、《御覽》卷 382 引『焉』作『而』，《事文類聚》前集卷 39 引作『額』，未知何據？《類聚》引曹植《相論》云：『宋臣有公孫呂者，長七尺，面長三尺，廣三寸，名震天下。』所據當即此文。」劉師培又曰：「『焉』非發聲詞，乃『咽』字之異文。」吳孟復從劉說〔註13〕。沈祖緜曰：「盧抱公以『焉』字古多以爲發聲，其說未允。在《周禮·秋官》：『行夫焉使則介之。』『焉』字當讀爲咽，因言語自咽出也。咽、焉聲通，焉使即咽使也。至《呂覽·季春紀》、《淮南子·時則訓》於季春之月皆云『天子焉始乘舟』，高誘註《呂》云：『焉猶於此也。』註《淮南》云：『焉，猶安也。』義兩歧，疑《淮南》註係許重叔說也。焉、安亦聲通。公孫呂之焉，若讀爲咽，則下言『鼻目耳具』，未具言口，似是，然咽不當云廣，非也。又『安』可孳乳爲『頞』。頞，《說文》：『鼻莖也。』則與下文鼻字義重，則讀頞亦非也。或謂焉、顏音通，當讀爲顏，然上文『面長三尺』，面與顏無別。愚以爲『焉』字係相工之術語，當讀顛與頂。顛，《說文》：『頂也。』，《史記·曆書》：『太歲在甲曰焉逢。』《爾雅·釋天》作『閼逢』，李巡云『擁遏未逢』，失之。甲爲十干之首，焉逢者，猶言顛逢也。以此例彼，則焉廣三寸，即顛廣三寸也。」〔註14〕王天海曰：「面長三尺，乃言背長三尺。《正字通》：『面，背也。』《漢書·項籍傳》：『馬童面之。』顏注：『面，謂背之。』《後漢書·光武帝紀》李賢注：『面，偝也。』『焉』字，《初學記》引作『而』，其義亦難解。高說可從。」王天海訓面爲背至陋。「面」訓背（偝）者，

〔註12〕 王汝璧《芸麓偶存》卷 2，收入《續修四庫全書》第 1462 冊，上海古籍出版社 2002 年版，第 80 頁。
〔註13〕 吳孟復《訓詁通論》，安徽教育出版社 1983 年版，第 80 頁。
〔註14〕 沈瓞民《讀荀臆斷》，《制言》第 58 期，1939 年版，本文第 8 頁。

是動詞背向、反向義，本字作伓〔註15〕，王氏所引三證，皆此義。而非名詞胸背之背。諸家說「焉」字，王紹蘭等讀爲「頯」是也。林源河曰：「荀文『身長七尺』、『面長三尺』、『焉廣三寸』文法一律，『焉』字不當爲發聲；又下文『且徐偃王之狀，目可瞻焉』，『焉』字亦用爲面部官體名稱，其非爲發聲之詞，顯而易見。盧說既未可從，而高、王二說，又當以高說爲是。下文謂『徐偃王之狀，目可瞻焉』，『焉』字若借爲頯，即指鼻莖，則目之見及鼻莖，常人亦多能之，何必待徐偃王而後能？縱計之則曰『面長三尺』，橫計之則曰『焉廣三寸』，荀文自有繩墨，不宜顛亂也。」〔註16〕林氏據下文「目可瞻焉」以申高亨說，非是，下文「焉」是語助詞（另詳）。龍宇純指出「焉、顏聲母不近，無可以假借之理，高注不可用」〔註17〕。帆足萬里曰：「『焉』當作『安』，『頯』同，額也。《事文類聚》作『額』。」帆說亦非是，「頯」不訓額。除劉師培所校外，《事文類聚》後集卷 18 引「焉」亦作「而」，《記纂淵海》卷 87 引作「眉」。《類聚》卷 75 引曹植《相論》：「宋臣有公孫呂者，長七尺，面長三尺，廣三寸，名震天下。」諸書所引，皆臆改。②鼻目耳具者，言公孫呂雖面長三尺顏廣三寸，但鼻目耳三者皆具有也。譚戒甫曰：「具字當讀爲俱，今人還有『眼睛鼻子生作一俱』的戲語。」〔註18〕高亨曰：「『具』下當有『大』字。具讀爲俱也。」梁啓雄從高說。劉如瑛乙作「具耳」，以「耳」爲語助詞。皆非是。鼻目耳具，《御覽》卷 363 引誤作「鼻目取具」。

（4）（孫叔敖）突禿長左

楊倞注：突，謂短髮可陵突人者，故《莊子》說趙劍士「蓬頭突鬢」。長左，左腳長也。

按：袁枚曰：「孫叔敖突禿，即今之髮禿也。」〔註19〕物双松曰：「蓋謂頭

〔註15〕《說文》：「伓，鄉（向）也。」《廣雅》：「伓，偝也。」

〔註16〕林源河《荀子義辨》，收入《荀儒考釋與中國國樂考原》，新加坡青年書局 2007 年版，第 13～14 頁。

〔註17〕龍宇純《讀荀卿子三記》，收入《荀子論集》，學生書局 1987 年版，第 240 頁。

〔註18〕譚戒甫「『實義』誤解爲『語詞』」，《中國歷史文獻研究集刊》第 2 集，湖南人民出版社 1981 年版，第 17 頁。

〔註19〕袁枚《隨園隨筆》卷 27，收入《叢書集成三編》第 75 冊，新文豐出版公司

禿無髮，如突出然。又《說文》：『滑也。』亦通矣。言其光滑然。」
久保愛曰：「或『長』爲去聲，『左』爲『在』誤，亦未穩。」帆足萬
里曰：「長左，左手長也。」劉師培曰：「楊說非是。『突禿』蓋與『突
鬢』同，猶言短髮也。長左非指腳言，言其髮既短而左額之髮又特長。
故長左者，亦指髮而言，謂其髮長短不均也。」鍾泰曰：「如劉說則
『長左』當謂臂。『長左』仍當依楊注。」李滌生曰：「突禿，疑爲無
髮而頭頂突露之謂。『左』疑爲『肱』訛。」楊柳橋曰：「突禿，謂頭
頂突高而髮禿也。」王天海曰：「突，出也。突禿，猶言禿頭突出。
長左，左臂長。」諸家皆未得「突」字之誼。突，讀爲脫、墮，指毛
髮脫落，音轉亦爲禿。睡虎地秦簡《效律》：「官府臧（藏）皮革，
數楊（煬）風之。有蠹突者，貲官嗇夫一甲。」又《爲吏之道》：「皮革
橐（蠹）突。」二例「突」指皮革脫落。又《封診式》：「以三歲時病
疕，麋（眉）突。」張家山漢簡《脈書》：「四節疕如牛目，麋（眉）
突（脫），爲癘（癩）。」二例「突」指眉毛脫落〔註 20〕。《孟子·盡
心上》：「楊子取爲我，拔一毛而利天下，不爲也；墨子兼愛，摩頂放
踵，利天下爲之。」趙歧注：「摩突其頂，下至於踵。」摩突其頂，
言摩脫其頂也。孫奭《音義》：「突，丁徒忽切，穿突也。」焦循曰：
「《荀子》楊注云云。突、禿聲轉，突即禿。楊氏解爲『短髮』是也，
趙氏以突明摩，謂摩迫其頂，髮爲之禿。丁氏以突爲穿，失趙義矣。」
〔註 21〕焦說亦是也。此文「突禿」乃謰語。《說苑·至公》：「孫叔敖
禿臝多能，其性無欲。」孫詒讓曰：「《渚宮舊事》卷 2 載此事作『禿
臝多能』（引者按：見卷 1，非卷 2），注云：『荀卿子曰：「叔敖突禿
長左。」』余知古蓋以『禿臝』之文與《荀子》『突禿』正同，故引以
爲證，則『禿』不當作『秀』，明矣。禿臝，言叔敖之形，首無髮而
臝瘦。《御覽》作『秀才』（引者按：卷 429、444 並引之，《書鈔》卷
37 引同），乃後人妄改，不足據也。」〔註 22〕《通志》卷 92、《廉吏
傳》卷上亦作「禿臝」。孫說是，而未盡善。臝，讀爲贏、臝（裸），

1997 年印行，第 556 頁。
〔註 20〕 參見蕭旭《〈說文〉「褫」字音義辨正》，收入《群書校補（續）》，花木蘭文化
出版社 2014 年版，第 1843～1844 頁。
〔註 21〕 焦循《孟子正義》卷 27，中華書局 1987 年版，第 916 頁。
〔註 22〕 孫詒讓《札迻》卷 8，中華書局 1989 年版，第 260～261 頁。

而非羸瘦義。睡虎地秦簡《日書》甲種：「鬼恒羸入人宮。」整理者讀羸爲裸〔註23〕。劉師培指出《渚宮舊事》卷 1 注文「左，謂左腳長」，是楊注所本。

（5）故士不揣長，不揳大，不權輕重

　　楊倞注：「揳」與「絜」同，約也，謂約計其大小也。《莊子》：「匠石見櫟社樹，絜之百圍。」

按：久保愛曰：「揣，與《左傳‧昭公三十二年》『計丈數，揣高卑』之『揣』同，度也。揳，與《過秦論》『度長絜大』之『絜』同，又度也。」楊、久說皆是。絜，指用繩索捆束之以度量大小。《說文》：「揣，量也。」士，遞修本、四庫本作「事」，《事文類聚》前集卷 39、《合璧事類備要》前集卷 55 引亦作「事」。陶鴻慶曰：「事，讀爲士。」周大璞、李中生說同〔註24〕。

（6）且徐偃王之狀，目可瞻馬

　　楊倞注：其狀偃仰而不能俯，故謂之偃王。周穆王使楚誅之。瞻馬，言不能俯視細物，遠望纔見馬。《尸子》曰：「徐偃王有筋而無骨。」

按：盧文弨曰：「馬，元刻作『焉』，注同。今按楊注，正謂不能見小物，而但見馬耳。今從宋本。」王先謙從盧說。王懋竑曰：「目可瞻焉，此四字疑有誤，注強釋之，未安。」〔註25〕久保愛曰：「馬，舊作『焉』，今據宋本改之。蓋考本注意，古作『馬』必矣。」帆足萬里曰：「馬，『焉』誤。目可瞻焉，目淺露睛，人可忘而瞻視也。」高亨曰：「馬，當作『焉』。焉，借爲顏。」李滌生從高說。金其源曰：「《禮‧曲禮》：『立視五巂（嶲），式視馬尾。』注：『立，平視也。式，小俯。』偃王病俯，不能立視，衹能臨視若式，故曰『目可瞻馬』。」龍宇純曰：「元刻顯係譌誤……疑此『馬』下有奪句，原當與『馬』字韻。」〔註26〕王天海曰：「徐偃王之狀，必是身體後仰，故只能見遠處之馬。

〔註23〕《睡虎地秦墓竹簡》，文物出版社 1990 年版，第 214 頁。
〔註24〕周大璞《荀子札記》，《清議》第 1 卷第 9 期，1948 年版，第 25 頁。
〔註25〕王懋竑《荀子存校》，《讀書記疑》卷 11，收入《續修四庫全書》第 1146 冊，上海古籍出版社 2002 年版，第 352 頁。
〔註26〕龍宇純《讀荀卿子三記》，收入《荀子論集》，學生書局 1987 年版，第 240 頁。

楊注是，盧校亦是。凡作『焉』者，形誤也。」帆、高謂當作「焉」，
是也，但所釋則非。《記纂淵海》卷 55、87、《合璧事類備要》前集卷
55 引作「焉」，《淵海》卷 55 引注亦作「纔見焉」。《事文類聚》前集
卷 39 引作「烏」，「烏」亦「焉」誤。徐偃王有筋無骨，其身體偃仰
而不能俯下，只能仰視，故曰目只可瞻視。「焉」是語助詞。

（7）閔夭之狀，面無見膚

楊倞注：言多鬢髯蔽其膚。

按：見，《記纂淵海》卷 55、87 引誤作「完」，形近而譌。

（8）傅說之狀，身如植鰭

楊倞注：植，立也，如魚之立也。

按：注「魚」下久保愛本有「脊」字，是也。方以智曰：「傅說如植鰭，
言乾瘦也。」〔註 27〕郝懿行曰：「鰭在魚之背，立而上見，駝背人似
之，然則傅說亦背僂歟？」王先謙、梁啓雄、李滌生、楊柳橋從郝說。
于鬯曰：「鰭，蓋當讀爲楮。《爾雅》：『楮，柱也。』植鰭者，植柱也，
謂植立不動之狀。」高亨說同于氏。帆足萬里曰：「植鰭，謂身廣如
立魚也。」王天海曰：「諸說皆牽強也。今謂『鰭』或『鱗』字之誤
也。《說文》、《爾雅》、《廣雅》並無『鰭』字，《左傳》、《詩經》、《論
語》、《孟子》皆無『鰭』字，故疑『鱗』字之訛。植鱗，植被魚甲。」
方以智解爲乾瘦，是也。身如植鰭，言傅說之背脊如魚植立之鰭骨薄
瘠。王天海妄說妄改。《記纂淵海》卷 55、87、《錦繡萬花谷》前集卷
38、《事文類聚》前集卷 39、《四六標準》卷 40、《玉管照神局》卷中
引皆同今本作「植鰭」，是宋人所見，固不作「鱗」字。《合璧事類備
要》前集卷 55 引作「植鬐」，「鬐」亦「鰭」也。《說文》、《爾雅》等
書無「鰭」字，何以見得就是「鱗」之誤？「鰭」字見於《禮記・少
儀》、司馬相如《上林賦》。古書或作「鬐」字，《儀禮・士喪禮》：「載
魚，左首進鬐。」鄭玄注：「鬐，脊也。」《莊子・外物》：「（大魚）
揚而奮鬐。」《拾遺記》卷 2：「（鯀）化爲玄魚，時揚鬐振鱗，橫游波

〔註27〕方以智《通雅》卷 18，收入《方以智全書》第 1 冊，上海古籍出版社 1988
年版，第 623 頁。

上。」字亦省作耆，《文選·七發》：「薄耆之炙，鮮鯉之鱠。」李善注：「薄切獸耆之肉而以爲炙也。耆，今人謂之耆頭。」馬脊上鬣爲鬐，魚脊上骨爲鰭，獸脊上肉爲耆，其義一也。朱駿聲謂「鬐」、「鰭」是「脊」字假借〔註28〕。

（9）禹跳湯偏

楊倞注：《尹（尸）子》曰：「禹之勞，十年不窺其家，手不爪，脛不生毛，偏枯之病多，步不相過，人曰禹步。」鄭注《尚書大傳》云：「湯半體枯。」《呂氏春秋》曰：「禹通水濬川，顏色黎黑，步不相過。」

按：注「多」，遞修本、四庫本、久保愛本無，當是衍文。王天海本以「多步不相過」爲句，非是。方以智曰：「其跳者，踦也。扁者，枯也。」物双松曰：「《尚書大傳》曰：『禹其跳。』《通雅》：『其跳，踦跳也。』」帆足萬里曰：「跳，兩足並舉，其行如跳躍也。偏，一足短也。」高亨曰：「跳、偏，皆足跛也。《說文》：『跳，蹶也。』蹶、蹙同字，足跛曰蹙。偏，借爲蹁。《說文》：『蹁，足不正也。』湯偏即湯蹁，猶云湯跛耳。《大傳》作『扁』，字異而義同。而訓扁爲枯者，以扁爲瘺之借字也。《說文》：『瘺，半枯也。』夫半體瘺枯，必不能立起，不能行走。設湯有此疾，何能聽政，故知其非。伏、鄭二氏皆不知扁借爲瘺，致有誤說，不可從也。」王天海曰：「《說文》：『跳，蹶也。蹶，僵也。』故蹶可通瘺。楊注非，高說是。」《御覽》卷363引《尚書大傳》：「禹其跳，湯扁。其跳者，踦也（注：「其，發聲也。踦，步足不能相過也。」）。扁者，枯也（注：「言湯體半小家（象）。扁，枯。」）。言皆不善也。」方以智《通雅》卷18引之，物双松誤以爲《通雅》之文，又誤其字〔註29〕。《大傳》「其」當是「慕」借字〔註30〕。《穀梁傳·昭公二十年》：「輒者何也？曰兩足不能相過，齊謂之慕，楚謂之踂，衛謂之輒。」《釋文》

〔註28〕 朱駿聲《說文通訓定聲》，武漢市古籍書店1983年版，第583頁。

〔註29〕 點校本方以智《通雅》卷18亦誤以「其跳者，踦也。扁者，枯也」爲方以智語，收入《方以智全書》第1冊，上海古籍出版社1988年版，第623頁。

〔註30〕 王念孫曰：「其、慕古字通，即《穀梁傳》所云『兩足不能相過，齊謂之慕』也，鄭以『其』爲發聲，失之。」王念孫《廣雅疏證》，收入徐復主編《廣雅詁林》，江蘇古籍出版社1992年版，第209頁。

引劉兆曰：「綦，連併也。」《廣雅》：「綦、尳、踦，蹇也。」《大傳》
說「跳者，踦也。扁者，枯也」，與《尸子》「偏枯之病，步不相過」相
合，此自是先秦人舊說。「偏（扁）」指偏枯之病，即半身不遂的毛病，
自是「㿰」借字。「跳」指步不相過的毛病〔註31〕。高亨說誤，王天海
無識，既取誤說，又妄說通假曰「蹶通瘸」。《說文》：「跳，蹶也，一曰
躍也。」又「蹶，一曰跳也。」二字互訓，是跳訓蹶，亦是跳躍義，而
不是僵仆義。「瘸」是唐、宋才出現的俗字，始見於《廣韻》，俗字亦作
「偈」，其來源有二說：《正字通》：「一說瘸即俗痾字，以創夅將復生肉，
故從肉。」黃侃曰：「踤，渠追切，即今之瘸字。」〔註32〕余謂「瘸（偈）」
的語源是「枷」，言手足如被枷不得行也。

（10）古者桀紂長巨姣美，天下之傑也；筋力越勁，百人之敵也

楊倞注：姣，好也。越，過人也。勁，勇也。

按：王念孫曰：「越者，輕也。字本作娀，《說文》：『娀，輕也。』……
《說文》：『跋，輕足也。』義亦與『越』同。」孫詒讓、王先謙從王
說〔註33〕。物双松曰：「越，俗語愈也。」久保愛曰：「越勁，其強勁
超越於眾也。」于省吾曰：「《廣雅》：『越，疾也。』謂敏疾也。」梁
啓雄從于說。王天海曰：「越勁，超越常人之勁力，猶強勁。」王念
孫、于省吾說是也，王引之說同〔註34〕，王天海失於採擇。但「娀」
是輕薄、輕侮義（《廣雅》：「娀、狎、傷、侮、懱、忽，輕也。」諸
字義同），非本字，王念孫說稍疏。當以「跋」為本字，《廣雅》：「跋，
疾也。」

（11）莫不美麗姚冶

楊倞注：《說文》曰：「姚，美好貌。」冶，妖。

按：物双松曰：「『姚』、『妖』同。」帆足萬里曰：「『姚』、『佻』同，輕佻

〔註31〕關於「步不相過」，參看蕭旭《呂氏春秋校補》，花木蘭文化出版社 2016 年版，
　　　　　第 383～384 頁。
〔註32〕黃侃《字通》、《說文解字斠詮箋識》，並收入《說文箋識》，中華書局 2006 年
　　　　　版，第 113、341 頁。
〔註33〕孫詒讓《荀子校勘記上》，收入《籀廎遺著輯存》，中華書局 2010 年版，第 512 頁。
〔註34〕王引之《經義述聞》卷16，江蘇古籍出版社 1985 年版，第 389 頁。

也。」朝川鼎曰：「姚冶，妖美也。」久保愛曰：「姚冶，亦『妖冶』之意。」包遵信曰：「『姚冶』本是一詞，即美好之貌。又作『窕冶』，《禮論》：『故其立文飾也，不至於窕冶。』楊注：『窕，讀爲姚。姚冶，妖美也。』楊注將『姚冶』析而訓之，不當。」〔註35〕諸說並是，《記纂淵海》卷 1 引作「佻冶」〔註36〕，亦同。但包氏謂楊注「將『姚冶』析而訓之不當」則非是。「姚冶」是同義連文的合成詞，楊說不誤。音轉又作「妖蠱」〔註37〕。王天海曰：「姚冶，即『妖冶』，又作『窕冶』。」王氏不引久說、包說，竊以爲己說。

（12）奇衣婦飾

楊倞注：奇衣，珍異之衣。婦飾，謂婦人之飾，言輕細也。

按：王天海曰：「奇，讀作綺。織素爲文曰綺。」楊注不誤，王氏妄說通假。奇衣，猶言奇服、異服，指非常之服也。《六韜・文韜・上賢》：「奇其冠帶，偉其衣服。」即奇衣之謂也。

（13）然則人之所以為人者，非特以〔其〕二足而無毛也，以其有辨也

按：帆足萬里曰：「毛，蓋『尾』誤。」王天海從其說。帆說是也。《書敘指南》卷 18 引作「特二足無毛」。《路史》卷 25：「離仁義，人雖名，固二足無毛爾。」亦誤作「毛」。

（14）今夫狌狌形笑，亦二足而毛也，然而君子啜其羹，食其胾。故人之所以為人者，非特以其二足而無毛也，以其有辨也

楊倞注：笑（形）笑者，能言笑也。胾，臠也。

按：郝懿行曰：「狌狌人形，言笑如人，亦二足，惟有毛而異耳。」俞樾曰：「笑，疑當作『狀』。『毛』上當有『無』字。」孫詒讓、梁啓雄從俞說〔註38〕。物双松曰：「形笑，當是『語笑』誤。」久保愛曰：「《本草》注『形笑』作『言笑』〔註39〕。《類聚》引此文曰：『猩猩能言笑，

〔註35〕 包遵信《讀〈荀子〉札記（上）》，《文史》第 5 輯，1978 年出版，第 206 頁。

〔註36〕 四庫本《記纂淵海》在卷 55。

〔註37〕 參見方以智《通雅》卷 7，收入《方以智全書》第 1 冊，上海古籍出版社 1988 年版，第 309 頁。

〔註38〕 孫詒讓《荀子校勘記上》，收入《籀廎遺著輯存》，中華書局 2010 年版，第 512 頁。

〔註39〕 王天海點作「《本草》注：『形笑，作「言笑」』」，大誤。《本草綱目》卷 51 李

亦二足無尾，而君子啜其羹，食其胾。故人非二足無尾，以知禮也。』
『形笑』當是『言笑』，『毛』上亦當有『無』字。」《類聚》見卷 95，
引作「狌狌能言笑，亦二足無尾，……故人非以二足無毛」，下句作
「無毛」，不作「無尾」，久氏引誤。王先謙曰：「《爾雅翼》引作『今
夫猩猩形相，二足，無毛也』，據此，宋人所見《荀子》本『形笑』
作『形相』，而『毛』作『無毛』。李時珍《本草》引《荀子》言：『猩
猩能言笑，二足無毛。』是李所見《荀子》已作『笑』字，而云『無
毛』則同。此文當作『無毛』，俞說是也。自來說狌狌者，謂其能言
能啼，無謂其能笑者。疑注『形笑者』七字，後人據誤本《荀子》加
之，非楊氏元文。」劉師培曰：「『而毛』二字乃『無尾』之訛，『形
笑』二字舊本均作『能言笑』，知者：《類聚》卷 95 引此文云：『猩猩
能言笑，亦二足無尾。』《通典・邊防三》注文亦引『猩猩能言笑』
五字，《御覽》卷 908 引同，惟引『無尾』作『無毛』。蓋唐人所見之
本均作『無尾』，宋初之本已訛『尾』為『毛』。校者以『無毛』為疑，
又易『無』為『而』，此非楊本之舊也。若夫『能言笑』三字雖為古
本所同，楊本蓋作『形相』，《爾雅翼》所引是也。」于省吾曰：「注
及俞說並非。笑，應讀為肖。形肖，猶言形像也。」此文「而毛」、「而
無毛」皆當作「而無尾」。此上下二文，《類聚》卷 95 引分別作「無
尾」、「無毛」，《御覽》卷 908、《記纂淵海》卷 98 引並作「無毛」，《事
文類聚》後集卷 37 引並作「無尾」，《爾雅翼》卷 19、《本草綱目》卷
51 引上文作「無毛」，皆省「而」字。《呂氏春秋・本味》高誘注：「猩
猩，獸名也，人面狗軀而長尾。」猩猩與猴子最大不同的地方就是沒
有尾巴，注「長尾」當作「無尾」。形笑，《記纂淵海》卷 98、《太平
寰宇記》卷 179、《廣川畫跋》卷 2 引亦作「能言笑」，《事文類聚》後
集卷 37 引作「能言」，當取王先謙、劉師培說校作「形相」。胾，《御
覽》卷 908、《本草綱目》卷 51 引作「肉」，蓋臆改。

（15）故曰文久而息，節族久而絕

楊倞注：文，禮文。節，制度也。言禮文久則制度滅息，宗族久則廢也。

按：沈祖緜曰：「按此句與下文『節族久而絕』相對為文，以楊註證之，

時珍注引《荀子》「形笑」作「言笑」，非注語云「形笑」一作「言笑」也。

『文』上脫『禮』字，下同。」〔註40〕其說非是，楊註不足證正文有
「禮」字。錢佃《考異》：「節族，諸本作『節奏』。」盧文弨曰：「注
『節奏』，宋本作『宗族』。案：楊以節奏訓族字，與以制度訓節字無
涉，今從元刻。」當云「楊以節奏訓節族」，不得單訓「族」字。傅
山、洪頤煊、郝懿行、久保愛、尙節之並讀「族」爲奏〔註41〕，是也。
顧炎武曰：「《漢書・嚴安傳》：『調五聲，使有節族。』蘇林音奏。《荀
子》云云，亦是奏字。」〔註42〕姚鼐曰：「言文章采畫可見者久而息
不見矣，聲音節奏可聞者久而絕不聞矣，以比有司守禮之久而亡也。
節奏，音響也。音響之傳，久則絕矣。」〔註43〕亦皆是也。宋・黃裳
《上黃學士書》、《皇王大紀》卷78引亦作「節奏」。摹宋本作「節族」
是其故書。「節奏」以音樂喻也，言年代久則絕而不傳。下文云「五
帝之外無傳人，非無賢人也，久故也；五帝之中無傳政，非無善政也，
久故也；禹湯有傳政而不若周之察也，非無善政也，久故也」，皆言時
久而失傳。《樂書》卷158：「蓋年歲久遠，失其眞矣，豈非荀卿所謂『節
奏久而絕』者乎？」得其誼也。王懋竑曰：「節族，猶節奏族同也。」
〔註44〕龍宇純曰：「『文久而息』當作『文久而節滅』。節奏，猶法度也。」
董治安曰：「『族』、『奏』均爲衍文。『文』、『節』對言，文指禮義，節
指制度。」楊柳橋曰：「『族』字當爲衍文。」王天海曰：「節奏當訓爲
制度。」皆非是。嚴靈峰乙作「文久而節息，族久而絕」，尤是妄說。

（16）故曰欲觀千歲，則審今日；欲知億萬，則審一二；欲知上世，則審周道；欲知周道，則審其人所貴君子

按：王天海曰：「數，審也，察也。今存諸本『數』並作『審』。」《記纂淵
海》卷28、《皇王大紀》卷78引「數」作「審」〔註45〕。

〔註40〕沈颺民《讀荀臆斷》，《制言》第58期，1939年版，本文第9頁。
〔註41〕尙節之《荀子古訓考》，北京《雅言》1941年第5期，第29頁。
〔註42〕顧炎武《唐韻正》卷14，收入《叢書集成三編》第27冊，新文豐出版公司
　　　1997年印行，第640頁。
〔註43〕姚鼐《惜抱軒筆記》卷7《子部・荀子》，收入《叢書集成三編》第5冊，第
　　　670頁。
〔註44〕王懋竑《荀子存校》，《讀書記疑》卷11，收入《續修四庫全書》第1146冊，
　　　上海古籍出版社2002年版，第352頁。
〔註45〕四庫本《記纂淵海》在卷60。

（17）夫妄人曰：古今異情，其以治亂者異道，而眾人惑焉

　按：妄人，《路史》卷 3 引作「詐人」，《韓詩外傳》卷 3 同，下文亦然。
　　　其以，王念孫據《外傳》校作「其所以」。《路史》引「其以」作「是
　　　以」。

（18）彼眾人者，愚而無說，陋而無度者也

　　　楊倞注：言其愚陋而不能辨（辯）說測度。度，大各反。

　按：蔣禮鴻曰：「『無說』不可解，『說』疑當作『識』。無識猶無知也。度
　　　者權度之度，此處當爲名詞。楊讀大各反，非。」〔註46〕徐仁甫曰：
　　　「『說』、『度』當爲名詞。『說』當訓爲數。數、度古多連文，亦多對
　　　舉。」許維遹曰：「『辨說』與『知曉』義亦相因。」〔註47〕龍宇純曰：
　　　「說，釋也，解也。無說猶云無解、不解。《外傳》作『無知』，以知
　　　『無說』義同『無知』也。下文云『陋而無度』，『無度』與『無知』
　　　義亦近。」〔註48〕王天海曰：「度，音奪。無度，猶言無謀慮也。」
　　　《路史》卷 3 引作「無知」。「度」當讀徒故反，猶言法度禮制。

（19）其所見焉，猶可欺也，而況於千世之傳也；妄人者，門庭之間，
　　　猶可誣欺也，而況於千世之上乎

　　　楊倞注：傳，傳聞也。

　按：①劉師培曰：「《外傳》『傳』作『後』，與『上』對文，義較長。」王
　　　天海曰：「『傳』與『見』相對爲文。見，親見。傳，傳聞。不必以《外
　　　傳》律此。劉說非。」劉說是，《路史》卷 3 引「傳」作「上」。②猶
　　　可誣欺，俞樾曰：「『可』字衍文。『誣』乃『挾』字之誤。上言眾人
　　　乃受欺者，此言妄人乃欺人者。且『誣欺』二字連文，亦爲不倫。《外
　　　傳》作『門庭之間猶挾欺』。」楊柳橋從俞說。孫詒讓曰：「『誣』下
　　　『欺』字衍。」〔註49〕鍾泰曰：「誣即欺也。『欺』字衍。」李中生曰：
　　　「誣欺，相當於後世說的『自欺欺人』。『誣欺』連文，不見得不倫。」

〔註46〕蔣禮鴻《荀子餘義（上）》，《中國文學會集刊》第 3 期，1936 年版，第 68 頁。
〔註47〕許維遹《韓詩外傳集釋》，中華書局 1980 年版，第 113 頁。
〔註48〕龍宇純《讀荀卿子三記》，收入《荀子論集》，學生書局 1987 年版，第 241 頁。
〔註49〕孫詒讓《荀子校勘記上》，收入《籀廎遺著輯存》，中華書局 2010 年版，第 513
　　　頁。

《路史》卷 3 引亦作「猶挾欺」,《記纂淵海》卷 40 引作「門庭之間猶有可誣欺焉,而況於千里之上乎」〔註50〕。此「千世」作「千里」為長,「千里之上」與「門庭之閒」對舉。「誣欺」是,《外傳》當據此校正,俞說儴矣。《開元占經》卷 69 引石氏曰:「天下二心,諸侯專權誣欺。」倒言則曰「欺誣」,《韓詩外傳》卷 6:「齊給便捷,不以欺誣人。」《漢書・李尋傳》:「日中,為大臣欺誣。」可欺、可誣欺,皆指欺騙別人,不是受欺,更非自欺欺人。

(20)古今一度也

按:王念孫據《韓詩外傳》卷 3 刪「度」字,孫詒讓、王先謙從其說〔註51〕。王懋竑曰:「『度』如字,古今同一尺度也。或云:『度』衍字。」〔註52〕帆足萬里曰:「度,律也。」王天海曰:「《說文》:『度,法制也。』法制亦法律,故度可引申為律。帆說是,諸說皆非。」王念孫及王懋竑後說是也,《路史》卷 3 引正無「度」字。

(21)類不悖,雖久同理

按:《韓詩外傳》卷 3 同,《路史》卷 3 引「悖」作「孛」。

(22)故鄉于邪曲而不迷,觀乎雜物而不惑

楊倞注:故向於邪曲不正之道而不迷,雜物炫燿而不惑。鄉,讀為向。

按:王天海曰:「《外傳》作『故性緣情而不迷也』,文異而義殊。」獨屈守元本《外傳》作「緣情」〔註53〕,余所見者,元本、薛本、沈本、寶曆本、漢魏叢書本、趙懷玉校本、周廷寀校本、四庫本、許維遹《集釋》本並作「緣理」。王氏獨取誤本,其疏甚矣。《路史》卷 3 引《荀子》作「故往緣曲而不迷也」。「往緣曲」即「性緣理」形譌。「緣理」猶言循理。《管子・宙合》:「則後世人人修理而不迷。」「修」當作「脩」,是「循」形譌〔註54〕。

〔註50〕四庫本《記纂淵海》在卷 42。
〔註51〕孫詒讓《荀子校勘記上》,收入《籀廎遺著輯存》,中華書局 2010 年版,第 513 頁。
〔註52〕王懋竑《荀子存校》,《讀書記疑》卷 11,收入《續修四庫全書》第 1146 冊,上海古籍出版社 2002 年版,第 352 頁。
〔註53〕屈守元《韓詩外傳箋疏》卷 3,巴蜀書社 1996 年版,第 310 頁。
〔註54〕參見王念孫《管子雜志》,收入《讀書雜志》卷 7,中國書店 1985 年版,本卷

（23）愚者聞其略而不知其詳，聞其詳而不知其大也

　　楊倞注：惟聖賢乃能以略知詳，以小知大也。

按：王念孫曰：「聞其詳，本作『聞其小』。略與詳對，小與大對。據楊注，
本作『聞其小』明矣。《外傳》作『聞其細，不知其大』，細亦小也。」
孫詒讓、王先謙、蔣禮鴻、李滌生、楊柳橋並從其說〔註55〕。梁啓雄從
《外傳》改下「詳」作「細」。王天海曰：「詳，有細義。《莊子・天道》：
『要在於主，詳在於臣。』成玄英疏：『詳，繁多也。』不得謂『本作
聞其小』，『詳』字作『細』解，不誤也。」王念孫說至確，上句「略則
舉大，詳則舉小」，尤其確證，不須他求。王天海全是妄說，「詳」無細
義，其所舉《莊子》例，「要」是簡略義，詳、要對舉，與此文上句詳、
略對舉相同，「詳」訓繁多、詳悉，決不是細義。

（24）法先王，順禮義，黨學者，然而不好言，不樂言，則必非誠士也

　　楊倞注：黨，親比也。

按：黨學者，鍾泰、梁啓雄從楊注，另有七說：①郝懿行曰：「注非也。《方
言》：『黨，知也。』郭注：『黨朗也，解悟貌。』〔註56〕此則黨爲曉
了之意。法先王，順禮義，出言可以曉悟學者，非朋黨親比之義也。」
俞樾曰：「楊注於義未合。《方言》曰：『黨、曉、哲，知也。楚謂之
黨，或曰曉；齊宋之間謂之哲。』郭注云云。然則黨學者，猶言曉學
者。蓋法先王、順禮義以曉學者也。荀卿居楚久，故楚言耳。」孫詒
讓從俞說〔註57〕。②王懋竑曰：「黨，同也，從也。此是『同』字之
義。」〔註58〕潘重規曰：「郝、俞以解悟曉知釋黨字，以楊注爲非。
案楊注未可非也，下文言『然而不好言，不樂言，則必非誠士』，正
謂與學者相親比。而不樂言，則非眞好學之士。若謂黨學者爲曉悟學

第 39 頁。
〔註55〕孫詒讓《荀子校勘記上》，收入《籀廎遺著輯存》，中華書局 2010 年版，第 513
　　　頁。蔣禮鴻《荀子餘義（上）》，《中國文學會集刊》第 3 期，1936 年版，第
　　　68 頁。
〔註56〕董治安、王天海誤點作「黨，朗也」。
〔註57〕孫詒讓《荀子校勘記上》，收入《籀廎遺著輯存》，中華書局 2010 年版，第 513
　　　頁。
〔註58〕王懋竑《荀子存校》，《讀書記疑》卷 11，收入《續修四庫全書》第 1146 冊，
　　　上海古籍出版社 2002 年版，第 352 頁。

者，則又何謂爲不好言不樂言乎？」〔註59〕李中生從潘說〔註60〕。③物双松曰：「此當是鄉黨學者，即下文腐儒耳。」④冢田虎曰：「黨，猶『人之過也，各於其黨』之黨。」久保愛曰：「黨，類也。」⑤朝川鼎曰：「先君曰：『黨，即下文「博而黨正」之黨。』鼎按：三字疑衍。」⑥劉師培曰：「『黨』與『讜』同，本篇『博而黨正』，楊注讀黨爲讜，以讜爲直言。讜有正義。黨學者，猶言匡正學者也。郝說非也。」⑦史多青曰：「『法先王，順禮義，黨學者』是『者』字結構。《廣雅》：『黨，善也。』『黨』和『善』相通。『黨學』即『擅長效法』。」〔註61〕朝川鼎疑衍，《皇王大紀》卷78引正無「黨學者」三字，然可能是省文，不可據。荀子反對朋黨比周，見《臣道篇》、《致士篇》、《強國篇》、《成相篇》，故楊注及物双松、冢田虎二說必誤。史多青說亦支離。余謂「然而」是衍文，「黨學者不好言不樂言」爲句，「黨」同「儻」、「倘」，是假設之辭，與「則」呼應。《隸釋》卷8漢《淳于長夏承碑》：「黨魂有靈，垂後不朽。」洪适曰：「碑以黨爲儻。」另《漢書》有二例，不錄。

（25）故贈人以言，重於金石珠玉；觀人以言，美於黼黻文章；聽人以言，樂於鐘鼓琴瑟

楊倞注：觀人以言，謂使人歡其言。聽人之言，使人聽其言。

按：楊注誤。牟廷相曰：「『觀』當讀去聲，《論語》『可以觀』，即此意也。」〔註62〕贈人以言，謂以言贈人，下二句同例。龍宇純曰：「疑『聽』是『德』之誤。」〔註63〕非是。王天海曰：「三『以』字，當並訓『之』。注『使人歡其言』之『歡』，諸本並作『觀』，乃不明楊注原意所誤改，

〔註59〕潘重規《讀王先謙〈荀子集解〉札記》，《制言》第12期，1936年版，本文第4～5頁。

〔註60〕李中生《從王先謙〈荀子集解〉看清代訓詁學的得失》，收入《荀子校詁叢稿》，廣東高等教育出版社2001年版，第113頁。

〔註61〕史冬青《〈荀子〉釋詞五則》，《山東省農業管理幹部學校學報》2009年第2期，第153頁。

〔註62〕牟廷相《雪泥書屋雜志》卷2，收入《續修四庫全書》第1156冊，第488頁。

〔註63〕龍宇純《讀荀卿子三記》，收入《荀子論集》，學生書局1987年版，第242頁。龍宇純《荀卿子記餘》已自訂其誤，《中國文史研究集刊》第15期，1999年版，第207頁。

不可從也。」王說皆誤，各本作「觀」字是。董治安校云：「『觀人』
上《御覽》卷 390 所載有『傷人以言，重於刀戟』八字。」《御覽》
所引，是合《荀子》本文與《榮辱篇》之文爲一，董校未辨。

（26）鄙夫反是，好其實不卹其文

　　楊倞注：但好其質，而不知文飾，若墨子之屬也。

按：卹，遞修本、四庫本作「恤」，字同。徐仁甫曰：「恤，猶顧也。」李
滌生、楊柳橋、章詩同說同。卹（恤），慎也，與「憂恐」、「顧念」
義相因。《說文》：「恤，憂也。」又「卹，憂也。」《方言》卷 1：「慎，
憂也，宋、衛或謂之慎。」《書・堯典》：「惟刑之恤哉！」王念孫據
段氏《古文尚書撰異》校作「卹」，曰：「卹者，慎也。《周頌・維天
之命篇》：『假以溢我。』毛傳曰：『溢，慎也。』《襄二十七年左傳》
引作『何以恤我』（恤與卹通），《說文》引作『誐以謐我』，卹、謐、
溢古聲相近而字亦相通……『惟刑之卹』即《康誥》所謂慎罰也。」
〔註64〕《孔叢子・論勢》：「今不卹所同之患，是不如吳、越之舟人也。」
《書鈔》卷 137、《御覽》卷 768 引「恤」作「慎」。

（27）是以終身不免埤汙傭俗

　　楊倞注：埤、汙，皆下也，謂鄙陋也。「埤」與「庳」同。豬水處謂之汙，
　　　　　　亦地之下者也。

按：劉師培曰：「『埤』即『卑』。」朱駿聲曰：「埤，叚借爲卑、爲庳。汙，
叚借爲窊。」〔註65〕《說文》：「窊，污衺，下也。」諸說皆是也。汙字
亦作污、圩、洿、窳、洼、窪、漥、窐、潃，俗字作凹〔註66〕。埤汙，
即低下義。

（28）遠舉則病繆，近世則病傭

　　楊倞注：遠舉上世之事則患繆妄，下舉近世之事則患傭鄙也。

按：陳直從楊注。俞樾曰：「『世』字當作『舉』。」孫詒讓、王先謙、馮

〔註64〕 王念孫說轉引自王引之《經義述聞》卷 3，江蘇古籍出版社 1985 年版，第 73
　　　　頁。段玉裁《古文尚書撰異》亦曰：「卹亦是靜慎之意。」收入《皇清經解》
　　　　卷 568，上海書店 1988 年版，第 4 冊，第 18 頁。
〔註65〕 朱駿聲《說文通訓定聲》，武漢市古籍書店 1983 年版，第 528、421 頁。
〔註66〕 參見蕭旭《淮南子校補》，花木蘭文化出版社 2014 年版，第 539～541 頁。

振、楊柳橋從俞說〔註67〕。物双松曰:「『近』去聲,言與世俗近比也。」于省吾曰:「俞說非是。『遠舉』之舉貫下句爲言,義自相函。」梁啓雄曰:「繆,借爲謬。《說文》:『謬,狂者之妄言也。』世,借爲抴,引也。」王天海曰:「近世,貼近當世。」王天海說即從物說化出,其說非是。「近」、「遠」對舉,明非動詞。梁氏讀世爲抴,是也;吳平說同〔註68〕,並指出字亦作曳。字亦作拽,《廣韻》:「抴,亦作拽,拕也。」繆,讀爲摎,纏繞,糾纏,楊、梁說非是。

(29) 緩急嬴絀

楊倞注:嬴,餘也。嬴絀,猶言伸屈也。

按:朱駿聲曰:「嬴,叚借爲贏。」〔註69〕久保愛曰:「嬴當作贏。絀讀爲屈。」梁啓雄曰:「嬴,借爲贏。絀,借爲黜,減損也。」絀,當讀爲詘,屈折也。《呂氏春秋·执一》:「故凡能全國完身者,其唯知長短嬴絀之化邪?」《淮南子·詮言篇》:「有禍則詘,有福則贏。」《道德指歸論·大成若缺》:「是以贏而若詘,得之若喪。」各用一正字,一借字。

(30) 府然若渠匽檃栝之於己也

楊倞注:「府」與「俯」同,就物之貌。或讀爲附。渠匽,所以制水。檃栝,所以制木。

按:方以智、吳玉搢「府然」取楊注〔註70〕。朱駿聲曰:「府,叚借爲頫。」「頫」同「俯」。久保愛曰:「府然,猶傴然也。」朱、久二氏亦從楊說。洪頤煊曰:「府,聚也,謂聚之於己。」〔註71〕姚姬傳曰:「府然,寬廣包容之意。」物双松曰:「府,若府藏然。」冢田虎曰:「府然,蓋聚蓄

〔註67〕 孫詒讓《荀子校勘記上》,收入《籀廎遺著輯存》,中華書局 2010 年版,第 514 頁。馮振《荀子講記(續)》,《大夏季刊》第 1 卷第 2 期,1929 年版,第 167 頁。
〔註68〕 吳平《讀〈荀子〉札記》,《上饒師專學報》1985 年第 1 期,第 42 頁。
〔註69〕 朱駿聲《說文通訓定聲》,武漢市古籍書店 1983 年版,第 859 頁。
〔註70〕 方以智《通雅》卷 8,收入《方以智全書》第 1 冊,上海古籍出版社 1988 年版,第 330 頁。方氏「荀子」誤作「管子」。吳玉搢《別雅》卷 3,收入景印文淵閣《四庫全書》第 222 冊,臺灣商務印書館 1986 年初版,第 684 頁。
〔註71〕 洪頤煊《讀書叢錄》卷 15,收入《續修四庫全書》第 1157 冊,上海古籍出版社 2002 年版,第 688 頁。

貌。」林源河曰：「『府然』當訓爲包藏貌。」〔註72〕諸說于文義皆不切。
府，讀爲俌、輔。《說文》：「俌，輔也。」於人曰俌，於車則曰輔，後
世通用「輔」字。言若梁匡礷栝之於己有助益也。王引之曰：「正文、
注文『渠』字疑皆『梁』字之誤。《爾雅》：『隄謂之梁。』鄭仲師注《周
官・䱷人》云：『梁，水偃也。』偃與匽通，即堰字也。梁與匽同義，
故以『梁匡』連文。梁、渠形相似，遂誤爲渠耳。」孫詒讓、王先謙、
梁啓雄從王說〔註73〕。周大璞駁王說云：「渠者水之所居，隨水曲折而
制之，使不氾濫，亦猶君子之制人也。下文云『曲得所謂焉』，正根『渠』
字來。王氏引之欲改『渠』爲『梁』，而訓爲水偃，恐非書恉。」〔註74〕
周說非是，下文「曲得所謂焉」之「曲」是曲盡義，而非曲折義，不得
謂「正根渠字來」；另據辛德勇考證，「渠」字表溝渠義後起，「渠」本
指佈設在溝池旁的守城設施籬落，指出王引之說「證據確鑿，自信而可
從」〔註75〕。

（31）曲得所謂焉，然而不折傷

楊倞注：言談說委曲，皆得其意之所謂，然而不折傷其道也。

按：梁啓雄曰：「荀卿書『曲』字多半有周徧的意義。」梁說是，王天海解
爲「委曲婉轉」，非是。《淮南子・齊俗篇》：「曲得其宜而不折傷。」即
本《荀子》。尙節之以「焉」屬下讀，云：「焉然即安然。」〔註76〕

（32）故君子之度己則以繩，接人則用枻

楊倞注：枻，牽引也。度己，猶正己也。君子正己則以繩墨，接人則牽
引而致之。言正己而馴致人也。或曰：枻，當爲栧。栧，楫也。
言如以楫櫂進舟船也。韓侍郎云：「枻者，檠枻也。正弓弩之器
也。」

〔註72〕林源河《荀子義辨》，收入《荀儒考釋與中國國樂考原》，新加坡青年書局 2007
年版，第 16 頁。

〔註73〕孫詒讓《荀子校勘記上》，收入《籀廎遺著輯存》，中華書局 2010 年版，第 514
頁。

〔註74〕周大璞《荀子札記》，《清議》第 1 卷第 9 期，1948 年版，第 26 頁。

〔註75〕辛德勇《中華書局新點校本〈史記〉部分書稿閱讀記》，《經學文獻研究集刊》
第 12 輯，上海書店出版社 2014 年版，第 352～360 頁。

〔註76〕尙節之《荀子古訓考》，北京《雅言》1941 年第 5 期，第 29 頁。

按：枻，遞修本作「抴」。劉台拱、王念孫、桂馥、孫詒讓、鍾泰皆取韓說
〔註77〕。王懋竑曰：「註：『抴，牽引也。』按抴當爲繩之類，牽引非
其義也。又曰：『抴當爲拽。』愈非是。疑當爲紲，杜預曰：『紲爲韁
也。』繩所以爲不容有分寸毫釐之差焉，紲則以羈係之，不使其放逸
而已，故曰『能寬容，因求以成天下之大事也』。」〔註78〕郝懿行曰：
「抴即枻字，枻俗作也。言君子裁度己身則以準繩，接引人倫則用舟
楫，謂律己嚴而容物寬也。」梁啓雄從郝說。蔣超伯曰：「《管子·版
法解》：『取人以己，成事以筫。』（筫，竹器，音質。）成事以筫者，
用稱量也。《荀子》師其意，曰『君子之度己則以繩』，取人以己者，
度恕而行也。《荀子》更進一解，曰『接人則用枻』。」〔註79〕劉師培
曰：「郝懿行《補注》從或說，劉台拱《補注》及《雜志》並從韓說。
二說不同，據下云『接人用抴，故能寬容因求』，若如韓說，則與寬容
義背。（陳氏《禮書》卷112引作『枻』，亦從韓說。）又《成相篇》
云『直而用抴必參天』，『用抴』之抴，亦與引義略同。郝氏所申楫義，
與此似合。」劉師培又曰：「枻當作泄。泄讀爲泰。律己以繩，所謂律
己以嚴，即《論語》所謂『躬自厚』也。接人用泰，所謂遇人以寬，
即《論語》所謂『薄責於人』」物双松曰：「想當作『枻』，乃舟柂也。」
帆足萬里曰：「『抴』、『紲』通，猶言羈縻置之也。」朝川鼎曰：「先君
曰：『枻，讀若緤。』鼎按：楊注或說似優。《成相篇》云『直而用抴
必參天』，亦同義。」王天海曰：「枻，船舷，引申爲船。」諸說惟郝
懿行、朝川鼎、劉師培前說得之。

（33）端誠以處之

按：端誠，《說苑·善說》引同，《韓詩外傳》卷 5 亦同，《御覽》卷 462
引《說苑》誤作「端盛」。「端誠」是本書成語。

（34）堅彊以持之

〔註77〕桂馥《札樸》卷1，中華書局1992年版，第37頁。孫詒讓《周禮正義》卷
86，中華書局1987年版，第3551頁。
〔註78〕王懋竑《荀子存校》，《讀書記疑》卷11，收入《續修四庫全書》第1146冊，
第352頁。
〔註79〕蔣超伯《讀荀子》，收入《南滑楛語》卷7，《續修四庫全書》第1161冊，第
357頁。

按：持，《說苑・善說》引同，《韓詩外傳》卷 5 作「待」，「待」是「持」形聲之誤。

（35）言而非仁之中也，則其言不若其默也，其辯不若其吶也

楊倞注：「吶」與「訥」同。或引《禮記》「其言吶吶然」，非。

按：《賈子・道術》：「論物明辯謂之辯，反辯爲訥。」字亦作㕥，《說文》：「㕥，言之訥也。」《禮記・檀弓》「其言吶吶然」亦此誼，不得謂之非，王懋竑已指出「《禮》『吶吶然』意正同」〔註80〕。

（36）故仁言大矣，起於上所以導於下，政令是也；起於下所以忠於上，謀救是也

楊倞注：謀救，謂嘉謀匡救。

按：遞修本「政」作「正」。王念孫曰：「余謂『謀救』當爲『諫救』，字之誤也。《周官》有『司諫』、『司救』。《說文》：『救，止也。』然則諫止其君之過謂之諫救，故曰『起於下所以忠於上，諫救是也』。」孫詒讓、王先謙、梁啓雄、李滌生、章詩同、楊柳橋並從其說〔註81〕。《左傳・昭公十三年》：「眾怒如水火焉，不可爲謀。」章太炎曰：「《楚世家》作『不可救也』。《荀子》云云，正、令同誼，則謀、救亦同誼，故史公以救訓謀。」吳靜安從章說〔註82〕。王天海曰：「謀救，當作『謀猷』，一聲之轉。又作『謀猷』，猶言計謀、謀畫。楊注未穩，王說迂而不通。」王天海亂說聲轉，決不可信。「謀救」不誤。謀者，所以救之，二義相因。《左傳》作「謀」，《史記》作「救」，亦不是同義代替。此文「謀救」下省略了賓語「君過」之類。「謀」是動詞，而非名詞「嘉謀」。

（37）成文而類

楊倞注：成文理而不失其類。

〔註80〕 王懋竑《荀子存校》，《讀書記疑》卷 11，收入《續修四庫全書》第 1146 冊，第 352 頁。
〔註81〕 孫詒讓《荀子校勘記上》，收入《籀廎遺著輯存》，中華書局 2010 年版，第 515 頁。
〔註82〕 章太炎《春秋左傳讀》，收入《章太炎全集（2）》，上海人民出版社 1982 年版，第 646 頁。吳靜安《春秋左氏傳舊注疏證續》，東北師範大學出版社 2004 年版，第 1160～1161 頁。

按：王天海曰：「成，通『盛』。盛文，即文采豐茂。」楊注是，王氏妄說通
借。《禮記·樂記》：「五色成文而不亂。」「成文」亦此誼。

（38）文而致實，博而黨正

楊倞注：致，至也。「黨」與「讜」同，謂直言也。凡辯〔文〕則失於虛
詐〔註83〕，博則失於流蕩，故致實、黨正為重。

按：楊注「黨與讜同，謂直言」，朱駿聲謂黨叚借為昌〔註84〕，以申其說。
王懋竑曰：「注非。黨，從也。謂博而能從乎正也。」〔註85〕梁啓雄
從王說。王念孫曰：「致，讀為質。質，信也，謂信實也。致實與黨正
對文（楊注：『黨與讜同，謂讜直言也。』）。楊注：『致，至也。』失
之。」郝懿行曰：「致、緻，黨、讜，並古今字。讜言即昌言，謂善言
也。此明士君子之辯，文而緻密堅實，博而昌明雅正，斯辯之善者也。」
《爾雅》：「昌、應、丁，當也。」郝懿行又曰：「《荀子》楊注云云，
然則讜猶當也，當訓直，直亦當。讜訓善，與昌訓美，義又同矣。」
〔註86〕《逸周書·祭公解》：「拜手稽首黨言。」盧文弨曰：「黨、讜
古字通，《荀子》注云云。又見張平子及劉寬二碑。」段玉裁從盧說
〔註87〕。然則盧、段、王、郝、朱五家於「黨」字皆取楊注也。錢繹
曰：「致與黨相對成文，致為至，黨宜訓知，言文而不流於虛偽，博而
能知其邪正也。注以直言釋之，疏矣。」〔註88〕久保愛曰：「致，如
字。黨，猶類也。本注非。」鍾泰曰：「黨，比也。博而比於正也。」
駱瑞鶴從鍾說。林源河曰：「『致』字不必讀質。形容詞上加『致』字，
荀書自有此文例。」〔註89〕陸慶和亦曰：「黨，類也。」〔註90〕王天

〔註83〕「文」字據蔣禮鴻《荀子餘義（上）》說補，《中國文學會集刊》第 3 期，1936
年版，第 69 頁。

〔註84〕朱駿聲《說文通訓定聲》，武漢市古籍書店 1983 年版，第 889 頁。

〔註85〕王懋竑《荀子存校》，《讀書記疑》卷 11，收入《續修四庫全書》第 1146 冊，
第 352 頁。

〔註86〕郝懿行《爾雅義疏》，上海古籍出版社 1983 年版，第 246 頁。

〔註87〕盧文弨《逸周書》（校本），收入《叢書集成初編》第 3695 冊，中華書局 1985
年影印，第 264 頁。段玉裁《古文尚書撰異》，收入《皇清經解》卷 569，上
海書店 1988 年版，第 4 冊，第 27 頁。

〔註88〕錢繹《方言箋疏》卷 1，上海古籍出版社 1984 年版，第 20～21 頁。

〔註89〕林源河《荀子義辨》，收入《荀儒考釋與中國國樂考原》，新加坡青年書局 2007
年版，第 17 頁。

海曰：「黨，讜之古字。讜，正直。楊注未洽，諸說亦未得也。」「致實」同義連文，王念孫說是也。《戰國策・齊策一》：「大王覽其說而不察其至實。」裴學海曰：「『至實』二字是同義複詞。『至實』之本字是『質實』，《鹽鐵論・孝養篇》『孝在於質實』，是其例也。也寫作『致實』，《荀子》云云，是其例也（至、致、質三字古通用）。」〔註 91〕「黨正」亦同義連文，黨之言當也（「當」去聲。郝懿行所云「讜猶當也，當訓直」，是平聲）。用爲名詞則作「讜」，指正直之言、善美之言，音轉則爲「昌」。

（39）上不足以順明王，下不足以和齊百姓

按：王天海曰：「順，循也。和齊，讀作『和集』，又作『和輯』。齊、集、輯三字，上古聲同韻近，且義亦相通，故得假借。」「集」、「輯」固同音通借，亦和也（《爾雅》：「輯，和也。」）。「齊」字當讀如字，與「集」、「輯」聲母雖同，但韻則脂、緝有隔，決無相通之理，亦未見相通之例，王氏妄說通借耳〔註 92〕。「和齊百姓」亦見本書《富國篇》，又《樂論》：「樂中平則民和而不流，樂肅莊則民齊而不亂，民和齊則兵勁城固，敵國不敢嬰也。」言「齊而不亂」，則「齊」字正當如字讀。順，和順。

（40）然而口舌之於，噡唯則節，足以為奇偉偃却之屬

楊倞注：『噡唯則節』四字未詳，或剩少錯誤耳。奇偉，誇大也。偃却，猶偃仰，即偃蹇也。言姦雄口辯，適足以自誇大偃蹇而已。

按：之於，遞修本、四庫本作「之均」。①《正字通》：「噡，『詹』、『譫』同，《說文》本作『詹』。《荀子》：『噡唯則節。』與『譫』通，故《韻會》噡附入『譫』註。」毛奇齡《古今通韻》卷 6：「譫，多言也。噡，上同，《荀子》：『噡唯則節。』」郝懿行曰：「『均』當依宋本作『於』，噡唯，猶唯諾也。節，謂節制之也。」俞樾曰：「之，猶則也。『口舌之均』、『噡唯則節』相對成文。均，調也。言口舌則調均，噡唯則中

〔註 90〕陸慶和《〈荀子〉舊注辨正》，《古籍整理研究學刊》1988 年第 3 期，第 40 頁。
〔註 91〕裴學海《評高郵王氏四種》，《河北大學學報》1962 年第 2 期，第 48 頁。
〔註 92〕王誠《〈荀子校釋〉補正》亦指出「齊、集一聲之轉不可信」，《重慶三峽學院學報》2013 年第 2 期，第 93 頁。

節。『噡』字疑『諾』字之誤。」孫詒讓引俞樾說又曰:「『均』作『於』
者是也。『然而口舌之於噡唯則節』十字為一句,言口舌之於噡唯則各
得其節。『噡』字未詳,或『諾』字之誤。」〔註 93〕王先謙曰:「《說
文》:『詹,多言也。』噡唯則節,或辯或唯,皆中其節也。義自分明,
不煩改字。郝說尤非。」梁啟雄從王說。劉師培曰:「俞說近是,『噡』
即『應』字之訛(古『應』與『鷹』同,故爾致誤)。」高亨曰:「利,
隸省作『初』,讀者不識,因誤為『均』為『於』矣。王先謙說噡即詹
字,多言也,是也。唯,疑借為讙,噪也,擾聒也。『則』乃古『賊』
字,傷也。噡唯則節,謂以多言巧辯敗壞名節也。」物双松曰:「口舌
之均,即『口舌之韻』。噡唯則節,言其詹詹唯唯之節也。」冢田虎曰:
「噡,言語也,多言也。唯,應聲。」久保愛曰:「噡唯則節,或言語,
或唯俞,皆合節也。」帆足萬里曰:「噡,小言也。或曰:噡,喘也。」
朝川鼎曰:「猶言均口舌節噡唯也。孫鑛曰:『噡唯則節,亦只是應對
有節耳。』」駱瑞鶴曰:「郝說非是。宋本『於』當是『衿』字之誤,『衿』
又作『袀』,先秦作『均』。此文本當作『均』,或作『袀』……『均』
借作『匀』,帀也,音義同『周、合』。噡為多言,唯為少言。」王天
海曰:「『然而口舌之於噡唯則節』應作一句讀。之於,猶至於。諸本
作『之均』者,字之誤也。諸說凡以『均』為訓者,亦誤也。」俞樾
又說以十字作一句讀,王天海或許不知,但謂此文當作「於」,其說則
本於郝懿行;王氏不引郝氏上文,惟引「噡唯」以下文字,把不引的
部分當作自己的創見,又不忘大言一句「諸說誤也」,甚奇。然此文當
作「均」字,郝說未得。俞樾前說謂「之猶則」,是也,裴學海、梁啟
雄從俞說〔註 94〕。「噡」訓多言或小言,皆與「則節」不合。此句合
俞樾前說、劉師培說乃得其誼。「噡」本當作「詹」,涉「唯」字而增
口旁。故「鷹(應)」譌作「詹」。《廣雅》:「唯,鷹也。」《說文》:「諾,
鷹也。」此文「鷹唯」同義連文,猶言諾唯。②豬飼彥博曰:「『却』
疑當作『師』。」朝川鼎曰:「偓却,當作『偓印』,字似而誤。偓仰,

〔註 93〕 孫詒讓《荀子校勘記上》,收入《籀廎遺著輯存》,中華書局 2010 年版,第 515
　　　　 頁。孫氏所引俞說,與《諸子平議》不同,蓋孫氏所見乃俞氏初稿,俞氏刊
　　　　 行《平議》時,已作修訂。
〔註 94〕 裴學海《古書虛字集釋》,中華書局 1954 年版,第 742 頁。

古作『偃卬』。即驕傲之義。」徐復曰：「偃蹇，傲大之意。按《廣雅》：『偃蹇，夭撟也。』其義亦同。却、蹇二字雙聲。」〔註95〕徐復意謂「却」變音爲「蹇」，與「偃」疊韻。章詩同曰：「偃却，同『偃蹇』，高傲。」王天海曰：「偃却，與『偃蹇』同，本高聳貌，此引申爲驕傲、傲慢。」王天海後來又修訂說：「偃却，退却之貌，凡訓『偃却』爲高傲之義者，皆不得《荀子》之意。」〔註96〕朝說「偃却」乃「偃卬」形誤，是也。「偃卬（仰）」猶言俯仰，與「偃蹇」語源不同。

《非十二子篇》第六校補

（1）假今之世

楊倞注：假如今之世也。或曰：假，借也。

按：劉淇曰：「此假字，猶云如也，若也。如、若有假設之義，故轉相通也。」〔註97〕王懋竑曰：「『假』字未詳，注二說皆非。」〔註98〕王念孫曰：「《彊國篇》：『假今之世，益地不如益信之務也。』前說爲是。」王先謙從王說。楊樹達、周法高並以「假」爲假設連詞〔註99〕。諸氏皆取楊注前說。物双松曰：「假當訓至音格爲是。」久保愛說同物氏。朝川鼎曰：「假訓如。假今猶言如今。」裴學海曰：「假，猶當也。《讀書雜志》謂『假』爲假如之義，失之。」〔註100〕裴氏又曰：「『假』與『加』同。加，居也。」〔註101〕馬敘倫曰：「『假』借爲家。家，尻也。假今之世，猶居今之世也。」〔註102〕龍宇純從楊注後說〔註103〕。我舊說

〔註95〕徐復《變音疊韻詞纂例》，收入徐復《語言文字學叢稿》，江蘇古籍出版社 1990年版，第 125 頁。

〔註96〕王天海《〈荀子·非相篇〉疑詞新證》，《長江學術》2008 年第 1 期，第 133 頁。

〔註97〕劉淇《助字辨略》卷 3，中華書局 1954 年版，第 167 頁。

〔註98〕王懋竑《荀子存校》，《讀書記疑》卷 11，收入《續修四庫全書》第 1146 冊，上海古籍出版社 2002 年版，第 353 頁。

〔註99〕樹達《詞詮》卷 4，中華書局 1954 年版，第 139 頁。周法高《中國古代語法·造句編》（上冊），中央研究院歷史語言研究所 1993 年版，第 209 頁。

〔註100〕裴學海《古書虛字集釋》，中華書局 1954 年版，第 333 頁。

〔註101〕裴學海《評高郵王氏四種》，《河北大學學報》1962 年第 2 期，第 102～103 頁。

〔註102〕馬敘倫《讀書續記》卷 2，中國書店 1985 年版，本卷第 48 頁。

〔註103〕龍宇純《讀荀卿子三記》，收入《荀子論集》，學生書局 1987 年版，第 242 頁。

云：「假，猶適也。口語曰『正好』、『正值』。」〔註104〕「假」訓如是假設連詞，不得轉用作介詞「如今」之「如」，朝川鼎說非是。《韓詩外傳》卷4作「夫當世之愚」，裴氏前說與之合。然「假」訓當無理據，馬敘倫說義長。

（2）飾邪說，文姦言，以濁亂天下

楊倞注：「濁」與「僥（澆）」同。

按：濁，遞修本、四庫本作「梟」，《敬齋古今黈》卷5引同，《韓詩外傳》卷4無此字。王懋竑曰：「『梟』與『嗃』同。《說文》：『聲嗃嗃也。』古字省。楊注非。」〔註105〕朱駿聲曰：「梟，叚借爲撓。」〔註106〕楊柳橋、李滌生取朱說。梁啓超曰：「梟亂，撓亂也。」〔註107〕梁啓雄曰：「梟借爲撓，《說文》：『撓，擾也。』」久保愛曰：「『濁』與『澆』同，《莊子·繕性篇》：『濁淳散朴。』《釋文》：『濁，本亦作澆。』《淮南·俶眞訓》、《後漢·循吏傳》皆作『澆淳散朴』，可見。澆，《類篇》云：『水洄洑貌。』王逸《楚辭》注云：『回波爲澆。』可以見濁亂之形矣。」〔註108〕馬敘倫曰：「梟借爲㬵。㬵即顚倒之倒本字。」〔註109〕朱起鳳謂「梟亂」同「淆亂」、「殽亂」、「肴亂」、「燆亂」，云：「梟與淆聲近。淆轉入聲，即爲燆字。」〔註110〕龍宇純曰：「『梟亂』與『殽亂』、『撓亂』，並一語之轉也……亦作『淆亂』、『肴亂』。」〔註111〕陳直曰：「六博之中，梟爲長雄，即以梟傑亂天下之義……荀子以梟棋爲喻也。」王天海曰：「《說文》云：『澆，洪也。』段注：『凡釀者，澆之則薄。故其引伸之義爲薄。』澆、撓同韻，其義可通。《說文》：『撓，擾也。』」《說文》：「㬵，到首也。」「到」同「倒」，「㬵」是斬首倒懸

〔註104〕蕭旭《古書虛詞旁釋》，廣陵書社2007年版，第99～100頁。

〔註105〕王懋竑《荀子存校》，《讀書記疑》卷11，收入《續修四庫全書》第1146冊，上海古籍出版社2002年版，第353頁。

〔註106〕朱駿聲《說文通訓定聲》，武漢市古籍書店1983年版，第308頁。

〔註107〕梁啓超《〈荀子〉評諸子語彙釋》，收入《飲冰室專集》之七十八，本文第1頁。

〔註108〕王天海引文自「《淮南》」起，致下文不知所指。

〔註109〕馬敘倫《讀書續記》卷2，中國書店1985年版，本卷第48頁。

〔註110〕朱起鳳《辭通》卷19，上海古籍出版社1982年版，第1973頁。

〔註111〕龍宇純《荀子集解補正》，收入《荀子論集》，學生書局1987年版，第137～138頁。

的專字，馬說非是。「澆」訓回波（音女敎切），亦非其誼，久保愛說
非。朱駿聲、朱起鳳等說是也；王天海竊朱、梁之說，而引《說文》
「澆，渷也」亦甚無謂。即使朱駿聲的原書王氏失檢，梁啓雄、楊柳
橋的書王氏是必然讀過的，楊書明明引了朱駿聲說，灼然在目，非竊
而何？《說文》：「覼，視誤也。」王筠曰：「《廣韻》曰：『視不定也。』
《莊子‧胠篋》：『外立其德而以爓亂天下者也。』其意與覼近。」錢
坫曰：「今人視不審曰覼光，聲近燿，即此字。」〔註112〕黃侃曰：「『爓
亂』、『梟亂』皆此字。」〔註113〕黃侃又曰：「顲（覼），即『爓亂』、『梟
亂』字。」〔註114〕黃侃讀梟爲覼，亦通，《集韻》：「覼，眩也，或作
瞶。」敦煌寫卷 P.2011 王仁昫《刊謬補缺切韻》：「瞶，眩瞶，或口（作）
覼，視誤。」

（3）喬宇嵬瑣蕩

> 楊倞注：「喬」與「譑」同，詭詐也。宇，未詳。或曰：宇，大也。放蕩
> 恢大也。嵬謂爲狂險之行者也。瑣者謂爲姦細之行者也。「嵬」當
> 與「傀」義同。

按：郝懿行曰：「喬，滿溢也。宇，張大也。嵬者，崔嵬高不平也。瑣者，
細碎聲也。喬宇，所謂大言炎炎也。嵬瑣，所謂小言詹詹也。此皆謂
言矣，注以行說，失之。」俞樾曰：「讀喬爲譑，是矣。訓宇爲大，則
與譑誼不倫。宇，當讀爲訏。《說文》：『訏，詭譌也。』然則喬宇猶言
譑詭矣。」王先謙曰：「『喬宇』俞說是。嵬瑣，猶委瑣也。嵬、委聲
近，故相通借。」梁啓超從俞、王說〔註115〕。久保愛曰：「宇，與『迂』
同。」劉師培曰：「『嵬瑣』二字對文。『嵬』即《勸學篇》之『倚傀』。
凡高峻之行，奇僻之言，均謂之嵬，以其高不平也。凡卑污之行，庸
陋之言，均謂之瑣，以其卑微不足論也。」邵瑞彭曰：「『宇』蓋『迂』

〔註112〕王筠《說文解字句讀》，錢坫《說文解字斠詮》，並收入丁福保《說文解字詁
　　　　林》，中華書局 1988 年版，第 8686 頁。

〔註113〕黃侃《說文解字斠詮箋識》，收入《說文箋識》，中華書局 2006 年版，第 399
　　　　頁。

〔註114〕黃侃《字通》，收入《說文箋識》，中華書局 2006 年版，第 138 頁。中華本
　　　　誤「覼」作「顲」。上海古籍出版社 1983 年版《說文箋識四種》第 111 頁不
　　　　誤。

〔註115〕梁啓超《〈荀子〉評諸子語彙釋》，收入《飲冰室專集》之七十八，本文第 1 頁。

之叚借，實爲『訐』。『喬宇』即『譑迂』也。」〔註116〕尚節之曰：「喬
亦有大意。喬宇言放蕩恢大不實也。嵬瑣，即猥瑣，言細小無用也。」
〔註117〕楊柳橋曰：「宇，當讀爲紆，詘也，曲也。亦通作『迂』，邪也。
《漢書・楊雄傳》：『超紆譎之行。』『紆譎』即『喬宇』也。」「喬宇」、
「嵬瑣」可指言，亦可指行。本文指言，《漢書》「紆譎」則指行。楊
柳橋以「紆」爲本字，非也。俞樾說是，然其說實本於王念孫，諸家
皆失檢。《國語・周語下》：「其語迂。」王念孫曰：「迂，《賈子・禮容
語篇》作『訐』。《說文》：『訐，詭譌也。譁，妄言也。』訐、譁、迂
聲義並同。《荀子》：『喬宇嵬瑣。』喬與譑同，宇與訐同，皆古字假借
也。」〔註118〕「訐」指大言、妄言，字亦作芋，音轉則作誇、華、譁、
嘩〔註119〕。王先謙說「嵬瑣」即「委瑣」，亦是，字或作「蹞璅」，《三
國志・凌統傳》裴松之注引孫盛曰：「豈蹞璅近務，邀利於當年哉？」
朱起鳳曰：「嵬、委聲之近。委加足旁，音義與委同。」〔註120〕是也。
《四庫全書考證》：「臣龍官按：蹞音窩，訓折足也，於璅義無涉，當
作『委璅』，今改正。」〔註121〕非是。

（4）縱情性，安恣睢，禽獸行

楊倞注：恣睢，矜放之貌。睢，許季反。

按：恣睢，或作「姿姓」、「姿廔」〔註122〕。《皇王大紀》卷 78 引作「恣
睢」，形誤。李滌生曰：「睢，眼向上看，喻性情傲慢。恣睢，縱恣暴
厲之意。」其說「睢」取本義，非是。

（5）忍情性，綦谿利跂

楊倞注：忍，謂違矯其性也。綦谿，未詳，蓋與〔利〕跂義同也。「利」

〔註116〕邵瑞彭《荀子小箋》，《唯是》第 3 期，1920 年版，第 24 頁。
〔註117〕尚節之《荀子古訓考》，北京《雅言》1941 年第 7 期，第 17 頁。
〔註118〕王念孫說轉引自王引之《經義述聞》卷 20，江蘇古籍出版社 1985 年版，第
　　　　483 頁。
〔註119〕參見蕭旭《大戴禮記拾詁》，收入《群書校補（續）》，花木蘭文化出版社
　　　　2014 年版，第 1947～1948 頁。
〔註120〕朱起鳳《辭通》卷 15，上海古籍出版社 1982 年版，第 1475 頁。
〔註121〕《四庫全書吳志卷十考證》，收入景印文淵閣《四庫全書》第 254 冊，臺灣商
　　　　務印書館 1986 年初版，第 826 頁。
〔註122〕參見蕭旭《呂氏春秋校補》，花木蘭文化出版社 2016 年版，第 118～119 頁。

與「離」同。離跂，違俗自絜之貌。謂離於物而跂足也。《莊子》曰：「楊（儒）墨乃始離跂自以爲得。」

按：注「矯」，四庫本誤作「驕」。王懋竑曰：「《莊子》注：『谿，反戾也。』『谿』與『徯』同。『綦』未詳，或云：極也。」〔註 123〕郝懿行曰：「此謂矯異於人以爲高者。綦谿者，過於深陗。利跂者，便於走趨。谿，讀爲鷄。跂，音企。四字雙聲疊韻，其義則未之聞。」孫詒讓從郝說〔註 124〕。王先謙曰：「《荀子》多以綦爲極。谿之爲言深也。綦谿，猶言極深耳。利與離同，楊說是也。離世獨立，故曰離跂。跂、企同字，《廣雅》：『扂，立也。』曹憲注：『扂即古文企字。』」物双松曰：「『綦』字《荀子》多言之，其義爲極。『谿利』當是『谿刻』之誤。『跂』爲衍文。」冢田虎曰：「《荀子》中有『離跂』之徵，乃須爲極離跂之意而已。」久保愛曰：「『綦谿』難讀。《淮南子》有『憐鮭離跂』之語，憐訓忘，鮭訓徯徑〔註 125〕，即蹊徑，謂細小狹路也。仍案此『綦』當訓極。谿當讀爲蹊。蓋僅極狹路以爲己道貌。本注『跂義』上疑脫『利』字。」朝川鼎曰：「綦谿，讀爲忌刻。」梁啓超曰：「綦，極也。『谿利跂』三字不可解。疑本作『谿跂』，雙聲字，即『谿刻』之通借。」周大璞曰：「『綦谿利跂』與下『離縱跂訾』義同，王念孫云云（見下文引），此說最爲弘通。『綦谿』即『跂訾』，音小變耳。『利跂』即『離跂』，音轉而爲『離縱』，又轉爲『離支』，《玉篇》曰：『離支自異。』又轉爲『踶跂』，《莊子・馬蹄篇》曰：『踶跂爲義。』成玄英云：『踶跂，矜持之容。』凡此等字，亦皆當以音理求其故訓，不可望文而生義也。」〔註 126〕高亨曰：「綦谿者，譏訾人也。綦，借爲諅，忌也。谿，借爲謑，恥也。利跂者，忌恨人也。利，借爲黎，恨也。跂，借爲忮，很也。」于省吾曰：「綦谿利跂，應讀作『極蹊利歧』。『極蹊』與『利歧』爲對文，言極其邪徑而利其歧塗也。」梁啓雄從于說。馮振曰：「綦，極也。谿，深也。利跂，猶言離跂。」〔註 127〕尚節之曰：

〔註 123〕王懋竑《荀子存校》，《讀書記疑》卷 11，收入《續修四庫全書》第 1146 冊，上海古籍出版社 2002 年版，第 353 頁。

〔註 124〕孫詒讓《荀子校勘記上》，收入《籀廎遺著輯存》，中華書局 2010 年版，第 516 頁。

〔註 125〕王天海引「徯」誤作「傒」。

〔註 126〕周大璞《荀子札記》，《清議》第 1 卷第 9 期，1948 年版，第 26 頁。

〔註 127〕馮振《荀子講記（續）》，《大夏季刊》第 1 卷第 2 期，1929 年版，第 169 頁。

「《莊子‧外物篇》：『室無空虛，婦姑勃谿。』陸云：『勃谿，反戾也。』
此『綦谿』義殆與近。」〔註128〕徐仁甫曰：「『綦谿』訓極深，是也。
『利』當爲『刻』字之誤。『跂』當爲『忮』字之假。綦谿刻忮，謂
極深殘刻也。」楊柳橋曰：「綦，塞也。谿，當讀爲徯，邪道曰徯。
綦谿，謂偃塞於邪道之中也。」王天海曰：「綦谿，通『極蹊』，猶言
極徑，此言好走極端之路。利跂，猶言利足。綦谿利跂，言其以捷足
而走極端。」樊波成認爲「利跂」即「離跂」，亦即「蹝跂」，「蹝」、
「跂」皆訓舉足，或作「縣跂」，「用力」的意思。樊君又曰：「《說文》：
『綦，緀或从其。』則『綦』其實就是『緀』字。『綦谿』可讀爲『敝
圭』。『敝跂』亦即《淮南子》之『儚觟離跂』之『儚觟』。皆爲分外
用力之貌。」〔註129〕《增修互注禮部韻略》卷3「跂」字條引同今本。
《路史》卷3：「叔末之人，佔侸偂俵，綦溪利跂。」「綦溪利跂」即
出《荀子》。楊說「利跂」即「離跂」是，而所釋則誤。《莊子‧在宥》：
「而儒墨乃始離跂攘臂乎桎梏之間。」成玄英疏：「離跂，用力貌也。」
林希逸注：「離跂，支離翹跂也。攘臂，奮手言談也。乃自許自高之
貌。」我舊說云：「『離跂』與『攘臂』對舉，並動賓結構，當從林說。
離跂攘臂，言翹足舉手，形容自以爲得之狀。」〔註130〕皆未是。「離
跂」疊韻連語，形容自許自高之貌，周大璞、樊波成說是也。也作「離
枝」，音轉則作「令支」，用作古國名。「綦谿」是「忌苛」音變，猶
言忌刻。

（6）則偶然無所歸宿

楊倞注：偶然，疏遠貌。

按：《增韻》卷5：「偶，偶儻，不羈貌。《荀子》：『偶然無所歸宿。』」物
双松曰：「偶，當是『逖』字通用。」冢田虎曰：「偶然，《彊國篇》：『天
下偶然舉去桀紂而奔湯武。』《君道篇》：『偶然乃舉太公於州人。』皆
偶儻不羈之意。注非也。」其說本於《增韻》。久保愛曰：「偶，偶儻
之偶。」豬飼彥博曰：「綢（偶），蓋離散分析之貌。」《彊國篇》「偶

〔註128〕尚節之《荀子古訓考》，北京《雅言》1941年第5期，第29頁。
〔註129〕樊波成《經學與古文字視野下的〈荀子〉新證》，上海社科院2012年碩士學
　　　　位論文，第64～69頁。
〔註130〕蕭旭《淮南子校補》，花木蘭文化出版社2014年版，第81頁。

然」凡二見，冢氏所舉例楊倞注：「偶然，高舉之貌。」又「偶然莫不明通而公也。」楊倞注：「偶然，高遠貌。」《君道篇》「偶然」，郝懿行曰：「偶，超遠也。《韓詩外傳》卷 4『偶』作『超』。」郝說是也，偶、超一音之轉，「超」是正字，遠跳義。字亦作趒，P.2011 王仁昫《刊謬補缺切韻》：「趒，趒趒，跳躍。趒字竹音（盲）反。」又「趒，竹盲反，趒趒，跳躍。趒字張交反。」《玉篇》：「趒，趒趒，跟跿也。」又「趒，趒趒。」《廣韻》：「趒，趒趒，跳躍。趒，陟交切。」又「趒，趒趒，行皃。」又「趒，趒趒，跳躍。」又「趒，趒趒，跳皃。」《集韻》：「趒，趒趒，跟跿也。」又「趒，趒趒，行皃。」字亦音轉作趏、跿，《玉篇》：「跿，行皃。」《左傳·昭公二十五年》：「鸜鵒跿跿，公在乾侯。」《文選·魏都賦》注、《白氏六帖事類集》卷 29 引作「株株」〔註 131〕。杜注：「跿跿，跳行貌。」《六書故》卷 16：「跿，雀躍不前貌。」《集韻》：「跿，一曰鳥跳行皃。」亦複言作「偶偶然」，《彊國篇》：「則偶偶然其不及遠矣。」《增韻》訓爲偶儻不羈，顯誤。物氏讀爲逖，亦非是。音轉亦作「悠悠」、「攸攸」，《詩·黍離》：「悠悠蒼天，此何人哉？」毛傳：「悠悠，遠意。」《漢書·敘傳下》：「攸攸外寓，閩越東甌。」顏師古注：「攸攸，遠貌。」

（7）好治怪說，玩琦辭

楊倞注：「玩」與「翫」同。「琦」讀爲「奇異」之奇。

按：久保愛曰：「《解蔽篇》云：『治怪說，玩奇辭。』」音轉亦作「詭辭」，《法言·吾子》：「或問公孫龍詭辭數萬以爲法。」汪榮寶曰：「《說文》：『恑，變也。』引伸爲詐僞，經典通作『詭』。《荀子》云云，『琦辭』即『詭辭』，皆『恑』之假。」〔註 132〕《漢書·鄒陽傳》《上書梁王》：「蟠木根柢，輪困離奇。」《漢紀》卷 9、《文選》同，《史記》作「離詭」。《說文》：「觭，角一俯一仰也。」又「𧤗，羊角不齊也。」馬敍倫引章太炎曰：「觭，旁轉支爲𧤗。」〔註 133〕「崎嶇」亦作「攲嶇」，「攲」是雙聲符字。本書《宥坐》「攲器」，《玉篇殘卷·危部》、《慧琳

〔註 131〕《白孔六帖》在卷 95。
〔註 132〕汪榮寶《法言義疏》卷 4，中華書局 1987 年版，第 63 頁。
〔註 133〕馬敍倫《說文解字六書疏證》卷 8，上海書店 1985 年版，本卷第 120 頁。

音義》卷 29、31 並引作「觙」。又「詭譎」音轉亦作「奇譎」。此汪說音轉之證。字亦作「佹辭」，《隸釋》卷 6《郎中鄭固碑》：「造膝佹辭。」洪适曰：「碑以佹爲詭。」《類聚》卷 16 晉‧溫嶠《侍臣箴》：「造膝詭辭。」

（8）甚察而不惠，辯而無用

楊倞注：惠，順。

按：王念孫曰：「『惠』當爲『急』，字之誤也。甚察而不急，謂其言雖甚察而不急於用，故下句云『辯而無用』也。下文『無用而辯，不急而察』，『急』字亦誤作『惠』。《天論篇》云：『無用之辯，不急之察。』《性惡篇》云：『雜能旁魄而無用，析速粹孰而不急。』〔註134〕皆其明證也。楊訓惠爲順，失之。」下文云：「言無用而辯，辯不惠而察，治之大殃也。」王念孫校作「無用而辯，不急而察」。孫詒讓、王先謙、梁啓超、梁啓雄、馮振從王說〔註135〕。李中生曰：「惠，仁也。王念孫引《天論篇》、《性惡篇》的『不急』，當作『不惠』。」王天海曰：「惠，實惠，好處。楊注非，王說亦非。李說《天論》、《性惡》之『不急』爲『不惠』，是。」王念孫說是，李說非是。王天海從李說，而《天論》卻又不取李說，一人著作，前後不相應，其疏有如此者！考本書《不苟》：「君子……辯而不爭，察而不激。」楊倞注：「但明察而不激切也。」「察而不激」即「察而不急」，此君子之行。

（9）略法先王，而不知其統，然而猶材劇志大，聞見雜博

按：然而猶，巾箱本、遞修本、四庫本、久保愛本作「猶然而」，有注：「猶然，舒遲貌。《禮記》曰：『君子蓋猶猶爾。』劇，繁多也。」郝懿行曰：「當依宋本作『然而猶』，此誤本也。」王先謙、李滌生從郝說。豬飼彥博、蔣禮鴻並疑「猶」字衍文〔註136〕。龍宇純曰：「『猶然』當

〔註134〕王天海但省引作「孰而不急」，殊不成文。
〔註135〕孫詒讓《荀子校勘記上》，收入《籀廎遺著輯存》，中華書局 2010 年版，第516 頁。梁啓超《〈荀子〉評諸子語彙釋》，收入《飲冰室專集》之七十八，本文第 4 頁。馮振《荀子講記（續）》，《大夏季刊》第 1 卷第 2 期，1929 年版，第 169 頁。
〔註136〕蔣禮鴻《荀子餘義（上）》，《中國文學會集刊》第 3 期，1936 年版，第 69 頁。

取笑貌或自得貌。」〔註137〕李中生曰:「猶然,自得的樣子。『猶』同
『繇』,喜也。」《禮記集說》卷18引李氏說引作「猶然而」,《增韻》
卷2「猶」字條、《西山讀書記》卷30、《項氏家說》卷7、《聞見後錄》
卷11引同,《項氏家說》且引注:「猶然,舒遲貌。劇,繁多也。」是
宋人所見,並與遞修本同。宋本有脫誤,實不可從。王天海從郝氏誤
說,又曰:「猶,猶如。」亦誤。

(10) 世俗之溝猶瞀儒,嚾嚾然不知其所非也

> 楊倞注:溝,讀爲拘。拘,愚也。猶,猶豫不定也。瞀,暗也。《漢書·
> 五行志》作「區瞀」,與此義同。嚾嚾,喧囂之貌,謂爭辯也。
> 拘,音寇。猶,音柚。

按:方以智曰:「佝愗,一作『佝瞀』、『瞉霿』、『佝愗(愗)』、『抱**儌**』、『傋
倰』、『區霿』、『備(傋)霿』、『溝瞀』。《五行志》:『區霿無識。』又
曰:『不敬而傋霿之所致也。』《荀子》:『愚陋溝瞀。』溝音叩,無知
也。又曰:『溝猶瞀儒。』亦是分溝、瞀用之。《楚辭》:『直佝愗以自
苦。』一作『佝愗』。《韻會》作『佝愗』,或作『瞉霿』,湛若作『抱
儌』、『傋倰』,抄《集韻》字也。韓昌黎《南山詩》:『堛塞生佝愗。』
注引《楚詞》『佝愗』,即『佝瞀』,音寇茂。」〔註138〕傅山曰:「溝
猶瞀儒者,所謂在溝渠中而猶猶然自以爲大,蓋瞎而儒也,寫奴儒也。」
〔註139〕傅山又曰:「如此音義,俱不知何謂。『儒』字《荀子》屢見,
皆與『偷儒』連言,而此則『瞀儒』。若『儒』如本音讀,則謂之瞎
儒也,儒眞多瞎子。『溝猶』如本音讀,則謂如在溝瀆之中而講謀猷,
是瞀儒之大概也。」盧文弨曰:「注『佝』舊訛作『拘』。案:佝愗,
愚貌。《楚辭·九辯》:『直佝愗以自苦。』《五行志》又作『傋瞀』,
與此書《儒效篇》同。許愼作『瞉瞀』,又作『嫛務』,皆一物也。今
改正。『溝猶瞀儒』合四字爲疊韻。」王懋竑曰:「注『溝』作『拘』,

〔註137〕龍宇純《讀荀卿子三記》,收入《荀子論集》,學生書局1987年版,第244頁。
〔註138〕方以智《通雅》卷7,中國書店1990年影印康熙姚文燮浮山此藏軒刻本,第
90頁。刻本有誤字,已校正如上文。光緒重刻本、上海古籍出版社1988年
整理本「抱」誤作「愡」。
〔註139〕傅山《霜紅龕集》卷31《讀經史》,收入《續修四庫全書》1395冊,上海古
籍出版社2002年版,第649頁。

未確。大抵《荀子》字義多難解，如『矞宇』、『溝猶』之類，皆缺之可也。」〔註140〕郝懿行曰：「《儒效篇》云：『愚陋溝瞀。』注云：『溝音寇。』是也。『溝猶瞀儒』四字疊韻，其義則皆謂愚蒙也。《漢・五行志》作『傋霿』（楊注引作『區瞀』〔註141〕），《楚辭・九辨》作『恂愗』，《說文》作『穀瞀』，《廣韻》既作『恂愗』，又作『嫛瞀』，又作『穀瞀』。並上音寇，下音茂。此等皆以聲爲義，不以字爲義也。」孫詒讓、梁啓雄從郝說〔註142〕。王先謙曰：「溝猶瞀儒者，溝瞀儒也。溝瞀，訓愚闇，中不當有『猶』字。『溝猶』疊韻，語助耳。《儒效篇》：『愚陋溝瞀。』無『猶』字，是其明證。楊釋『猶』爲猶豫，非也。」駱瑞鶴曰：「《邵氏聞見後錄》卷11引『溝』作『講』，『講』與『溝』通。『溝猶瞀儒』之訓，以王先謙說爲長。『溝瞀』並修飾『儒』字……『猶』是語助。」冢田虎曰：「猶，謀也。瞀，霿，皆暗也。然則溝猶瞀儒，言謀慮愚暗之儒也。《康熙字典》、《集韻》：『傋，與恂同。』訓無知。《荀子》『愚陋傋瞀』，俗本《荀子》譌作『溝』。」久保愛曰：「『溝』當作『傋』。『猶』字未詳。」高亨曰：「溝猶瞀儒，當作『溝瞀猶儒』。溝瞀，愚昧也，即《儒效篇》之『溝瞀』、《楚辭》之『恂愗』、《漢書》作『傋霿』、《說文》之『穀瞀』、『佝瞀』〔註143〕，則『溝瞀』之間不得有『猶』字明矣。猶，疑借爲敵。《說文》：『敵，醜也。』敵儒，鄙之之辭也。」王天海曰：「溝，愚也。猶，如也。瞀，闇也。瞀儒猶瞎儒，傅說是也。」「溝瞀」之解，方以智、盧文弨、高亨說是也。王天海不懂音轉之理，引用盧、郝之說，把其中的音轉材料皆刪去，至取明人傅山之陋說，完全無視有清以降的考證成果，一步倒退到了明代。《廣雅》：「恂愗，愚也。」王念孫曰：「恂愗者，《說文》：『穀，穀瞀也。』又云：『佝，瞀也。』《楚辭・九辯》云：『恂愗以自苦。』《荀子・非十二子篇》、《儒效篇》云云。《漢書・五行志》云：『不敬而傋霿之所致也。』又云：『區霿無識。』並字異而

〔註140〕王懋竑《荀子存校》，《讀書記疑》卷11，收入《續修四庫全書》第1146冊，上海古籍出版社2002年版，第353頁。

〔註141〕引者按：《漢書・五行志》「傋霿」、「區霿」並有，郝氏失檢。

〔註142〕孫詒讓《荀子校勘記上》，收入《籀廎遺著輯存》，中華書局2010年版，第517頁。

〔註143〕王天海引「穀」誤作「穀」，鈔書也不認真。

義同。《說文》：『婁務，愚也。』『婁務』又『佝愁』之轉矣。」〔註144〕
《玉篇》「佝」字條引《楚辭》作「佝愁」，洪興祖《楚辭補注》引《釋
文》作「抱愁」〔註145〕，朱熹《楚辭集注》亦云：「佝愁，一作『抱
愁』。」《說文》原本作「佝，務（瞀）也」、「瞀，一曰瞀也」，當連
篆讀〔註146〕。字亦作「婁瞀」，敦煌寫卷 P.3694《箋注本切韻》：「婁，
婁瞀，無暇（暇）。」〔註147〕又「瞀，婁瞀。」《集韻》：「瞀，瞀霿，
鄙吝，心不明也，或作瞀、區、佝。」又作「雒瞀」，《漢書・地理志》
上谷郡縣名「雒瞀」，顏師古注引孟康曰：「音句無。」地名「雒瞀」
亦取愚為義。《山海經・大荒東經》：「大荒之中，有山名曰鞠陵于天、
東極、離瞀，日月所出。」郭璞注：「三山名也。離瞀，音瞀瞀。」
山名「瞀瞀」亦取愚為義。「溝瞀」二字中間，確如王先謙、高亨所
說，不得有「猶」字，高氏乙作「溝瞀猶儒」可從，但讀「猶」為嫩
（七六切）則未允。嫩指老醜的婦人，故字從女。《說文》：「嫩，醜
也。一曰老嫗也。讀若蹴。」《廣韻》作「老嫗貌」。嫩即蹴轉音字，
當取義於蹙，言皮膚皺縮貌〔註148〕。余讀「猶儒」為「庸儒」，一聲
之轉也。

〔註144〕王念孫《廣雅疏證》，收入徐復主編《廣雅詁林》，江蘇古籍出版社 1992 年版，
　　　　第 77～78 頁。
〔註145〕日人竹治貞夫考定《釋文》的作者是唐代的陸善經。竹治貞夫《關於〈楚辭
　　　　釋文〉的作者問題》，《成都大學學報》1993 年第 1 期，第 54～60 頁。
〔註146〕段玉裁《說文解字注》徑改作「佝，佝瞀也」、「瞀，一曰瞀瞀也」，《集韻》
　　　　引正作「瞀，瞀瞀也」。段玉裁《說文解字注》，上海古籍出版社 1981 年版，
　　　　第 379、743 頁。
〔註147〕蔣斧印本《唐韻殘卷》「暇」作「暇」，是也。「無暇」猶言無識，愚貌。
〔註148〕參見蕭旭《古國名「渠搜」名義考》，收入《群書校補（續）》，花木蘭文化出
　　　　版社 2014 年版，第 2162 頁。《說文》諸家皆未得其誼，參見丁福保《說文解
　　　　字詁林》，中華書局 1988 年版，第 12250～12251 頁。黃侃曰：「嫩，《方言》
　　　　作『憪』，對轉則為『貌寢』之寢。此即羞恥正字，醜亦恥也。」馬敘倫曰：
　　　　「嫩或醜之異文，或語原同也。一曰老嫗或老女者，校語。蓋借嫩為嫗。」
　　　　二說皆未得。張舜徽曰：「婦人老則醜，二義實相成耳。女之醜者謂之嫩，猶
　　　　黿之醜者謂之黿也。黿之為物，其皮黿黿，其行先先，老嫗似之矣。嫩、黿
　　　　音同，語原一耳。黿之或體作醜，尤可證也。」張氏謂「婦人老則醜，二義
　　　　相成」得之，餘說亦未得。黃侃《字通》，收入《說文箋識》，中華書局 2006
　　　　年版，第 156 頁。馬敘倫《說文解字六書疏證》卷 24，上海書店 1985 年版，
　　　　本卷第 71 頁。張舜徽《說文解字約注》，華中師範大學出版社 2009 年版，第
　　　　3092 頁。

（11）奧窔之間，簟席之上

　　楊倞注：西南隅謂之奧，東南隅謂之窔。

按：《韓詩外傳》卷 4 作「隩要之間，衽席之上」。①要，讀爲突，同「窔」。趙懷玉、周廷寀據本書徑改「要」作「窔」〔註 149〕，非是。《四庫全書考證》卷 7：「要，疑當作突。」〔註 150〕尤誤。②「簟席」亦見本書《王霸》、《禮論》。《說文》：「簟，竹席也。」《外傳》作「衽席」，「衽」同「袵」，《說文》：「袵，衣裣也。」非其誼。《淮南子‧詮言篇》：「筐牀衽席。」高誘注：「衽，柔弱也。」朱駿聲曰：「袵叚借爲葇。」字亦作荏，《淮南子‧說山篇》：「棄荏席，後黴黑。」《意林》卷 2 引作「衽」。亦雙聲音轉作蒻，《淮南子‧主術篇》：「匡牀蒻席，非不寧。」高誘注：「匡，安也。蒻，細也。」《治要》卷 41 引「蒻」作「衽」。字或作筦，《集韻》：「筦，臥蓆也，通作衽。」人柔善爲壬、任，木柔弱爲葇，草柔弱爲荏，禾柔弱爲秹，內心柔弱爲恁，被子柔軟爲衽，食物軟熟爲飪，金屬柔軟爲鈓，各換義符以製專字，其義一也〔註 151〕。是「衽（袵、荏、筦）席」之衽取細弱爲義。段玉裁認爲「衽」是「褥」音轉，云：「假借爲衽席。衽席者，今人所謂褥也，語之轉。」〔註 152〕朱駿聲認爲是「別義」，又云：「或曰：此『蓐』字之借。衽、蓐雙聲。」〔註 153〕皆未是。「簟」指細弱之竹席，亦指細葦席，至其語源，有三說：《釋名》：「簟，簞（覃）也，布之簟簟（覃覃）然平正也。」〔註 154〕馬敘倫曰：「《詩》、《禮》筵、簟雜見，而金文多作簟。蓋轉注字也。簟音定紐，筵音喻紐四等，古讀歸定也。」〔註 155〕張舜徽曰：「簟之初文當爲囪。《廣雅》：『囪，席也。』此古字古義之僅存者，說詳『囪』下。」《說文》：「囪，舌貌，從谷省，象形（他念切）。囟，古文囪，

〔註 149〕趙懷玉校本《韓詩外傳》卷 4，收入《龍溪精舍叢書》。周廷寀《韓詩外傳校注》卷 4，民國 21 年安徽叢書編印處據歙黃氏藏營道堂刊本影印。

〔註 150〕《四庫全書考證》卷 7，收入景印文淵閣《四庫全書》第 1497 冊，臺灣商務印書館 1986 年初版，第 184 頁。

〔註 151〕參見蕭旭《淮南子校補》，花木蘭文化出版社 2014 年版，第 665～666 頁。

〔註 152〕段玉裁《說文解字注》，上海古籍出版社 1981 年版，第 390 頁。

〔註 153〕朱駿聲《說文通訓定聲》，武漢市古籍書店 1983 年版，第 88 頁。下引同。

〔註 154〕《類聚》卷 69 引作「簟也，布之覃然正平也」，《御覽》卷 708 引作「簟，簞也，布之簟然正平」。

〔註 155〕馬敘倫《說文解字六書疏證》卷 9，上海書店 1985 年版，本卷第 14 頁。

讀若『三年導服』之導。一曰竹上皮，讀若沾。一曰讀若誓，弼字從此。」張氏曰：「徐鍇曰：『丙，舌省也，人舌出丙丙然。古文從丙，即舌之省。三年禫服，古借導字。弼字中丙，即此字也。』舜徽按：丙象舌出之貌，乃舌之初文，即舐之初文，其音爲舌。徐灝謂此篆當作丙，象形，上象舌本及理，是也。囷則簟之初文，亦省作丙，象竹席之文理，與舌出之丙，形音俱近，許君遂誤合爲一，而說解中語多隔閡不可通。『囷』下『古文丙』三字，固已誤矣。而『讀若三年導服之導』以下二十五字，則古人舊義，猶賴許君錄存之，得藉以考見『囷』字本恉也。」〔註156〕余謂「簟」與「衽」古音相轉，語源亦是「弱」。二字韻同侵部；「簟」定母，「衽」日母，日母上古音讀如泥母，二字旁紐雙聲。

（12）斂然聖王之文章具焉

楊倞注：斂，聚集之貌。

按：《韓詩外傳》卷4「斂然」作「簡然」，無「章」字。王引之曰：「古無以『斂然』二字連文者。『斂』當爲『歛』，字之誤也。歛然者，聚集之貌。」孫詒讓、王先謙、梁啓雄從王說〔註157〕。潘重規曰：「『然』字皆助詞，《荀》書若此者甚多，無不可連文之理。」林源河亦駁王說〔註158〕。潘、林所駁是也，《皇王大紀》卷78引作「斂然」。《漢上易傳》卷5：「蓋未革之先，在窈奧之間，簟席之上，其文章固已斂然而具矣。」正本此文，是宋人所見，固作「斂然」。其實王引之別處亦從楊注，潘、林二氏失檢耳。王引之曰：「斂亦具也。《荀子·非十二子》楊倞注云云……斂之言僉也，檢也……是具備之義也。」〔註159〕此說是也。《外傳》作「簡然」，音之轉耳。「簡」見母元部，「斂」來母談部。上古音見母、來母可以通轉〔註160〕，元、談二韻亦相轉〔註161〕。

〔註156〕張舜徽《說文解字約注》（排印本），華中師範大學出版社2009年版，第1122、505～506頁。排印本「舌」均誤作「谷」，徑正。原文甚長，未全錄。
〔註157〕孫詒讓《荀子校勘記上》，收入《籀廎遺著輯存》，中華書局2010年版，第517頁。
〔註158〕林源河《荀子義辨》，收入《荀儒考釋與中國國樂考原》，新加坡青年書局2007年版，第18頁。
〔註159〕王引之《經義述聞》卷22，江蘇古籍出版社1985年版，第534頁。
〔註160〕《禮記·喪大記》鄭玄注：「『綠』當爲『角』，聲之誤也。」又「降」與「隆」、

王天海曰：「斂然，猶儼然。斂、儼一聲之轉。楊注、王說皆非。」王
天海妄說音轉，「儼然」與「具焉」其義不屬，故不足信也。

（13）佛然乎世之俗起焉

楊倞注：佛，讀爲勃。勃然，興起貌。

按：乎，遞修本、四庫本作「平」。《韓詩外傳》卷 4 作「沛然平世之俗起」。
佛、勃、沛並一聲之轉。字亦作浡，《左傳·莊公十一年》：「其興也浡
焉。」杜預注：「浡，盛貌。」《釋文》：「浡，一作勃，同。」「乎」是
「平」形誤，《增韻》卷 5「佛」字條、《皇王大紀》卷 78、《喻林》卷
98 引正作「平」。明沈氏本《外傳》「起」誤作「趨」。龍宇純曰：「平
世，義猶言治世也。」〔註 162〕李滌生說同。其說非是。平世，猶言太
平之世。

（14）無置錐之地，而王公不能與之爭名

按：久保愛曰：「置，與『植』通。」王天海以「名」屬下句「在一大夫
之位」，曰：「『名』屬下句。『爭名』連讀則誤。『名在』猶『名列』。」
久說是也，石光瑛亦曰：「《呂氏·爲欲篇》：『無立錐之地。』古『置』
與『植』通。植，立也。」〔註 163〕《史記·留侯世家》、《淮南衡山
傳》、《滑稽傳》並有「無立錐之地」之語。《淮南子·氾論篇》：「堯
無百戶之郭，舜無植錐之地，以有天下。」〔註 164〕正作本字「植」。
王天海說大誤，《韓詩外傳》卷 4 作「無置錐之地，而王公不能與爭
名」，無下句「在一大夫之位」。本書《富國》：「布衣紃屨之士誠是，
則雖在窮閻漏屋，而王公不能與之爭名。」《外傳》卷 5：「彼大儒者，
雖隱居窮巷陋室，無置錐之地，而王公不能與爭名矣。」尤「爭名」
當連文之確證也。《鹽鐵論·地廣》：「是以齊景公有馬千駟，而不能

「監」與「覽」古音相通。皆其例，不備舉證。

〔註 161〕《周禮·士師》鄭玄注：「『辯』當爲『貶』，聲之誤也。」「貶」幫母談部，「辯」
並母元部。《書·盤庚上》：「相時憸民。」《說文》「㥣」字條引「憸」作「㥣」，
「憸」心母談部，「㥣」生母元部。是其例也。

〔註 162〕龍宇純《讀荀卿子三記》，收入《荀子論集》，學生書局 1987 年版，第 244 頁。

〔註 163〕石光瑛《新序校釋》，中華書局 2001 年版，第 695 頁。

〔註 164〕《淮南子》據景宋本，《御覽》卷 77 引同，道藏本、漢魏叢書本、明刻本、
四庫本「植」作「置」。

與之爭名。」亦其旁證。《潛夫論・遏利》：「是故雖有四海之主，弗能與之方名。」文例亦同。「爭名」是秦漢人成語，本不煩疏證，但王氏好立不經之異說，故不憚煩難，以袪妄說。《儒效篇》亦有此數語，王天海又以「爭名」連文，一人著作，前後不統一如此。

（15）在一大夫之位，則一君不能獨畜，一國不能獨容

　　楊倞注：言王者之佐雖在下位，非諸侯所能畜，一國所能容。或曰：時君不知其賢，無一君一國能畜者，故仲尼所至輕去也。

按：王天海曰：「容，通『用』。」「容」當讀如字，與「畜（蓄）」同義對舉。

（16）一天下，財萬物，長養人民，兼利天下

　　楊倞注：「財」與「裁」同。

按：王念孫曰：「『財』如《泰》象傳『財成天地之道』之財，財亦成也。『財萬物』與『長養生民，兼利天下』連文，是財萬物即成萬物。《繫辭》傳曰『曲成萬物而不遺』是也。《儒效篇》曰：『通乎財萬物、養百姓之經紀。』《王制篇》曰：『等賦政事，財萬物，所以養萬民也。』（楊云：『裁制萬物。』失之。）又曰：『序四時，裁萬物（裁與財同），兼利天下。』《富國篇》曰：『財萬物，養萬民。』〔註 165〕義並與此同。」孫詒讓、王先謙、李滌生從王說〔註 166〕。王天海曰：「財萬物，制裁萬物。說詳《王制篇》校釋。楊注是，王說非。」《王制篇》王天海曰：「財萬物，即制裁萬物。下文『通流財物』數語，即指此而言。」下文「通流財物」與「財萬物」無涉，「財」一為動詞，一為名詞，判然不同。楊注、王念孫說並是也，《王制篇》：「序四時，裁萬物。」正作「裁」字。《儒效篇》「財萬物」，《新序・雜事五》作「裁萬物」。《富國篇》「材萬物」，《治要》卷 38 引作「裁」。《易・泰》象曰：「天地交泰，后以財成天地之道，輔相天地之宜，以左右民。」《釋文》：「財，荀作裁。」《集解》引鄭玄注：「財，節也。」孔疏以「翦財」釋之。《漢書・律曆志》：「后以裁成天地之道。」是班氏亦讀財

〔註 165〕引者按：《荀子》本作「材萬物」。
〔註 166〕孫詒讓《荀子校勘記上》，收入《籀廎遺著輯存》，中華書局 2010 年版，第517 頁。

為裁也。「裁」訓節制，所以成之也，故王念孫解為「成」。《逸周書・文傳解》：「故凡土地之間者，聖人裁之，並為民利。」《治要》卷 31 引《六韜・龍韜》太公曰：「天下有物，聖人裁之。」《治要》卷 36 引《尸子・分》：「天地生萬物，聖人裁之。」（「地」字衍文。）《文選・豪士賦》李善注引《尸子》：「天生萬物，聖人財之。」是「財」、「裁」通也。本書《富國篇》、《大略篇》並云：「天地生之，聖人成之。」《新語・道基》引《傳》曰：「天生萬物，以地養之，聖人成之。」《董子・立元神》：「天生之，地養之，人成之。」《中說・魏相篇》：「天生之，地長之，聖人成之。」此「財（裁）」訓「成」之確證也。《管子・心術下》：「凡物載名而來，聖人因而財之。」「財」字亦此誼。

（17）通達之屬莫不從服

楊倞注：通達之屬，謂舟車所至，人力所通者也。

按：王天海曰：「屬，謂統屬之地、之人。或曰：屬，及也，至也。《戰國策・西周策》高誘注：『屬，猶至也，通也。』楊注或本此。」楊注「舟車所至，人力所通」但釋正文「通達」二字，未釋「屬」字。屬，繫連也。通達之屬，猶言通達所繫連者。

（18）上則法舜禹之制，下則法仲尼、子弓之義

按：當據《韓詩外傳》卷 4 作「上法舜禹之制，下則仲尼之義」。此文當衍上「則」、下「法」二字。則亦法也。

（19）故多言而類，聖人也；少言而法，君子也；多少無法而流湎然，雖辯，小人也

楊倞注：言雖多而不流湎，皆類於禮義，是聖人制作者也。湎，沈也。流者不復反，沈者不復出也。

按：盧文弨曰：「《大略篇》作『多言無法』，此『少』字訛。」王念孫、梁啓雄、李滌生、楊柳橋從盧說，王氏又曰：「『而』與『如』同。」文廷式曰：「類亦法也，楊注『類於禮義』，誤。」〔註167〕王先謙曰：

〔註167〕文廷式《純常子枝語》卷 15，收入《續修四庫全書》第 1165 冊，上海古籍

「流湎，猶沈湎。」冢田虎曰：「《樂記》：『流湎以忘本。』移而不及
之貌也。」久保愛曰：「『流』字絕句。湎然，《大略篇》作『喆然』。
『喆』以音誤爲『靦』，復以形誤爲『湎』也。」龍宇純曰：「當讀『多
少無法而流』句，『湎然雖辯』句，『小人也』句。『湎』字義不可通，
《大略篇》：『多言無法而流，喆然雖辯，小人也。』楊注云：『喆當
爲湎，《非十二子篇》有此語，此當同。或曰：當爲楷。』其說大誤。
『湎』當作『喆』，即『哲』字。『喆然』形容『辯』。盧說云云，按
上文曰：『多言而類，聖人也；少言而法，君子也。』『多少』正分承
上文『多少』二字。多少無法，猶言無論或多或少而無法也。非此文
『少』字譌誤，《大略篇》『言』字當作『少』耳。盧說非。」〔註168〕
包遵信曰：「此承上文言之，據其義，疑當作『多而流湎，少而無法，
然雖辯，小人也』」〔註169〕王天海曰：「久、龍二氏句讀是也。『多少
無法而流』正上承聖人多言君子少言而言，故『少』字不誤。流，放
縱而無類無法之謂也。『湎』疑『靦』誤也。靦然亦厚顏無恥之貌。
巾箱本、題注本、遞修本『流湎』作『湎流』，亦誤也。」王天海但
引龍宇純上文，不引其「『多少』分承上文」之語，而把他當作自己
的按語，竊書如此，甚無德也。盧文弨、王念孫、王先謙說是，「流
湎」是「沈湎」音轉，又音轉作「淫湎」、「湛湎」。王天海未得其句
法，未達厥誼，而盲從久、龍二氏誤說。荀子是說「聖人」、「君子」、
「小人」三種並列的情況，並不是「多少無法」承上文聖人多言君子
少言而言。此當從《大略》作「多言無法」，與「少言而法」對舉，
故一爲小人，一爲君子也。《大略篇》楊注「喆當爲湎」亦是。「湎」
或體作「醶」，故形誤作「喆」。朱駿聲曰：「喆，叚借爲歠。注：『當
爲湎，或曰：當爲楷。』皆非。」〔註170〕亦非是。

（20）辯說譬諭，齊給便利而不順禮義，謂之姦說

按：諭，王天海本誤作「喻」。劉師培曰：「《文選・魏都賦》劉淵林注引

出版社 2002 年版，第 204 頁。
〔註168〕龍宇純《荀子集解補正》，收入《荀子論集》，學生書局 1987 年版，第 138～
139 頁。
〔註169〕包遵信《讀〈荀子〉札記（上）》，《文史》第 5 輯，1978 年出版，第 207 頁。
〔註170〕朱駿聲《說文通訓定聲》，武漢市古籍書店 1983 年版，第 674 頁。

『說』作『論』，『順』作『慎』。」劉淵林注引「諭」作「論」，「順」
作「慎」，又脫「禮」字。劉師培誤記「諭」作「說」，王天海照鈔，
而不檢正。「論」是「諭」形誤。

（21）行僻而堅

按：此古成語，亦見本書《宥坐》、《管子·法禁》、《說苑·指武》，《尹文
子·大道下》、《家語·始誅》、《中論·覈辯》作「行僻而堅」。「堅」
指志堅。《治要》卷48引魏·杜恕《體論》：「行僻而志堅。」

（22）利足而迷，負石而墜

楊倞注：苟求利足而迷惑，不顧禍患也〔註171〕。負石而墜，謂申徒狄負
石投河，言好名以至此也。亦利足而迷者之類也。

按：王懋竑曰：「負石而墜，此句未詳。註謂申徒狄事，恐非。當與『利
足而迷』為偶，『石』或作『名』也。」〔註172〕郝懿行曰：「利足而
迷，所謂『捷徑以窘步』也。」王念孫、孫詒讓、王先謙、楊柳橋皆
從郝說〔註173〕。物双松曰：「疾足之人迷途則迷愈遠。」久保愛曰：
「利足而迷者，失途愈遠。負石而墜者，沒水愈深也。『利足』見於
《勸學篇》，本注非。」潘重規曰：「《勸學篇》曰：『假輿馬者，非利
足也。』利足而迷，小人有才而陷惡益深者也。楊注非。」石光瑛曰：
「利足、負石，相對為文，疑亦指狄事。本書《節士篇》所謂『為濡
足之故，不救溺人』者也。」〔註174〕蔣禮鴻曰：「『足』當為『跂』。」
〔註175〕陳直曰：「兩句義相對舉，上句指接輿，下句指申徒狄也。《莊
子·人間世》：『迷陽迷陽，無傷吾行。』與荀卿之義正合。」李中生
從楊注，解為「就像某人腳比常人便利卻走上迷途一樣」〔註176〕。

〔註171〕王天海誤以「而迷惑」屬下句。
〔註172〕王懋竑《荀子存校》，《讀書記疑》卷11，收入《續修四庫全書》第1146冊，
上海古籍出版社2002年版，第353頁。
〔註173〕孫詒讓《荀子校勘記上》，收入《籀廎遺著輯存》，中華書局2010年版，第
518頁。
〔註174〕石光瑛《新序校釋》，中華書局2001年版，第408頁。
〔註175〕蔣禮鴻《荀子餘義（上）》，《中國文學會集刊》第3期，1936年版，第70頁。
〔註176〕李中生《從〈荀子〉的兩處比喻看修辭與訓詁》，收入《荀子校詁叢稿》，廣
東高等教育出版社2001年版，第63頁。

王天海曰：「利足而迷，急進而入迷途。」考下文：「今之所謂處士者，無能而云能者也，無知而云知者也，利心無足而佯無欲者也。」此言「利足」，是其反筆。楊注不誤。陳直說必誤，《莊子》「迷陽」是「望洋」、「亡陽」音轉〔註177〕，與此文不同。

（23）高上尊貴不以驕人，聰明聖智不以窮人，齊給速通不爭先人，剛毅勇敢不以傷人

按：《韓詩外傳》卷6：「高上尊貴不以驕人，聰明聖知不以幽人，勇猛強武不以侵人，齊給便捷不以欺誣人。」《說苑‧敬慎》：「高上尊賢（貴）無以驕人〔註178〕，聰明聖智無以窮人，資給疾速無以先人，剛毅勇猛無以勝人。」《鄧子‧轉辭篇》：「尊貴無以高人，聰明無以寵人，資給無以先人，剛勇無以勝人。」《鄧子》「寵」當據本書及《說苑》作「窮」，《外傳》作「幽」，則讀為約，亦窮也。「資」、「齊」與「疾」一聲之轉。《爾雅》：「齊，疾也。」朱駿聲曰：「按：齊短言亦即疾。」〔註179〕「給」亦疾捷之誼，與「資（齊）」同義連文。不爭先人，王念孫據《外傳》、《說苑》校作「不以先人」，是也，《鄧子》亦其證。

（24）遇賤而少者，則脩告導寬容之義

按：《韓詩外傳》卷6作「遇少而賤者，則修告道寬裕之義」。容，讀為裕。《不苟篇》：「恭敬謹慎而容。」王念孫曰：「容之言裕也。」並引此文及《外傳》為證。王念孫已說於前篇，故此文不復及之，王天海但列異文，而不知徵引王念孫說。《賈子‧道術》：「包眾容易謂之裕，反裕為褊。」是「裕」、「容」同源也。

（25）以不俗為俗，離縱而跂訾者也

楊倞注：訾，讀為恣。離縱，謂離於俗而放蹤。跂恣，謂跂足違俗而恣其志意。皆違俗自高之貌、或曰：「縱」當為「縱」，傳寫誤耳。「縱」與「䌸」同，步也。離縱，謂離於俗而步去。跂訾，亦謂跂足自

〔註177〕郭象注：「迷陽，猶亡陽也。」洪頤煊曰：「亡陽，即望羊，古字通用。」洪頤煊《讀書叢錄》卷14，收入《續修四庫全書》第1157冊，上海古籍出版社2002年版，第680頁。
〔註178〕《御覽》卷459引「賢」作「貴」，與《鄧子》、《外傳》、《說苑》合。
〔註179〕朱駿聲《說文通訓定聲》，武漢市古籍書店1983年版，第572頁。

高而訾毀於人。

按：縱，南宋《句解》本、遞修本、四庫本作「蹤」〔註180〕，《禮書》卷14、《皇王大紀》卷78引亦作「蹤」。傅山曰：「蹤，從足，謂踪也，非縱也。離於常人之踪，而跂足高步，信口訾議。」王懋竑曰：「離蹤，謂離去尋常之蹤。『跂訾』未詳。注未確。」〔註181〕劉台拱曰：「作『縱』是。『離縱跂訾』蓋與上文『綦谿利跂』意相近，合四字為疊韻也。」王念孫曰：「楊前說非也。後說謂『縱為縱之誤』是也。《莊子・在宥篇》：『儒墨乃始離跂攘臂乎桎梏之閒。』『離跂』疊韻字。《荀子》云『離縱而跂訾』，『離縱』、『跂訾』亦疊韻字，大抵皆自異於眾之意也。楊訓縱為步，而以離縱為離於俗而步去，跂訾為跂足自高而訾毀於人，亦非。凡疊韻之字，其意即存乎聲，求諸其聲則得，求諸其文則惑矣。」郝懿行曰：「『縱』與『蹤』同〔註182〕，本作『軵』，謂車迹也。俗作『蹤』，假借作『縱』耳。離縱者，謂離其尋常蹤迹而令人敬異也。舉足望曰跂。訾訓思也，量也。跂訾者，謂跂望有所思量而示人意遠也。此皆絕俗離群，矯為名高之事，故曰『士君子所不能為』也。」朱駿聲曰：「縱為縱之誤字，『離縱』、『跂訾』皆雙聲連語。」又曰：「跂，叚借為企。」〔註183〕物双松曰：「以離跂縱恣分而言之，或是一句，言離違世俗而縱恣也。」豬飼彥博曰：「『蹤』當作『縱』，注同。『跂』當作『毀』。毀訾，謂毀訾世人以自高也。」高亨曰：「口毀曰訾。『訾』與上文『綦谿』義同，謂訾譏人也。跂亦借為忮，謂忌恨人也。」梁啓雄曰：「跂借為企，舉踵也。訾借為跐，《廣雅》：『跐，履也。』企跐，謂舉踵而步，表示自異於眾人。」于省吾曰：「離縱跂訾，應讀作『離蹤歧跐』，謂離叛其蹤跡，而歧異其踐履也。」林源河曰：「『離』謂乖繆。『縱』謂恣肆。『跂』、『歧』同字，有紛雜旁出之義。『訾』當訓如『訾應』之訾。離縱而跂訾，當謂乖繆姿（恣）肆而紛雜誣妄。」〔註184〕王念孫、朱駿聲

〔註180〕南宋龔士卨所刻《荀子句解》本吾未見，說見冒鶴亭《宋本荀子句解跋》，《制言》第62期，1940年版，本文第2頁。

〔註181〕王懋竑《荀子存校》，《讀書記疑》卷11，收入《續修四庫全書》第1146冊，上海古籍出版社2002年版，第353頁。

〔註182〕王天海引「蹤」誤作「蹤」，不思「縱」怎麼會與「蹤」同。

〔註183〕朱駿聲《說文通訓定聲》，武漢市古籍書店1983年版，第57、509頁。

〔註184〕林源河《荀子義辨》，收入《荀儒考釋與中國國樂考原》，新加坡青年書局2007

說是，而猶未盡。「離縱」亦作「離蓰」、「離褷」、「離莜」、「襹褷」、「籬蓰」、「離纚」、「離灑」，倒言則作「褷襹」，濃密貌，茂盛貌，故引申則爲高傲貌，亦即自異於眾之意也。「跂訾」是「妓斐」借音字，《說文》：「妓，婦人小物也，讀若跂行。」又「斐，婦人小物也。」《廣韻》：「妓，妓斐，態兒。」《集韻》：「斐，妓斐，女容。」倒言則作「斐妓」，《集韻》：「斐，斐妓，女貌。」又「斐，斐妓，婦人小物。」又「斐，斐妓，婦人不媚貌。」「不媚」是漢人習語，是「浮媚」、「嫵媚」、「娬媚」音轉，音轉又作「薄媚」〔註185〕，亦所以自異於眾也。然則「離縱」、「跂訾」是二種相反的狀態。

（26）是以不誘於譽，不恐於誹

　　楊倞注：虛譽不能誘，誹謗不能動。

按：恐，《治要》卷38引同，《長短經‧品目》引作「怨」。「怨」是「恐」形誤。

（27）率道而行

按：《爾雅》：「率，循也。」亦順也。王天海曰：「率，直也。」「率」無直義〔註186〕，王氏妄說耳。

（28）其冠進

　　楊倞注：進，謂冠在前也。

按：王懋竑曰：「『進』字未詳，後又云『其冠絻』，絻，喪冠之名，亦不合。」〔註187〕俞樾曰：「進，讀爲峻。峻，高也。」孫詒讓、王先謙、李滌生、董治安從俞說〔註188〕。物双松曰：「『進』字當是『追』或『堆』誤矣。」沈祖緜曰：「《說文》：『進，登也。』《玉篇》：『進，升也。』皆高之義，何必改進爲峻？漢有進賢冠，《後漢書‧輿服志》：

　　　年版，第21～23頁。
〔註185〕參見蕭旭《呂氏春秋校補》，花木蘭文化出版社2016年版，第355頁。
〔註186〕王誠《〈荀子校釋〉補正》亦已指出，《重慶三峽學院學報》2013年第2期，第93頁。
〔註187〕王懋竑《荀子存校》，《讀書記疑》卷11，收入《續修四庫全書》第1146冊，上海古籍出版社2002年版，第353頁。
〔註188〕孫詒讓《荀子校勘記上》，收入《籀廎遺著輯存》，中華書局2010年版，第518頁。

『進賢冠，古緇衣冠也，文儒之服也。』疑周時儒冠名進，故云其冠進。猶衣名逢披逢衣，故下文云『其衣逢』也。」〔註189〕駱瑞鶴曰：「『進』義自爲前，楊說不誤，俞氏自誤。」王天海曰：「進，通『緊』。」沈氏引「進賢冠」非是，「進賢冠」之「進」是進薦之義，與此無涉。王天海妄說音轉，必不足信。本書《儒效篇》：「逢衣淺帶，解果其冠。」「解果」是狀其冠高貌，此「進」字謂其冠向前而高出，與下文「其冠絻（俛）」指其冠向前而低俯對文。「進」字不誤，駱說是，物說非是，《玉海》卷81、《禮書》卷8、《穎川語小》卷下引皆作「進」。

（29）其衣逢

> 楊倞注：逢，大也，謂逢披也。

按：逢，《禮書》卷8引作「縫」。朝川鼎曰：「逢、縫，古字通用。」王天海曰：「逢，通『龐』。」《儒效篇》：「逢衣淺帶。」王天海又曰：「逢，與『蓬』通，故有寬鬆之意。」「逢」自訓大，字亦作縫、絳、撞〔註190〕，其本字爲豐，朱駿聲曰：「逢，叚借爲豐。」〔註191〕《淮南子·氾論篇》、《後漢書·樊準傳》並有「豐衣博帶」語，正作本字。《史記·天官書》：「五穀逢昌。」《淮南子·天文篇》、《兵略篇》並作「五穀豐昌」。王氏二說皆誤。

（30）儼然、壯然

> 楊倞注：儼然，矜莊之貌。壯然，不可犯之貌。或當爲「莊」。

按：鍾泰曰：「壯讀如莊。」包遵信說同〔註192〕。《穎川語小》卷下引「壯」作「莊」。

（31）儉然、恀然

> 楊倞注：儉然，自謙卑之貌。恀然，恃尊長之貌。《爾雅》曰：「恀，恃也。」郭云：「江東呼母爲恀。」

按：《說文》：「坲，恃土地也。」王筠曰：「依小徐《韻譜》本。《廣韻》

〔註189〕沈颺民《讀荀臆斷》，《制言》第58期，1939年版，本文第9頁。
〔註190〕參見王引之說，轉引自王念孫《墨子雜志》，收入《讀書雜志》卷9，中國書店1985年版，本卷第115頁。
〔註191〕朱駿聲《說文通訓定聲》，武漢市古籍書店1983年版，第54頁。
〔註192〕包遵信《讀〈荀子〉札記（上）》，《文史》第5輯，1978年出版，第207頁。

同。《釋言》：『恀，怙也。』蓋與此文相當。《心部》不收『恀』。邵氏《正義》引《荀子》楊注，則恀又為怙之轉語。」〔註193〕郝懿行曰：「恀者，《說文》作『㙪』，云：『怙也。』《廣韻》云：『㙪土地也。通作恀。』《廣韻》引《爾雅》『一云恀事曰恀』，此蓋《爾雅》舊注，故《龍龕手鑑》一引《爾雅》云：『恀事自恀也。』《荀子》楊注云云，然則恀之為言侈也，有所憑恀而侈然自多。」〔註194〕俞樾曰：「《漢書・敘傳》：『妐妐公主。』師古曰：『妐妐，好貌。』『恀』即『妐』之叚字。楊注失之。」王先謙從俞說。劉師培曰：「『恀』即《說文》『禾倚移』之『移』，義符柔弱，亦與莊反。」楊注不誤，郝說亦是，《潁川語小》卷下引「恀」作「㢞」。「恀然」謂恃尊長而驕縱，今言撒嬌也。

（32）輔然、端然

　　楊倞注：輔然，相親附之貌。端然，不傾倚之貌。

　　按：劉師培曰：「『輔』未詳。」王天海曰：「輔然、端然，匍身恭敬貌。輔、匍二字，上古同屬並母魚部，故得通。」「輔然端然」寫子弟之容，皆當就容色言之，王氏亂說通借。楊注近之。輔，讀為怤。《說文》：「怤，思也。」《玉篇》：「怤，悅也，僖也，樂也。」怤然，容色喜悅貌。復言之則曰「怤愉」，《方言》卷12：「怤愉，悅也。」《廣雅》：「怤愉，喜也。」又「怤愉，說也。」也作「孚瑜」、「敷愉」，《玄應音義》卷19：「敷愉：《纂文》作『孚瑜』，言美色也。《方言》作『怤愉』，悅也。怤愉謂顏色和悅也。」《玉臺新詠》卷1漢《隴西行》：「好婦出迎客，顏色正敷愉。」

（33）訾然、洞然、綴綴然、瞀瞀然

　　楊倞注：洞然，恭敬之貌。《禮記》曰：「洞洞乎其敬也。」綴綴然，不乖離之貌，謂相連綴也。瞀瞀然，不敢正視之貌。

　　按：訾然，遞修本、四庫本作「紫然」，有注：「紫然，未詳。或曰：與『孳』同，柔弱之貌。」《潁川語小》卷下引亦作「紫然」。劉師培曰：「訾、

〔註193〕王筠《說文解字句讀》，中華書局1988年版，第551頁。
〔註194〕郝懿行《爾雅義疏》，上海古籍出版社1983年版，第362頁。

洞、綴、瞀，蓋均斂抑、無知之意（《史記・日者傳》：『卑疵而前。』或『疵』同『疵』）。」鍾泰曰：「『疵』與『疵』同。疵然，不安貌。」梁啓雄曰：「疵，疑借爲玼。《說文》：『玼，玉色鮮也。』《詩・君子偕老》：『玼兮玼兮。』王肅曰：『玼，顏色衣服鮮明貌。』」王天海曰：「疵、咨二字聲同韻近，故可假借。咨然，下以請示上之敬貌。瞀，疑通『懋』，勤勉、努力。楊注失之。」「疵」是形容詞，而非動詞。王天海說全誤。王韌、王天海曰：「綴綴，通『惙惙』，小心憂懼貌。楊注非是。瞀，《說文》：『低目謹視也。』楊注得之。」〔註195〕洞然，婉順貌。疵，讀爲媞。媞然，嫵媚貌。瞀瞀然，楊注是也，《說文》：「瞀，氐（低）目謹視也。」此文正用本義，桂馥、王筠、徐灝引本書以證《說文》〔註196〕，並非王韌、王天海之創見。讀「綴綴」爲「惙惙」，亦是臆說。

（34）吾語汝學者之嵬容

楊倞注：說學者爲嵬行之形狀。嵬，已解於上。

按：郝懿行曰：「上『嵬瑣』注：『嵬與傀義同。』引《大司樂》鄭注：『傀，猶怪也。』然則嵬容者，怪異之容。其下遂以重文疊句寫貌之。」王先謙曰：「學者之嵬容，猶言學者之嵬之容耳。『嵬容』二字不連，下文言『是學者之嵬也』，即其明證。楊注亦不以『嵬容』連文，郝說誤。」王天海曰：「嵬，當讀作『委瑣』之委。下文『容』字必脫，王說非也。」「嵬」是「容」的修飾語，郝說是，下文「學者之嵬」，言學者之怪，「容」字可省。「委瑣」不得單言「委」，王天海說誤。

（35）其冠絻，其纓禁緩，其容簡連

楊倞注：「絻」當爲「俛」，謂太向前而低俯也。纓，冠之繫也。「禁緩」
未詳。或曰：讀爲紟，紟帶也〔註197〕。言其纓大如帶而緩也。

〔註195〕王韌、王天海《〈荀子・非十二子篇〉疑難詞語考釋》，《貴州民族大學學報》2012年第6期，第86頁。

〔註196〕桂馥《說文解字義證》，王筠《說文解字句讀》，徐灝《說文解字注箋》，並收入丁福保《說文解字詁林》，中華書局1988年版，第3846頁。

〔註197〕「紟帶」當連文，敦煌寫卷P.3694《箋注本切韻》、P.2011王仁昫《刊謬補缺切韻》、蔣斧印本《唐韻殘卷》、《廣韻》並云：「紟，紟帶。」久保愛誤點作「紟，帶也」，中華書局《荀子集解》點校本亦同，董治安、王天海皆承其誤。

簡連，傲慢不前之貌。連，讀如「往蹇來連」之連。

按：王懋竑曰：「禁緩、簡連，皆不可解。」〔註198〕高亨曰：「連有徐遲之義。簡讀爲閑。閑連亦徐遲之義也。」〔註199〕梁啓雄曰：「其繆袊緩，謂冠繫和要帶都緩了。」陳直曰：「袊，結也。謂其繆結緩也。楊注解禁爲袊則是，解繆大如帶則非。」駱瑞鶴曰：「『禁緩』二字不得連而爲一，楊氏所解，未合文法。禁疑棽借字，其義則爲長大。謂冠繆長且寬緩也。寬緩，今言鬆弛。」王天海曰：「綄，爲『免』字之叚。免，除也，去也。其冠免，言除去其冠，乃散漫之狀也。楊注非。禁，通『襟』。繆襟緩，言冠繆、衣襟弛緩不整之貌。楊注非，梁說未確。簡連，楊注引《易》，此謂行路艱難之貌，與《荀》旨不合。今謂『簡連』，同於『簡慢』，方有倨傲怠慢之義。楊注非。」依文法而言，「綄」修飾其冠，「禁緩」修飾其繆，「簡連」修飾其容，梁啓雄、陳直以「繆袊」爲名詞，其說誤。王天海全是妄說，無一而當。①「綄」字當取楊注，其說不誤，李賡芸申楊注云：「蓋古書『俛仰』俛字，或借勉，或借冕，或借綄。」〔註200〕②王樹枏曰：「『簡連』即『蹇連』之音借字。」〔註201〕朱起鳳曰：「連，力展切，音斂。蹇連，猶迍邅。『蹇連』疊韻，『蹇』字《荀子》作『簡』，乃同音叚借。楊氏讀如本音，而釋爲傲慢，非是。」〔註202〕蹇，行難也。連，當讀爲邅，亦行難也。「蹇連」爲難行貌，引申爲傲慢〔註203〕。非「簡」訓傲慢，「連」訓不前之貌也。朱起鳳謂「連」音斂，非是。③《說文》：「袊，衣系也。」段玉裁曰：「聯合衣襟之帶也。今人用銅鈕，非古也。凡結帶皆曰袊。《荀子》云云，叚禁爲袊也。按：襟，交衽也，俗作衿。今人衿、袊

〔註198〕王懋竑《荀子存校》，《讀書記疑》卷11，收入《續修四庫全書》第1146冊，上海古籍出版社2002年版，第353頁。
〔註199〕高亨《莊子新箋》，收入《諸子新箋》，《高亨著作集林》卷6，清華大學出版社2004年版，第73頁。
〔註200〕李賡芸《炳燭編》卷3，收入《叢書集成新編》第13冊，新文豐出版公司1985年版，第606頁。
〔註201〕王樹枏《費氏古易訂文》卷2，收入《續修四庫全書》第40冊，上海古籍出版社2002年版，第242頁。
〔註202〕朱起鳳《辭通》卷14，上海古籍出版社1982年版，第1421頁。
〔註203〕參見蕭旭《〈方言〉「鈴」字疏證》，收入《群書校補（續）》，花木蘭文化出版社2014年版，第1830～1831頁。

不別。」〔註 204〕朱駿聲亦謂「禁」借爲「紟」〔註 205〕，皆取楊氏或
說，非是。駱瑞鶴以「禁緩」爲詞，是也，但讀禁爲琴亦非其誼。古
籍作合音詞「琴儷」、「琴麗」、「琴離」、「琴纚」，木枝修長扶疏義，是
「淋離」、「陸離」音轉。余謂禁讀爲尋，《方言》卷 1：「尋、延，長
也。海岱大野之間曰尋，自關而西、秦晉梁益之間凡物長謂之尋。」
衣服博大曰襑，亦同源。音轉又作「罩」，亦延長義。

（36）塡塡然

楊倞注：塡塡，滿足貌。

按：郝懿行曰：「塡塡者，盈滿之容。」梁啓雄曰：「《莊子・馬蹄》：『其行
塡塡。』崔注：『塡塡，重遲也。』」章詩同曰：「塡塡然，遲重的樣子。」
王天海曰：「塡塡然，重遲懶散之貌。《莊子・馬蹄》：『其行塡塡。』
《釋文》：『崔云：重遲也。』楊注非。」王天海乃襲取梁說，而不著
出處。楊、郝說是。《莊子・馬蹄》：「其行塡塡，其視顚顚。」《釋文》：
「塡塡，質重貌，崔云：『重遲也。』一云詳徐貌。《淮南》作『莫莫』。
顚顚，崔云：『專一也。』《淮南》作『瞑瞑』。」成玄英疏：「塡塡，
滿足之心。顚顚，高直之貌。」林希逸注：「塡塡，滿足之貌。顚顚，
直視之貌。」二氏說非是。《淮南子・覽冥篇》作「其行蹎蹎，其視瞑
瞑」，《釋文》引作「莫莫」，是「蹎蹎」脫誤。《莊子》「塡塡」即「蹎
蹎」，亦即「趀趀」。《說文》：「趀，走頓也。」頓仆之貌。崔譔解爲「重
遲」，即狀其難行之貌，王天海臆添「懶散」以足其義，非是。

（37）狄狄然

楊倞注：狄，讀爲趯，跳躍之貌。

按：王懋竑曰：「以狄爲趯，此聲韻假借也，然亦未確。」〔註 206〕郝懿行
曰：「狄與逖同，遠也。狄狄者，疏散之容也。」楊柳橋曰：「狄狄，
邪僻之貌也。」王天海曰：「狄狄然，憂懼之貌，又作『悐悐』、『惕
惕』。楊注非。」王天海說雖合於音訓，然不得遽謂楊注非。朱駿聲

〔註 204〕段玉裁《說文解字注》，上海古籍出版社 1981 年版，第 654 頁。
〔註 205〕朱駿聲《說文通訓定聲》，武漢市古籍書店 1983 年版，第 92、96 頁。
〔註 206〕王懋竑《荀子存校》，《讀書記疑》卷 11，收入《續修四庫全書》第 1146 冊，
　　　　上海古籍出版社 2002 年版，第 353 頁。

從楊倞說讀狄爲趯〔註207〕。方以智曰：「踧踧，通作『儵儵』、『狄狄』、『躍躍』、『趯趯』、『袖袖』、『愁愁』，言行躑也。轉其聲則爲『㳉㳉』、『逐逐』。……《說文》：『行袖袖也。』音狄。《荀子》：『狄狄然，莫莫然。』」〔註208〕方說亦符合音理。

（38）勞苦事業之中，則儢儢然、離離然，偸儒而罔，無廉恥而忍謯（誚）詢，是學者之苰也

> 楊倞注：儢儢，不勉彊之貌。離離，不親事之貌。陸法言云：「儢，心不力也，音呂。」偸儒，謂苟辟事之勞苦也。罔，謂罔冒不畏人之言也。謯（謯誽）詢，謂詈辱也。

按：「偸儒」已詳《修身篇》校補。「謯詢」即「謰詢」，亦作「㗲詢」、「謰詬」、「㗲苟」、「㗲詬」、「譙詬」、「謰呴」〔註209〕。郝懿行曰：「儢儢、離離，謂不耐煩苦勞頓、嬾散疏脫之容也。」儢儢，亦作「呂呂」、「旅旅」，拒絕、違抗也，故訓爲不勉彊之貌。《淮南子・天文篇》：「律受大呂。大呂者，旅旅而去也。」又《時則篇》：「律中大呂。」高誘注：「呂，旅也。萬物萌動於黃泉，未能達見，所以旅旅去陰即陽，助其成功，故曰大呂。」字或作悇，《集韻》：「悇，慢也。」

（39）弟佗其冠，神禫其辭

> 楊倞注：弟佗其冠，未詳。「神禫」當爲「沖澹」，謂其言淡泊也。

按：錢佃《考異》：「弟佗，諸本作『弟作』。」王天海校曰：「弟佗，巾箱本、題注本、遞修本、明世本並作『第佗』，四庫本作『第作』。」遞修本亦作「第作」，王氏失檢。《朱子語類》卷39、《皇王大紀》卷78引作「第作」，久保愛本作「第佗」。「作」是「佗」形譌。①傅山曰：「第作其冠，第，除次第、第宅之第，無所用。作，起也。想爲高起之義，猶高冠也。」盧文弨曰：「『弟』本或作『弚』，《集韻》音徒回反。《莊子・應帝王篇》有『弚靡』，此『弚佗』義當近之，與上所云

〔註207〕朱駿聲《說文通訓定聲》，武漢市古籍書店1983年版，第337、516頁。
〔註208〕方以智《通雅》卷10，收入《方以智全書》第1冊，上海古籍出版社1988年版，第384頁。
〔註209〕參見蕭旭《「邂逅」考》，收入《群書校補（續）》，花木蘭文化出版社2014年版，第2505頁。

『其冠統』亦頗相似，俗間本俱作『第』，非。」王懋竑曰：「『弟佗』、『神襌』，俱難解。」〔註210〕郝懿行曰：「『弟佗』、『神襌』亦難強解，闕疑可也。」洪頤煊曰：「解果其冠，楊注：『解果，未詳。或曰：解果，陋隘也。』頤煊案：『解』與『懈』同。『果』即『倮』字之譌。解倮，猶嬾惰也。《非十二子篇》：『弟佗其冠。』弟，古『夷』字。夷佗、解倮，皆同聲字。」〔註211〕蔣超伯曰：「弟佗、神襌，俱難強解。又《儒效篇》云：『逢衣淺帶，解果其冠。』註以《說苑》『蟣螺者宜禾』解『解果』，謂如蟹螺之狀。然今《說苑》作『蟹堁』也。按《淮南子‧本經訓》：『衣無隅差之削，冠無觚嬴之理。』高誘注：『觚嬴之理，謂若馬目籠相連于也。』『解』即『觚』之訛，果、嬴音相近而訛。謂觚嬴其冠。楊倞作『蟣螺』解，誤矣。」〔註212〕朱士端曰：「『弟佗』二字，即《詩》『委佗』、『逶蛇』之異文，聲俱相同。凡此皆『委蛇』之轉。洪氏、吳氏猶考之未盡也。更即其義而引申之，禮曰威儀，草名葳蕤，蟲名虺蜴，《史記》張釋之曰：『秦凌遲而至於二世。』《漢書》作『陵夷至於二世』。《墨子》人名曰『推哆』，古多、祗同聲。又『推哆』或為『推侈』，見《古今人表》，『推侈』亦『推哆』之轉聲。又轉語為『猗難』、『猗那』、『旖旎』、『猗靡』、『邐迆』。又《法言》：『升東嶽而知眾山之峛崺。』『峛崺』又『邐迆』之轉。又轉而為『麗爾』，徐鍇《說文繫傳》：『麗爾，猶靡麗也。』又《漢書》司馬相如《上林賦》：『猗柅從風。』郭璞曰：『猗柅，猶阿那也。』《大人賦》：『又猗柅以招搖』，『駕應龍象輿之蠖略委麗兮』，『輕騱輵螛，容以骫麗兮』。楊雄《甘泉賦》：『紛被麗其亡鄂。』師古曰：『被麗，又音披離。』『封巒石關，施靡乎延屬。』皆取雙聲疊韻之字展轉相通。」〔註213〕劉師培曰：「盧說云云，『弟』當作『牟』，是也。『牟佗』即『委蛇』之異文。『牟』音近『委』，『蛇』、『佗』古通。」李滌生從劉說。朱起鳳謂

〔註210〕王懋竑《荀子存校》，《讀書記疑》卷11，收入《續修四庫全書》第1146冊，上海古籍出版社2002年版，第353頁。引者按：郝氏、王氏俱誤從衣旁作「神襌」。

〔註211〕洪頤煊《讀書叢錄》卷15，收入《續修四庫全書》第1157冊，第689頁。

〔註212〕蔣超伯《讀荀子》，收入《南漘楛語》卷7，《續修四庫全書》第1161冊，第356頁。

〔註213〕朱士端《彊識編》卷2《方言補義》，收入《續修四庫全書》1160冊，上海古籍出版社2002年版，第468頁。

「弟佗」即「委佗」，云：「『弟』字本作『弟』，《集韻》音徒回反，聲與『委』近。古頹字作弟，『隤然』又作『委然』，此弟、委古通之證也。」〔註214〕帆足萬里曰：「佗（第），宅也。第佗，謂其冠大也。」梁啓雄曰：「《儒效》有『解果其冠』，『解果』與『弟佗』音近，疑都是當時的俗語。」郭沫若曰：「弟佗其冠即是頹唐其冠。」陳直曰：「疑讀爲『箕佗其冠』，箕、弟二字，聲形俱相近。佗，加也。謂箕加其冠也。『神襌』疑爲『冲潭』之假借（引者按：陳氏亦誤從衣旁作『神襌』）。冲訓深，潭訓淵。謂其辭理若深淵也。」章詩同曰：「弟佗，頹唐，帽子戴得歪歪邪邪。」董治安曰：「盧校謂『弟佗』與『弟靡』義近，可備一說。《莊子・應帝王》：『因以爲弟靡。』郭象注：『變化頹靡。』《釋文》引徐曰：『弟，音頹。』郭、徐並以『弟』爲『弟』字。」王天海曰：「弟佗，當讀作『頹墮』。《莊子・應帝王》：『因以爲弟靡。』《釋文》引徐邈：『弟，音頹，文回反〔註215〕。』言其冠傾斜欲墜之貌。《儒效篇》『解果其冠』，即嬾裸其冠，義亦近之。」「弟」是「弟」俗譌字，《集韻》：「弟，徒回切，弟靡，不窮兒，一曰遞伏。」《類篇》同，《五音集韻》、《新修絫音引證群籍玉篇》、《字彙》誤作「弟」，不可據爲典要。《莊子》「弟靡」，盧文弨云：「《正字通》『弟』作『弟（弟）』，後來字書亦因之，而於古無有也。《類篇》『弟』字下有『徒回反』一音，云『弟靡，不窮兒』，正本此。《列子・黃帝篇》作『茅靡』。」〔註216〕是盧氏固知「弟」字晚出，而於此則偶忘也。孫志祖曰：「《莊子釋文》：『弟，徐音頹，丈回反。』蓋弟、頹聲之轉。《列子》作『茅靡』，注云『茅靡當爲頹靡』，是也。今本《莊子》『弟』字偶缺一撇，字書遂於弓部增『弟』字，誤矣。《埤雅》：『茅靡，言其轉徙無定，一作弟靡，弟讀如稊。稊，茅之始生也。』此又一解，然可證無作『弟』字之理。」〔註217〕《列子》作「茅靡」者，「茅」是「弟」形譌，即「弟」字〔註218〕。「弟佗」當取朱士端、劉師培、

〔註214〕朱起鳳《辭通》卷8，上海古籍出版社1982年版，第755頁。

〔註215〕《釋文》作「丈回反」，王氏誤鈔作「文回反」。

〔註216〕盧文弨《經典釋文考證・莊子音義上考證》，收入《叢書集成初編》第1204冊，中華書局1985年影印，第323頁。

〔註217〕孫志祖《讀書脞錄》卷4，收入《續修四庫全書》第1152冊，上海古籍出版社2002年版，第252頁。

〔註218〕洪頤煊曰：「弟靡即迤靡之借，第、茅因字形相近而譌。」朱桂曜曰：「『弟靡』

朱起鳳說，是「委蛇」異文；亦即「委墮」異文，疊韻連語，下垂義〔註219〕。「解果」是別的語義，另詳《儒效篇》校補。②《朱子語類》卷39、《記纂淵海》卷164引作「神襌其辭」〔註220〕，《皇王大紀》卷78引作「神襌其辭」。傅山曰：「凡從示作皆有神意。『神』字亦恐爲『神』字小訛。覃，長也。神長其詞也。」帆足萬里曰：「神襌，皆從示，謂言辭高妙也。」鍾泰曰：「前言士君子之容，皆上冠而下衣，無道其辭者，此『辭』疑『衣』字之訛。且『神襌』字皆從衣，若非言衣，無爲用衣旁之字也。或本爲『裔』字，裔，衣裾也。『裔』與『辭』右（左）旁相似，不知者誤加『辛』爲『辭』耳。」龍宇純曰：「此節上言士君子之容，下言學者之嵬容，無一語及言辭者。且『神襌』二字並從衣，『辭』疑爲『袖』之聲誤。」〔註221〕王天海曰：「楊訓爲『其言淡泊』，是用聲訓，然則如鍾說，依文例，上言冠，此當言衣，不得言辭也。故知『神襌』或爲『神襌』，音與形相似而誤。《玉篇》：『神，袴也。』《說文》：『襌，衣不重。』即單衣也。故神襌即衣褲之稱。辭，或本作『辭』，即古『亂』字。後人不識，遂右旁添『辛』，訛成『辭』字。神襌其辭，謂其衣褲亂穿也。楊注非。凡以『神襌』爲訓者，亦非。」摹宋本作「神襌其辭」不誤，楊注亦不誤，方以智從楊注讀爲「沖澹」〔註222〕。鍾泰所據本誤從衣作「神襌」，改「辭」作「衣」，

即『夷靡』，弟、夷古字通。『茅』蓋譌字。」皆是也。奚侗謂「弟、夷形似而誤」，褚伯秀、傅山、沈一貫並謂當據《列子》作「茅靡」，宣穎、武延緒謂「作『弟』誤」，羅勉道曰：「弟靡，如人之弟靡然從兄也。」皆非是。洪頤煊《讀書叢錄》卷14，收入《續修四庫全書》第1157冊，第679頁。朱桂曜《莊子內篇證補》，上海商務印書館中華民國24年版，第210～211頁。奚侗《莊子補注》卷2，民國六年當塗奚氏排印本，本卷第3頁。褚伯秀《南華眞經義海纂微》卷21，收入景印文淵閣《四庫全書》第1057冊，臺灣商務印書館1986年初版，第206頁。傅山《霜紅龕集》卷39《雜記四》，收入《續修四庫全書》1395冊，第721頁。羅勉道《南華眞經循本》卷8，沈一貫《莊子通》卷3，並收入《續修四庫全書》第956冊，第173、372頁。宣穎《南華經解》卷7，收入《續修四庫全書》第957冊，第458頁。武延緒《莊子札記》卷1，永年武氏壬申歲刊所好齋札記本（民國21年刊本），本卷第27頁。

〔註219〕參見蕭旭《〈說文〉「委，委隨也」義疏》，收入《群書校補》，廣陵書社2011年版，第1413～1418頁。

〔註220〕四庫本《記纂淵海》在卷65，引作「神襌」。

〔註221〕龍宇純《讀荀卿子札記》，收入《荀子論集》，學生書局1987年版，第186～187頁。

〔註222〕方以智《通雅》卷7，收入《方以智全書》第1冊，上海古籍出版社1988年

無據。龍宇純實襲自鍾說，而改「辭」作「袖」，亦無據。王天海又據鍾泰誤說，再改作「神襌其亂」，尤失其眞。

（40）嗛然而終日不言

楊倞注：「嗛」與「慊」同，快也，謂自得之貌。《史記》樂毅《與燕惠王書》曰：「先王以爲嗛於志也。」

按：《困學紀聞》卷 20、《朱子語類》卷 39、《記纂淵海》卷 156、《皇王大紀》卷 78、《論語全解》卷 9 引同，《記纂淵海》卷 164 引「嗛然」作「嘿然」，「終日」作「中日」〔註 223〕。「嘿」是「嗛」形譌。王叔岷引柳鍾城曰：「『嘿』同『默』。『嘿然』與『終日不言』義正相因。」其說非是。久保愛、陶鴻慶、鍾泰引《說文》「嗛，口有所銜也」，謂正用本義；梁啓雄、李滌生、王天海從其說。郝懿行、冢田虎讀嗛爲謙，訓抑退、退遜，孫詒讓、王先謙從郝說〔註 224〕。《說文》「嗛，口有所銜也」是聲訓，「嗛」同「銜」，「銜然」不辭，久、鍾說非是。當取郝、冢說。

（41）無廉恥而耆飲食

楊倞注：「耆」與「嗜」同。

按：王天海本正文「耆」誤作「嗜」。《朱子語類》卷 39 引「耆」作「嗜」。

（42）彼君子則不然，佚而不惰，勞而不僈

楊倞注：雖逸而不懈惰，雖勞而不弛慢。

按：僈，遞修本作「慢」。訓「弛慢」於義不洽。本書《修身》：「（君子）安燕而血氣不惰，勞勌而容貌不枯。」王念孫曰：「枯讀爲楛。言君子雖安燕而血氣不懈惰，雖勞勌而容貌不楛僈。楛僈，猶苟且也。《非十二子篇》云：『君子佚而不惰，勞而不僈。』《大略篇》云：『君子勞倦而不苟。』或言苟，或言楛，或言僈，或言楛僈，其義一而已矣。」王氏說於前篇，此篇從略，而諸家皆不知徵引。

版，第 290 頁。
〔註 223〕四庫本《記纂淵海》在卷 63、65，均引作「嘿然」。
〔註 224〕孫詒讓《荀子校勘記上》，收入《籀廎遺著輯存》，中華書局 2010 年版，第 519 頁。

《仲尼篇》第七校補

（1）仲尼之門人，五尺之豎子，言羞稱乎五伯

按：豎，遞修本同，《文選・陳情表》、《解嘲》李善注二引作「豎」，《治要》卷38、《孟子・梁惠王上》孫奭疏、《皇王大紀》卷78引同。豎、豎，正、俗字。王天海本作「豎」，非摹宋本舊貌。豎子，《長短經・知人》引作「童子」，《董子・對膠西王越大夫不得爲仁》、《荀子》宋刻本劉向《書錄》同，《漢書・董仲舒傳》、《漢紀》卷11作「童」。本書《宥坐》：「百仞之山，而豎子馮而遊焉，陵遲故也。」《類聚》卷52、《御覽》卷624引作「童子」，《韓詩外傳》卷3、《說苑・政理》同。豎之言孺也。「豎子」即「孺子」，乃「小兒」之稱。《隸釋》卷10漢《安平相孫根碑》：「呱呱豎子，號咷失聲。」亦此義〔註225〕。王念孫曰：「『人』字後人所加也。下文兩言『曷足稱乎大君子之門』，皆與此『門』字相應，則無『人』字明矣。《春秋繁露・對膠西王篇》（《漢書・董仲舒傳》同）、《風俗通義・窮通篇》語皆本於《荀子》而亦無『人』字。《文選・陳情事表》注、《解嘲》注兩引皆無『人』字。」王說是也，《長短經・知人》、《皇王大紀》卷78引亦無「人」字，《漢紀》卷11語本《荀子》亦無「人」字。王天海曰：「《治要》所錄《荀子》已有『人』字，且『門人』指生徒，『豎子』指僮僕，於義無隔。從王說刪『人』字者未妥。」王天海未知「豎子」之義，又必立異說，非是。漢代人董仲舒、班固、應劭、荀悅所見《荀子》皆無「人」字，唐代人所引亦無「人」字，何得獨據《治要》？

（2）般樂奢汰

楊倞注：般亦樂也。汰，侈也。

按：本書《王霸》：「縣樂奢泰。」楊注：「縣，簨簴也。『泰』與『汰』同。」劉師培讀縣爲般，是也。王天海曰：「般樂，盛大之樂。《孟子・盡心下》：『般樂飲酒，驅騁田獵。』趙注：『般，大也。大作樂而飲酒。』」楊注是，趙注非也。「般樂」、「奢汰」皆並列爲詞。《孟子・公孫丑上》：

〔註225〕參見蕭旭《詈語「豎」語源考》，收入《群書校補（續）》，花木蘭文化出版社2014年版，第2085～2089頁。

「般樂怠敖。」趙注亦云：「般，大也。」裴學海曰：「般樂怠敖四字平例。般樂，皆樂也（《爾雅》：『般，樂也。』）案：般訓樂，爲昪之借字。《說文》：『昪，喜樂貌。』）。《荀子・仲尼篇》楊注云云，其訓洵長於趙注矣。《盡心篇下》：『般樂飲酒。』般亦樂也。趙注訓爲大，亦失之。怠、敖二字意相近，敖當讀爲昪，嫚也。嫚爲輕傷之義。怠敖即怠昪，猶慢易也。趙注訓敖爲遊，亦未得孟子語意。」〔註 226〕「般」本訓旋行，故指遊行田獵之樂，引申訓喜樂，專字作昪，又作忭、弁、卞。字亦作盤，《書・五子之歌》：「乃盤遊無度。」孔傳：「盤樂遊逸無法度。」字亦作槃，《詩・考槃》：「考槃在澗，碩人之寬。」毛傳：「考，成。槃，樂也。」《集韻》：「般、弁、卞：《爾雅》：『樂也。』」或作弁、卞，通作槃。」王天海棄楊取趙，所謂以不狂爲狂者也。

（3）俒然見管仲之能足以託國也，是天下之大知也

楊倞注：俒，安也，安然不疑也。大知，謂知人之大也。俒，他坎反。

按：《集韻》、《增韻》、《類篇》取楊注。《說文》：「俒，安也。」段玉裁、桂馥、王筠、朱駿聲、錢坫皆從楊說〔註 227〕。《廣雅》：「俒，安也。」又「俒，靜也。」王念孫、錢大昭亦從楊說〔註 228〕。朱起鳳曰：「『俒』與『坦』同。」〔註 229〕尚節之曰：「俒，地（他）坎切，與『坦』音同，『俒然』即『坦然』也。」〔註 230〕二氏皆申說楊注。洪頤煊曰：「『俒』與『睒』同。《說文》：『睒，暫視兒。覢，暫見也。』《春秋公羊傳》曰：『覢然公子陽生。』謂桓公乍見管仲之能足以託國，故爲天下之大知。楊注非。」俞樾說同洪氏，王先謙、陳直、李滌生從俞說。劉台拱曰：「俒然，猶儼然。」久保愛曰：「知，音智。」朝川鼎曰：「先君曰：『俒然，明斷貌。』」劉如瑛曰：「『俒』即『剡』的

〔註 226〕裴學海《孟子正義補正》，《國學論叢》第 2 卷第 2 期，1930 年版，第 67 頁。
〔註 227〕段玉裁《說文解字注》，桂馥《說文解字義證》，王筠《說文解字句讀》，朱駿聲《說文通訓定聲》，錢坫《說文解字斠詮》，並收入丁福保《說文解字詁林》，中華書局 1988 年版，第 7958 頁。
〔註 228〕王念孫《廣雅疏證》，錢大昭《廣雅疏義》，並收入徐復主編《廣雅詁林》，江蘇古籍出版社 1992 年版，第 25、330 頁。
〔註 229〕朱起鳳《辭通》卷 7，上海古籍出版社 1982 年版，第 628 頁。
〔註 230〕尚節之《荀子古訓考》，北京《雅言》1941 年第 5 期，第 30 頁。

通假字。《楚辭·離騷》王逸注：『剡剡，光貌。』惔然，猶灼然。楊注不切。俞樾說亦不切，因齊桓公託管仲以國事之前，相識已非一日，並不如俞所說。」王天海曰：「『惔』與『剡』通，利也，銳也。故『惔然見管仲之能』，即敏銳地發現管仲的才能。楊注未切，俞、朝、劉三說亦非是。」見，猶言知道、瞭解。故洪、俞二氏讀惔為睒（覢），不確。剡剡訓光貌，是讀為「爓爓」、「燄燄」；剡訓銳利，指鋒利，無敏銳義。劉如瑛、王天海說亦不確。楊注不可廢。或「惔」讀為湛。湛然，深貌。

（4）而富人莫之敢距也

楊倞注：「距」與「拒」同，敵也。言齊之富人莫有敢敵管仲者也。

按：董治安曰：「巾箱本『距』作『拒』。」《記纂淵海》卷 162 引「距」作「拒」〔註 231〕。

（5）貴賤長少秩秩焉，莫不從桓公而貴敬之

按：王天海曰：「『莫不』二字，巾箱本、題注本、遞修本、明世本、四庫本、增注本皆在『少』字下。」《記纂淵海》卷 162 引同各本。

（6）彼以讓飾爭，依乎仁而蹈利者也

按：蹈，《長短經·知人》引同，天明刊本《治要》卷 38 引誤作「蹈」〔註 232〕，金澤文庫鈔本《治要》引誤作「𧼈」，皆誤從「臽」。

（7）小人之傑也

按：傑，《治要》卷 38 引同，《長短經·知人》引作「桀」。

（8）委然成文，以示之天下，而暴國安自化矣

楊倞注：委然，俯就之貌。言俯就人，使成文理，以示天下。

按：王引之曰：「楊說迂回而不可通。竊謂委然，文貌也。委讀如冠緌之緌。《儒效篇》：『緌緌兮其有文章也。』楊彼注云：『緌或為蕤葳之蕤。』蕤與緌同音，此云『委然成文』，即所謂『緌緌（音蕤）有文章』也。」

〔註 231〕四庫本《記纂淵海》在卷 65，下同。
〔註 232〕《治要》據《宛委別藏》本、《四部叢刊》景天明刊本，《叢書集成初編》據連筠簃叢書排印本不誤。

－170－

孫詒讓、王先謙、李滌生從其說〔註233〕。劉台拱曰：「委然，當是委曲之意。」物双松曰：「委然，《爾雅》：『委委佗佗，美也。』又，文章有委曲意。」久保愛曰：「徐鉉曰：『委，曲也，從禾垂穗，委曲之貌。』」朱起鳳曰：「『委』讀平聲，隤、委疊韻。」〔註234〕王天海曰：「委，曲也。曲，周偏也。委然成文，猶言周詳地製成禮義文典。楊注固非，他說亦不中。安，語詞，乃也。」王引之說是也，物双松引《爾雅》「委佗」亦是。王天海妄說耳，「委」不得轉展訓周詳，且如其說訓周詳亦不通。《說文》：「委，委隨也。」《繫傳》引徐鉉曰：「委，曲也，取禾穀垂穗委曲之皃。」久氏引文不準確。「委隨」是「委佗」、「葳蕤」、「婀娜」轉語〔註235〕，故爲文貌也。《釋名》：「委，萎也，萎蕤就之也。」王引之、吳昌瑩「安」訓於是，金正煒、楊樹達訓乃〔註236〕，王天海用其說而不著出處，甚非爲學之道。

（9）武王誅二

楊倞注：《尸子》曰：「武王親射惡來之口，親斫殷紂之頸，手汗於血，不温而食，當此之時，猶猛獸者也。」

按：盧文弨曰：「『溫』字有誤，或是『盥』字。」久保愛引古屋鬲說同。邵瑞彭曰：「『盥』或作『澆』，見《一切經音義》卷1。《路史・國名紀四》注『口』作『目』，『頸』作『頭』。任本『口』亦作『目』，『斫』作『斬』，『頸』作『首』，『者』作『然』。」〔註237〕《路史》卷27羅苹注引《尸子》：「武王親射惡來之目，斬商紂之頭，手汗于血，當此之時，猶猛獸者。」《通志》卷3：「（武王）至紂死所，王自射之三發，而後下車，以輕劍擊之，以黃鉞斬紂之首，而揭之大白之旗，親

〔註233〕孫詒讓《荀子校勘記上》，收入《籀廎遺著輯存》，中華書局2010年版，第520頁。

〔註234〕朱起鳳《辭通》卷7，上海古籍出版社1982年版，第617頁。

〔註235〕參見蕭旭《〈說文〉「委，委隨也」義疏》，收入《群書校補》，廣陵書社2011年版，第1413～1418頁。

〔註236〕王引之《經傳釋詞》，嶽麓書社1984年版，第34頁。吳昌瑩《經詞衍釋》，中華書局1956年版，第29頁。金正煒《戰國策補釋》卷2，收入《續修四庫全書》第422冊，上海古籍出版社2002年版，第451頁。楊樹達《詞詮》，中華書局1954年版，第459頁。

〔註237〕邵瑞彭《荀子小箋》，《唯是》第3期，1920年版，第25頁。

射惡來之口。」《資治通鑑外紀》卷 3 略同。則「目」是「口」誤。
以惡來諂佞，故武王射其口也。「溫」疑當作「搵」，擦拭也。

（10）至於成王，則安以無誅矣

按：王念孫曰：「『安』下本無『以』字，此後人不知『安』爲語詞而誤以
爲『安定』之安，故妄加『以』字耳。《大略篇》：『至成、康則案無
誅已（『案』亦語詞）。』『案』下無『以』字，是其明證。」帆足萬
里曰：「安，如其字。」王天海曰：「安，安定，不作語詞。如作語詞，
則與『則』字義復（複）。以，猶而也。安以無誅，即安定而不誅。
王說非也。」王念孫說至確，孫詒讓、王先謙從其說〔註238〕。《永樂
大典》卷 8909 引已衍「以」字。郝懿行亦謂「安」、「案」是語詞。
王天海妄說耳，本書《強國篇》：「楚人則乃有襄賁開陽以臨吾左。」
正「則乃」連文之證，何義複之有？

（11）故道豈不行矣哉！文王載百里地而天下一，桀、紂舍之，厚於有天下之勢，而不得以匹夫老

楊倞注：所載之地不過百里而天下一，以有道也。

按：顧廣圻曰：「『載』下當有『之』字。『載之』、『舍之』對文。二『之』
字皆指道也。《富國篇》：『以國載之。』是其證。」王念孫《荀子雜志
補遺》、王先謙《集解》取其說。物双松曰：「『載』、『哉』通，始也。」
久保愛說同物氏。帆足萬里曰：「載，猶有也。」安積信曰：「載，猶行
也。『載』下恐脫『之』字。」蔣禮鴻曰：「顧說非也。載百里地，指言
持有百里地耳。此與下『厚於有天下之勢』爲對，不以『載之』、『舍之』
爲對也。」〔註239〕龍宇純曰：「此當是『文王』下脫『口之』二字，『之』
上一字與『舍』字義相反。載猶任也，或訓起亦通。」〔註240〕包遵信
曰：「顧說是也。載訓任、訓處、訓抱，皆篤信守行之義，與『舍』字
義正相反。」〔註241〕王天海曰：「載，猶行也，施爲也。載百里地，猶
言行道百里地。『道』字已承上文而省，不必以『之』字出之。顧氏非。」

〔註238〕孫詒讓《荀子校勘記上》，收入《籀廎遺著輯存》，中華書局 2010 年版，第
520 頁。
〔註239〕蔣禮鴻《荀子餘義（上）》，《中國文學會集刊》第 3 期，1936 年版，第 71 頁。
〔註240〕龍宇純、《讀荀卿子三記》，收入《荀子論集》，學生書局 1987 年版，第 246 頁。
〔註241〕包遵信《讀〈荀子〉札記（上）》，《文史》第 5 輯，1978 年出版，第 208 頁。

本書《王霸篇》：「故湯以亳，武王以鄗，皆百里之地也，天下爲一，諸侯爲臣，通達之屬莫不從服，無它故焉，四者齊也。桀、紂即序於有天下之勢，索爲匹夫而不可得也。」楊倞注：「即序於有天下之執，謂就王者之次序爲天子也。」又《彊國篇》：「處勝人之執，行勝人之道，天下莫忿，湯、武是也；處勝人之執，不以行勝人之道，厚於有天下之執，索爲匹夫不可得也，桀、紂是也。」三文可以互證。載，讀爲哉、裁，猶才也，僅也。「天下一」當作「天下爲一」，據《王霸篇》補「爲」字。《王霸篇》「序」，王念孫據此篇及《彊國篇》校作「厚」，是也，楊注非是。此文謂文王僅百里地，而統一天下。《董子・滅國上》：「晉趙盾一夫之士也，無尺寸之土，無一介之眾也，而靈公據霸王之餘尊，而欲誅之，窮變極詐，詐盡力竭，禍大及身，推盾之心，載小國之位，孰能亡之哉？」「載」一本作「戴」。蘇輿曰：「推盾之心，猶云推赤心置人腹中意，下文云『所託者誠也』。言嚮使靈公知盾賢而誠用盾，雖載小國之位，孰能亡之，況於據霸主之尊哉？《荀子・仲尼篇》：『文王載百里地而天下一。』義與此同，彼文楊注不誤，而顧千里以『載』下爲脫『之』字，誤矣。」〔註242〕蘇氏駁顧雖是，而謂二書義同，則未得也。

（12）貴而不爲夸，信而不忘處謙

楊倞注：謙，讀爲嫌。得信於主，不處嫌疑閒，使人疑其作威福也。

按：盧文弨曰：「各本無『忘』字，惟宋本有……『忘』字衍，當去之。」朝川鼎曰：「謙，如字。」安積信曰：「謙，如字。『處』字恐衍。」王天海曰：「疑此當作『不忘謙』，衍『處』字。且上文云『主信愛之，則謹愼而嗛』，此云『信而不忘謙』，正相呼應。楊倞上注『嗛』爲『歉』，此注『謙』爲『嫌』，皆不通義理之失。」楊、盧說是，桂馥取楊注〔註243〕，王念孫從盧說。「謙」、「信」對舉，正當讀爲嫌，本字作慊，《說文》：「嫌，一曰疑也。」又「慊，疑也。」朱駿聲曰：「謙，叚借爲慊。注『讀爲嫌』，失之。」〔註244〕

（13）福事至則和而理，禍事至則靜而理

〔註242〕蘇輿《春秋繁露義證》，中華書局1992年版，第134頁。
〔註243〕桂馥《說文解字義證》，齊魯書社1987年版，第1089頁。
〔註244〕朱駿聲《說文通訓定聲》，武漢市古籍書店1983年版，第121頁。

楊倞注：理，謂不失其道。和而理，謂不充屈。靜而理，謂不隕穫也。

按：王天海曰：「《廣雅》：『理，順也。』楊注非。」王氏沒有讀懂楊注，而遽謂之「非」，可乎？《禮記・儒行》：「儒有不隕穫於貧賤，不充詘於富貴。」《家語・儒行解》同。鄭玄注：「隕穫，困迫失志之貌也。充詘，歡喜失節之貌。充，或為統。」「充屈」即「充詘」，亦作「充倔」、「充誳」、「充掘」，喜貌。不失其道，即是順其理也。

（14）曲重其豫，猶恐及其既

楊倞注：委曲重多而備豫之，猶恐其及既。「既」與「禍」同。

按：注「猶恐其及既」，遞修本作「猶恐及其既」。王天海本既以摹宋本作底本，而同於元本，又不作說明。冢田虎曰：「言委曲以不輕其備豫也。」朝川鼎曰：「上文三慮，即所謂豫。」安積信曰：「曲重，猶言丁寧也。」龍宇純曰：「『曲』當作『申』，字之誤也。申，重也。」李滌生曰：「曲重，周詳。」《記纂淵海》卷 85 引作「曲重其豫，猶恐及禍」〔註245〕，《說苑・權謀》作「曲則慮直，由重其豫，惟恐不及」。向宗魯曰：「『由』當從《荀子》作『曲』，相近而誤。」左松超說同，又謂「曲則慮直」是衍文〔註246〕。余謂當據《說苑》作「由重其豫」，「由」同「猶」，亦即「豫」，分言之也〔註247〕，《老子》第15 章：「豫焉若多涉川，猶兮若畏四鄰。」是其例。由重其豫，言重其猶豫也。

（15）孔子曰：「巧而好度必節，勇而好同必勝，知而好謙必賢。」

楊倞注：巧者多作淫靡，故好法度者必得其節。勇者多陵物，故好與人同者必勝之也。

按：《淮南子・主術篇》：「文王智而好問，故聖；武王勇而好問，故勝。」《文子・自然》：「知而好問者聖，勇而好問者勝。」《說苑・雜言》：

〔註245〕四庫本《記纂淵海》在卷 52。
〔註246〕向宗魯《說苑校證》，中華書局 1987 年版，第 312 頁。左松超《說苑集證》，（臺灣）國立編譯館 2001 年版，第 800 頁。
〔註247〕《詩・卷阿》：「伴奐爾遊矣，優遊爾休矣。」孔疏：「孔晁引孔子曰：『奐乎其有文章，伴乎其無涯際。』」此「伴奐」分言之。《楚辭・惜誦》：「眾駭遽以離心兮，又何以為此伴也；同極而異路兮，又何以為此援也。」「伴援」分言之。皆疊韻聯綿詞分作兩韻字用也。

「巧而好度必工，勇而好同必勝，知而好謀必成。」《家語·六本》：
「巧而好度必攻，勇而好問必勝，智而好謀必成。」諸文可以互證。
此文及《說苑》之「同」，當據《淮南子》及《文子》、《家語》訂作
「問」。此文之「謙」，當據《家語》及《說苑》訂作「謀」。度，法
度也。

（16）**愚者反是，處重擅權，則好專事而妒賢能，抑有功而擠有罪**

楊倞注：擠，排也，言重傷之也。

按：冢田虎曰：「擠排有罪，固其所也，不可以爲愚者之事也。按『擠』一
訓推，此與『抑』對，則推舉之意也。又與『濟』通用乎？」王天海
曰：「楊注非。冢說『擠』爲推舉，與『濟』通，於古訓無徵。擠，乃
排斥、陷害之意，即壓抑有功者並陷之於罪。」擠，推入、陷入也。
有罪，猶言其罪，非與「有功」爲對文。《記纂淵海》卷 78 引「擠」
作「濟」〔註248〕。《國語·晉語一》：「若不勝狄，雖濟其罪，可也。」
《呂氏春秋·離俗》：「君子濟人於患。」高誘注：「濟，入也。」

（17）**是以位尊則必危，任重則必廢，擅寵則必辱**

按：《說苑·雜言》「位尊」作「尊位」，「廢」作「崩」。

（18）**可立而待也，可炊而僙也**

楊倞注：「炊」與「吹」同。「僙」當爲「僵」。言可以氣吹之而僵仆。

按：桂馥、朱駿聲從楊說讀炊爲吹〔註249〕；方以智、朱駿聲從楊注讀僙爲
僵〔註250〕。王懋竑曰：「『僙』當同『竟』，謂炊熟而已終竟也，與『立
而待』意同。注改炊作吹，又改僙作僵，費解。」〔註251〕洪頤煊曰：「《說
文》：『瀞，浚乾漬米也。《孟子》曰：「夫子去齊，瀞淅而行。」』可炊
而浚乾，謂不踰時，楊注非。」〔註252〕孫詒讓從洪說〔註253〕。郝懿行

〔註248〕四庫本《記纂淵海》在卷 50。
〔註249〕桂馥《說文解字義證》，齊魯書社 1987 年版，第 123 頁。朱駿聲《說文通訓
定聲》，武漢市古籍書店 1983 年版，第 502 頁。
〔註250〕方以智《通雅》卷 8，收入《方以智全書》第 1 冊，上海古籍出版社 1988 年
版，第 338 頁。朱駿聲《說文通訓定聲》，第 903 頁。
〔註251〕王懋竑《荀子存校》，《讀書記疑》卷 11，收入《續修四庫全書》第 1146 冊，
第 353 頁。
〔註252〕洪頤煊《讀書叢錄》卷 15，收入《續修四庫全書》第 1157 冊，上海古籍出

日:「楊氏以炊爲吹,洪氏頤煊以傹爲澆,引《說文》『澆淅而行』。二說未知誰是。」承培元曰:「《說文》云云。楊注非是。上言『可立而待』,乃言其時之速,非言去之易也。澆而炊,言瀝米而炊,頃刻可成飯,猶今俗言一炊時也。」〔註254〕郭慶藩曰:「字書無『傹』字。傹,當讀爲竟。《說文》:『樂曲盡爲竟。』引申之凡終盡之義皆謂之竟。炊而竟,猶言終食之閒,謂時不久也。」王先謙、梁啓雄、楊柳橋、王天海從郭說〔註255〕。沈祖緜曰:「楊註未允。洪頤煊以傹爲澆,引《說文》『澆淅而行』以證之,《孟子·萬章篇》『澆』作『接』。然上文言『可立而待』,此言『可炊而傹』,相並爲文。若以『接淅而行』之『接』解之,非可炊也,乃不炊爾,義正相反。『傹』係『億』之誤。億,安也。當作『可炊而億』方允。」〔註256〕帆足萬里曰:「『傹』、『竟』同,終也。言可一炊之間待其終也。」安積信曰:「炊,如字。猶言一炊之頃。謂其僵之速也。」陳直曰:「傹即竟字。」沈氏改字無據,《增韻》卷 1「炊」字條、又卷 2「傹」字條、《記纂淵海》卷 78 引同今本〔註257〕。讀傹爲竟,宋人早言之。王得臣《麈史》卷2:「楊注非也。『傹』與『竟』同。炊乃爨也。以爲危辱之事,可立而待也。炊爨而盡,猶之所謂一餉間耳。」《汗簡》卷中:「傹:竟。出《義雲章》。」

（19）辟之是猶伏而咶天,救經而引其足也

楊倞注:辟,讀爲譬。「咶」與「舐」同。經,縊也。伏而舐天,愈益遠也。救經而引其足,愈益急也。

按:二語亦見《彊國篇》。久保愛曰:「《淮南子》『足』作『索』。」《淮南子》見《說林篇》。《書敘指南》卷 19 引誤作「伏而告天」、「扶頸而引其足」。

版社 2002 年版,第 689 頁。

〔註253〕孫詒讓《荀子校勘記上》,收入《籀廎遺著輯存》,中華書局 2010 年版,第 520 頁。

〔註254〕承培元《說文引經證例》卷 23,收入《叢書集成續編》第 18 冊,上海書店 1994 版,第 798 頁。

〔註255〕王天海、宋漢瑞《〈荀子·仲尼篇〉校釋訂補》又修訂云「楊注不可易」,《邯鄲學院學報》2013 年第 3 期,第 15 頁。

〔註256〕沈祿民《讀荀臆斷》,《制言》第 58 期,1939 年版,本文第 9〜10 頁。

〔註257〕四庫本《記纂淵海》在卷 52。

卷第四

《儒效篇》第八校補

（1）履天下之籍，聽天下之斷

楊倞注：籍，謂天下之圖籍也。

按：王念孫曰：「上『天下』當爲『天子』，此涉下句而誤也。下文『履天
下之籍』，宋本作『天子』（世德堂本同），是也。《文選·雜體詩》注
引此正作『履天子之籍』。《淮南·氾論篇》：『周公履天子之籍，聽天
下之政。』〔註1〕語即本於《荀子》。籍者，位也，謂履天子之位也。
下文言『周公反籍於成王』，是籍與位同義。《彊國篇》曰：『夫桀、紂
執籍之所存，天下之宗室也。』執籍即執位。故《韓詩外傳》作『履
天子之位，聽天下之政』。楊以籍爲天下之圖籍，非也。圖籍不可以言
履（高注《淮南》以籍爲圖籍，誤與楊同）。」孫詒讓從王說〔註2〕。
章太炎曰：「所謂『聽天下之斷』者，即仲尼所謂『攝政』；所謂『履
天子之籍』者，即《記》文所謂『踐阼』（阼、籍二字古音同在鐸陌部，
故籍得借爲阼。以聲類求之，猶酢與醋之互借，又如藉或作莋也。）
所謂『反籍』者，謂以阼階主位歸之。」〔註3〕劉師培曰：「王說至礒。

〔註1〕王天海引「履」誤作「籍」。
〔註2〕孫詒讓《荀子校勘記上》，收入《籀廎遺著輯存》，中華書局2010年版，第520
～521頁。
〔註3〕章太炎《文錄》卷2《與簡竹居書》，收入《章太炎全集（4）》，上海人民出版

《三國志・文帝紀》注引《獻帝傳》所載魏主令云：『公旦履天子之籍，聽天下之斷。』即據本書爲說。此『子』不作『下』之徵也。『籍』與『阼』同。」劉師培又曰：「王念孫說是也，惟籍無位訓，攷其本字蓋當作阼。」〔註4〕梁啓雄曰：「籍、阼、位，義略同。」豬飼彥博曰：「『下』當作『子』。『籍』、『藉』通。疑謂天子所藉之席。」鍾泰曰：「籍，通『藉』。籍（藉），席也。言席猶言位。」陳直曰：「籍無位訓，籍讀爲立，立即位字。」王天海曰：「王說此處宋本作『天子』，而今存各宋本以及舊刻諸本皆無作『天子』者，不知王氏所據宋本爲何？籍，席也，位也。王、劉、鍾三說是。」王先謙引用王念孫說，自「宋本作『天子』是也」始，並加按語曰：「王說是，今改從宋本。」王天海照鈔王先謙《集解》，而不一檢《雜志》原書，因有疑云「不知王氏所據宋本爲何」。本篇「履天下之籍」二見，王念孫明明說「下文『履天下之籍』，宋本作『天子』」，不是此處「宋本作『天子』」。《玉海》卷15引已誤作「天下」。王念孫說「籍者位也」是，籍所以訓位者，乃「阼」借字，章、劉二說亦是（劉師培舉證甚明析，本文從略）。顧炎武曰：「籍，平聲則音阼。《淮南子・氾論訓》：『履天子之籍。』『籍』或作『阼』。」〔註5〕朱駿聲曰：「籍，叚借爲阼。《淮南子・氾論篇》：『履天子之籍。』」〔註6〕此說又先于章、劉二君矣。包遵信亦讀籍爲阼，而謂「王釋籍爲位，不確」〔註7〕，所謂知一十而不知二五也。鍾泰、豬飼彥博謂得義於「藉」，非是，駱瑞鶴從鍾說，亦失於採擇。陳直說亦非。王天海不明其理，竟混言曰「王、劉、鍾三說是」。

（2）儒者，法先王，隆禮義，謹乎臣子，而致貴其上者也

楊倞注：致，極也。

按：《新序・雜事五》「致」上有「能」字，《冊府元龜》卷833同。鍾泰曰：

社1985年版，第165頁。

〔註4〕劉師培《左盦外集》卷7《古本字考》，其說又見《左盦外集》卷7《釋「籍」》，收入《劉申叔遺書》，第1455、1465頁。

〔註5〕顧炎武《唐韻正》卷19，收入《叢書集成三編》第27冊，新文豐出版公司1997年印行，第805頁。

〔註6〕朱駿聲《說文通訓定聲》，武漢市古籍書店1983年版，第464頁。

〔註7〕包遵信《讀〈荀子〉札記（上）》，《文史》第5輯，1978年出版，第209頁。

「『致』即『致君堯舜』之致。注非。」楊樹達從其說〔註8〕。王天海曰：「致貴其上，極尊重在上的君主。楊注是，鍾說非。」鍾泰說是，「致」是致使義。石光瑛曰：「注訓致爲極，是讀致爲至。其說非也。致有歸義。」〔註9〕石氏亦以楊注爲非，但訓歸亦未得。

（3）人主用之，則勢在本朝而宜；不用，則退編百姓而慤，必為順下矣

楊倞注：言儒者得權勢在本朝，則事皆合宜也。

按：王念孫曰：「埶者，位也。」劉師培曰：「《新序·雜事五》述此文云：『人主用之則進在本朝，置而不用則退編百姓而敵（當作『慤』），必爲順下矣。』持以互勘，則『勢在本朝』與『退編百姓』對文，『而宜』當作『置而』，與『不用』聯詞。『而慤』以下七字爲句，與今本句讀不同，未知孰正？（又案：『埶』疑『勢』省，近也。近、進二義相因……若作『勢位』之勢，則與『退』字非對文。附誌於此。）」劉說非是，《新序》「置而」當據此文校作「而宜」，屬上句，與「而慤」對文〔註10〕。裘錫圭謂「埶（勢）」當讀作「設」〔註11〕。

（4）無置錐之地，而明於持社稷之大義

按：大義，《新序·雜事五》作「大計」。置，讀爲植，立也。義，讀爲議。《廣雅》：「議，謀也。」金澤文庫鈔本《治要》卷38引「置」誤作「署」。

（5）然而通乎財萬物、養百姓之經紀

楊倞注：「財」與「裁」同。

按：王叔岷曰：「《新序》『財』正作『裁』。」（引者按：見《雜事五》）《冊府元龜》卷833亦作「裁」。

〔註8〕楊樹達《鍾泰〈荀注訂補〉》，《清華學報》第11卷第1期，1937年版，第220頁。

〔註9〕石光瑛《新序校釋》，中華書局2001年版，第692頁。

〔註10〕參見石光瑛《新序校釋》，中華書局2001年版，第692～694頁。

〔註11〕裘錫圭《古文獻中讀爲「設」的「埶」及其與「執」互譌之例》，收入《裘錫圭學術文集》卷4，復旦大學出版社2012年版，第452～453頁。此文原載《歷史文獻研究》新8輯，北京師範大學出版社1997年版。

（6）必蚤正以待之也

　　楊倞注：言仲尼必先正其身以待物，故得從化如此。

按：必蚤正，《新序・雜事一》、《雜事五》並作「布正」，《冊府元龜》卷
　　833 作「必早正」。劉台拱曰：「孔子將爲司寇，而魯之人蚤自脩正以
　　待之，所謂不動而變，無爲而成也。『布』字乃『蚤』字之脫誤，或
　　後人妄改。」孫詒讓從劉說〔註12〕。郝懿行曰：「早正市價以待之。」
　　俞樾曰：「『必』字衍文也。『蚤』疑『脩』字之誤。布，亦與『脩』
　　字右旁相似。」王先謙、石光瑛、梁啓雄從俞說〔註13〕。陳直曰：「正
　　讀爲征。本文謂粥牛馬者不詐價，早出以待征也。」龍宇純曰：「疑
　　本作『夙正以待之』，『夙』與『肅』通，『正』與『政』同。『必』字
　　誤衍。」王天海從龍說。余謂「必」字衍文，俞說是也；「蚤正」當
　　據《新序》作「布正」（隸書形近而譌），即「布政」，猶言施政。此
　　文言沈猶氏等人不敢欺詐淫佚者，是因爲孔子施展刑政使其不敢爲
　　非；闞黨之子弟分而有親者取多者，是因爲孔子以孝弟教化之。待，
　　禦也，不是「等待」之義。

（7）志意定乎内，禮節脩乎朝，法則度量正乎官，忠信愛利形乎下

　　楊倞注：官，百官。形，見也。

按：《新序・雜事五》同。形，《皇王大紀》卷 78 引作「刑」。王念孫曰：
　　「『官』與『朝』對文。《曲禮》鄭注曰：『官，謂板圖文書之處也。』
　　是也。《富國篇》亦曰：『節奏齊於朝，百事齊於官。』楊云『官，百
　　官』，失之。」王先謙從王說。鍾泰曰：「古之所謂官，即後世之所謂
　　衙署也。鄭注亦未是，此不得引之。」王天海曰：「官，官府也。楊
　　注非，鍾說是。『形』與『正』對文。正，定也。形，行也。形、行
　　二字古通。」楊注「官，百官」不誤。王天海說全誤。《韓詩外傳》
　　卷 3：「將脩禮以齊朝，正法以齊官，平政以齊下，然後節奏齊乎朝，
　　法則度量正乎官，忠信愛刑（利）平乎下。」（元刊本作「刑乎下」）
　　又卷 6：「必修禮以齊朝，正法以齊官，平政以齊下。然後禮義節奏齊

〔註12〕孫詒讓《荀子校勘記上》，收入《籀廎遺著輯存》，中華書局 2010 年版，第 521
　　　頁。
〔註13〕石光瑛《新序校釋》，中華書局 2001 年版，第 20 頁。

乎朝，法則度量正乎官，忠信愛利平乎下。」又卷6「愛利則刑」，又「愛利則不刑」。言「正法以齊官」，「官」必指百官。石光瑛曰：「『官』讀如『官天下』之官，與『私』爲對，言無敢私定法則度量也。形，讀爲型，或省作刑。刑，法也。言忠信愛利之德，足以爲法於下，而下亦化之。《詩》曰『儀刑文王』，是也。」〔註14〕其前說亦誤，後說得之。《廣雅》：「刑，正也。」《外傳》作「平」，平亦正也。平正，所以爲法也。此文「脩」，亦當據《富國篇》及《外傳》作「齊」。齊、正、形（刑），三字同義。

（8）此君子義信乎人矣，通於四海，則天下應之如讙

楊倞注：以君義通於四海，故應之如讙。

按：君子，各本無「子」字，《冊府元龜》卷833同。王念孫曰：「楊說非也。『君』當爲『若』，字之誤也。此若義，猶云此義，若亦此也。連言『此若』者，古人自有複語耳。『此若義』三字承上文而言，言此義信乎人，通乎四海，則天下莫不應之也。《新序·雜事篇》作『若義信乎人矣』，是其明證也。」俞樾說同，石光瑛從王說〔註15〕。王說至確，「若」誤作「君」，摹宋本又衍「子」字。王天海曰：「然『君子』亦君也，此言君子之義取信於人，故能通於四海、天下應之如讙。王念孫非也。」王天海妄說耳，「君子亦君也」是何等語，此文不言君子之義也。

（9）故近者歌謳而樂之，遠者竭蹶而趨之

楊倞注：竭蹶，顚倒也。遠者顚倒趨之，若不及然。

按：二語亦見本書《議兵篇》，作「竭蹷」，楊倞注：「竭蹷，顚仆，猶言匍匐也。《新序》作『竭走而趨之』。」《新序》見《雜事五》。《韓詩外傳》卷4：「近者歌謳之，遠者赴趨之。」（元本「赴」誤作「起」）遠者赴趨者，言其朝見也。《淮南子·泰族篇》：「百姓歌謳而樂之，諸侯執禽而朝之。」又《道應篇》：「天下歌謠而樂之，諸侯執幣相朝。」《鹽鐵論·世務》：「則近者歌謳而樂之，遠者執禽而朝之。」徐友蘭曰：「『走』

〔註14〕石光瑛《新序校釋》，中華書局2001年版，第697～698頁。
〔註15〕俞樾《古書疑義舉例》卷4，收入《古書疑義舉例五種》，中華書局1956年版，第69頁。石光瑛《新序校釋》，中華書局2001年版，第698頁。

當作『趣』。趣正字，蹶叚借字。」石光瑛從其說〔註16〕，是也。「竭
蹶」楊注從「蹶」字生義解爲「顛倒」，非也。物双松曰：「《曲禮》：『足
毋蹶。』是行急遽貌。《詩‧唐風》：『良士蹶蹶。』是勤而敏於事也。
『竭』字亦聲音相近，乃連語，不必從竭力解。」久保愛曰：「竭蹶，
勞苦不休以來至之貌。《淮南子》曰：『形勞而不休則蹶，精用而不已
則竭。』」梁啓雄從久說。高亨曰：「竭蹶，疾走之貌也。竭借爲朅。《說
文》：『朅，去也。』朅本疾走而去之義。蹶亦有疾走之義。」徐友蘭、
高亨說皆是，物双松謂「竭蹶」連語亦是。久氏引《淮南子》，失之尤
遠，《淮南》「竭」、「蹶」與此無涉。「竭蹶」疊韻連語，音轉則作「趏
趣」、「踣蹶」、「踣厥」、「結厥」，走跳之皃〔註17〕。音轉又作「趏趌」，
《說文》：「趌，趏趌。趏，趏趌，怒走。」王天海於《議兵篇》校曰：
「竭壓，猶言竭力顛仆也。」（第 625 頁），望文生義。

（10）不恤是非、然不然之情，以相薦撙，以相恥怍，君子不若惠施、
　　　鄧析也

　　　楊倞注：薦，藉也。謂相蹈藉撙抑，皆謂相陵駕也。怍，慙也。

按：久保愛曰：「『薦撙』未詳。古屋鬲曰：『薦，進也。撙當作尊。』」劉
　　師培曰：「薦撙，當作『踐蹲』。薦、踐義同。蹲字訓踞。踐蹲者，即
　　驕倨以臨人之義。」梁啓雄從劉說。朱起鳳以爲「薦撙」即「踐踏」，
　　曰：「踐字古通作藉，薦與藉亦通，『慰藉』作『慰薦』，是其證也。『撙』
　　即『踏』字之譌。此由『噂沓』兩字連用已久，故譌『踏』爲『撙』
　　耳。」陳直曰：「薦猶藉也。『撙』當爲『尊』字繁文，敬也。謂惠施、
　　鄧析之流，有時互相慰藉尊敬，有時又互相恥怍也。」王天海曰：「朱
　　說『撙』乃『踏』之譌，未免迂曲也。劉說『薦撙』當作『踐蹲』，近
　　是。然踐爲踩，蹲爲踞，二者實難並列爲詞，且古訓無徵。竊以爲『撙』
　　必先由『蹲』誤。而『蹲』與『蹬』音近，故蹬先譌爲蹲，再譌而爲
　　撙。踐蹬者，又踩又蹬也，其義自通。」劉師培說實本於朱駿聲，朱
　　氏曰：「劗，字亦作撙，叚借爲蹲。《荀子‧儒效》：『以相薦撙。』注：

〔註16〕石光瑛《新序校釋》，中華書局 2001 年版，第 699 頁。
〔註17〕參見蕭旭《〈爾雅〉「㯟㺄」名義考》，收入《群書校補（續）》，花木蘭文化出
　　　　版社 2014 年版，第 1820 頁。

『薦擽，皆謂相陵駕也。』按：猶踐蹬。」〔註18〕楊注不誤，諸說皆非是。擽謂損抑、挫折。薦，讀爲藉，朱起鳳所舉「慰藉」一作「慰薦」，亦其例。俗作躪，即蹈踐義的專字。

（11）愼、墨不得進其談，惠施、鄧析不敢竄其察

楊倞註：竄，隱匿也。

按：久保愛曰：「王褒《洞簫賦》：『師襄、嚴春不敢竄其巧兮。』亦與此同意。」豬飼彥博曰：「竄，容也。《大略篇》曰：『貧窶者有所竄其手矣。』」王先謙曰：「《大略篇》云云，註：『竄，容也。』此竄亦當訓爲容。《呂覽・審分篇》：『無所竄其姦矣。』『竄』字意正與此同。」梁啓雄從王說。林源河曰：「言二子必棄其苛察糾繚之行而不敢私匿之也。」〔註19〕王天海曰：「言二子不敢隱匿其察辯也。楊注此本不誤，而注《大略篇》則誤也。彼『竄其手』當訓爲放其手，《玉篇》：『竄，放也。』《書・堯典》：『竄三苗于三危。』竄即放逐也。王說謬也。」王先謙說是，竄訓容，容是容置、安措、施用之義。《大略篇》之文，《韓詩外傳》卷4作「孤寡有所措手足也」，正作「措」字。此言惠施、鄧析二人不敢逞其機辯。久氏所引賦，謂襄、嚴春不敢逞其巧，張銑注：「竄，措也。」《潛夫論・考績》：「而佞巧不得竄其奸矣。」「竄」亦同。竄訓放是放逐、流放義，怎可用於「竄其手」？

（12）未能僂指也

楊倞注：僂，疾也。言雖聖人亦不可疾速指陳。《公羊傳》曰：「夫人不僂。」何休曰：「僂，疾也，齊人言也。」

按：元・李冶《敬齋古今黈》卷5：「楊說宛轉不著明，大抵『僂，曲也』。未能僂指，言未能曲指以一二數也。或以『僂』、『縷』古字通用，謂不能覷縷而指數之也。楊氏以僂指謂爲疾速指陳者，特牽何休之說耳。」物双松曰：「僂，佝僂之僂，言屈指也。或與『縷』通。」劉師培曰：「僂有曲義，則僂指猶言曲陳矣。」梁啓雄從劉說。王天海曰：「楊注是，物、劉說非。」楊注誤，「僂」訓疾指曲脊之疾病，而不是「疾速」

〔註18〕 朱駿聲《說文通訓定聲》，武漢市古籍書店1983年版，第797頁。

〔註19〕 《荀子義辨》，收入《荀儒考釋與中國國樂考原》，新加坡青年書局2007年版，第31頁。

之疾。夫人不僂，謂夫人不肯曲身順從魯莊公也。朱駿聲曰：「僂，叚借爲數，實爲速。」〔註20〕下文云：「賣之不可僂售也。」楊倞注：「僂，疾。」郝懿行曰：「此篇上云『未能僂指也』，注引《公羊傳》云云。按：『僂』皆『屢』之假借字，《釋詁》云：『屢，疾也。』」嚴元照說同〔註21〕。朱、郝、嚴依據楊注訓疾，因各找其本字爲「數」爲「屢」。楊注既是從誤解何休注而來，則「僂」不訓疾也。李冶等人訓曲或讀爲縷，則於下文「賣之不可僂售」不通，其說亦非是。余謂「僂」當訓多，字亦作夥，《玉篇》：「夥，多也。」音轉則爲寇，《方言》卷1：「齊宋之間……凡物盛多謂之寇。」郭注：「今江東有小蟲，其多無數，俗謂之寇蟲。」音轉又爲夠，王念孫曰：「寇與夠聲近義同。《文選·魏都賦》：『繁富夥夠。』李善注引《廣雅》：『夠，多也。』今本脫。」〔註22〕

（13）俄而原仁義，分是非，圖回天下於掌上而辨白黑

楊倞注：圖，謀也。回，轉也。言圖謀運轉天下之事如在掌上也。

按：俞樾曰：「楊注『圖謀運轉』，兩義不倫，恐非其旨。圖者，圓之誤字。《廣雅》：『圓，圜也。』圓回，猶圜轉也。隸書『圖』字或作『圎』，或作『圄』，皆與『圓』字相似。」王先謙從俞說。鍾泰曰：「俞說『圖』爲『圓』字之誤，是也。『圓』與『運』通。《孟子》亦曰：『天下猶運之掌上。』」林源河曰：「圖當爲圖畫之圖。回當訓圍，猶言規畫。」〔註23〕王天海曰：「謀運天下於掌上，其義本通，楊注不誤，俞說迂而無新義也。」俞說可備一通，王天海自無新義，而妄議前賢。東漢《西狹頌》「圖」作「圖」，東漢《五瑞圖摩崖》「圖」作「圖」〔註24〕，與「圓」字形尤近。

〔註20〕 朱駿聲《說文通訓定聲》，武漢市古籍書店1983年版，第346頁。

〔註21〕 嚴元照《娛親雅言》卷6，收入《叢書集成續編》第25冊，新文豐出版公司1988年印行，第416頁。

〔註22〕 王念孫《廣雅疏證》，收入徐復主編《廣雅詁林》，江蘇古籍出版社1992年版，第244頁。

〔註23〕 林源河《荀子義辨》，收入《荀儒考釋與中國國樂考原》，新加坡青年書局2007年版，第32頁。

〔註24〕 二例字形轉錄自臧克和《漢魏六朝隋唐五代字形表》，南方日報出版社2011年版，第330頁。

（14）鄉也胥靡之人，俄而治天下之大器舉在此

> 楊倞注：胥靡，刑徒人也。胥，相。靡，繫也。謂鏁相聯相繫，《漢書》
> 所謂「鋃鐺」者也。舉，皆也。

按：王引之曰：「此胥靡非謂刑徒人也。胥靡者，空無所有之謂，故荀子以
況貧。胥之言疏也。疏，空也。靡，無也。胥靡猶言胥無。《春秋》齊
有賓胥無，蓋取此義也。《漢書・楊雄傳》《客難》曰：『胥靡爲宰，寂
寞爲尸。』『胥靡』與『寂寞』相對爲文，是胥靡爲空無所有之意（張
晏曰：『胥，相也。靡，無也。言相師以無爲作宰者也。』案張訓靡爲
無是也，其訓胥爲相則失之。）。」孫詒讓、王先謙從王說〔註 25〕。
王天海曰：「胥，皆也，全也。靡，無，沒有。胥靡，即『皆無』，猶
言一無所有也。或曰：胥靡，拘縻之音轉〔註 26〕，亦謂刑徒之人也。」
王引之說非是，胥靡是刑徒人，故可以況貧，並無不安。荀子、楊雄
或用傳說的典故。王天海二說亦是臆說。樊波成從吳榮曾說，認爲「胥
靡」是兩種拴畜牲的繩索「繲縻」〔註 27〕，是也。吳榮曾說非創見，
其說乃襲自清人成說，而未作說明。《說文》：「繲，絆前兩足也。漢令，
蠻夷卒有繲。」《集韻》：「繲，獸前絆謂之繲，或作絫，亦書作繲。」
桂馥曰：「徐鍇《韻譜》：『絫，絆牛馬前足。』《集韻》：『獸前絆謂之
絫。』《廣雅》：『絫，絆也。』或作繲，《蜀都賦》：『繲纒麋。』注云：
『繲，半（絆）前兩足也。』《莊子・馬蹄篇》：『連之以羈縶。』《釋
文》：『縶，司馬、向、崔本並作繲，崔云：「絆前兩足也。」』通作胥，
錢君大昭曰：絫即胥靡之胥。《呂氏春秋》：『傅說，殷之胥靡。』《漢
書・楚元王傳》：『二人諫，不聽，胥靡之。』師古曰：『紉使相隨而服
役之，故謂之胥靡。』又或作縃。」〔註 28〕桂氏所引《莊子》，《玉篇

〔註 25〕孫詒讓《荀子校勘記上》，收入《籀廎遺著輯存》，中華書局 2010 年版，第 524
頁。

〔註 26〕引者按：據其說，「縻」當作「縻」。

〔註 27〕樊波成《經學與古文字視野下的〈荀子〉新證》，上海社科院 2012 年碩士學
位論文，第 73 頁；其說又見樊波成《〈老子指歸〉同義複詞考釋》，《傳統中
國研究集刊》第 11 輯，上海人民出版社 2013 年版，第 67 頁。吳榮曾說見《胥
靡試探——論戰國時的刑徒制》，收入《先秦兩漢史研究》，中華書局 1995 年
版，第 150～151 頁（樊君誤標作「第 153 頁」）。吳氏前文第 149 頁引過《詩・
雨無正》，則其說襲自馬瑞辰也。

〔註 28〕桂馥《說文解字義證》，齊魯書社 1987 年版，第 1139 頁。

殘卷》「緪」字條引作「緪」，與司馬本同；《類聚》卷93引作「絆」，則易以同義字。馬瑞辰曰：「胥靡之胥當爲纍字之假借。《說文》：『纍，絆前兩足也。』《廣雅》：『纍，絆也。』『靡』與『縻』通，《說文》：『縻，牛轡也。』《呂氏春秋》曰：『傅說，殷之胥靡。』而《墨子》曰：『傅說，衣褐帶索傭築於傅巖。』帶索即胥靡之謂。《荀子》楊倞注：『胥靡，係也。』是已。應劭《漢書》注引《詩》『淪胥』以證『胥靡』，失之。」〔註29〕吳國泰說「胥靡」是「索縻」的借字，謂以繩索羈縻罪人使不得逸而作役也，亦是也。上古「索」、「纍」一音之轉。馬敘倫曰：「胥借爲接。靡當作縻。」〔註30〕馬氏得失參半。楊琳曰：「壽靡爲周人所滅，沒爲奴隸，壽靡遂成奴隸通稱，古籍中常寫作『胥靡』。」〔註31〕純是妄說。其餘說法尚多〔註32〕，不具列。

（15）屑然藏千溢之寶

楊倞注：屑然，雜碎眾多之貌。

按：郝懿行曰：「屑者，瑣細之貌。至寶不必盈握，故以瑣細言之。屑，今作『屑』。『溢』作『鎰』。」孫詒讓、王先謙從郝說〔註33〕。久保愛曰：「屑然，尊重之貌。」安積信曰：「屑，潔也。屑然，明潔藏寶之貌。」鍾泰曰：「屑，清也，潔也。屑然，猶潔然。又：屑、脩雙聲通轉，屑然猶脩然矣。非瑣細之貌。」梁啓雄曰：「《說文》：『屑，動作切切也。』《方言》：『屑，勞也。』屑然，似謂勤勞操切之意。」蔣禮鴻曰：「楊、郝二說並牽強不可通，鍾先生謂屑然猶潔然，似猶未安。《說文》：『屑，動作切切也。』段注引《方言》云：『屑屑，不安也。』又云：『屑，勞也。』此屑字當訓爲不安貌。」〔註34〕徐復

〔註29〕馬瑞辰《毛詩傳箋通釋》卷20，中華書局1989年版，第623頁。

〔註30〕馬敘倫《讀呂氏春秋記》，（上海）商務印書館1933年版，第24頁。

〔註31〕楊琳《「闍茸」考源》，收入《語言與文化探幽》，湖南師範大學出版社1994年版，第71頁。此書牽強附會之處極多，如同頁說「『闍茸』一詞來源於崇尚大耳的闍耳族」，亦是其例。其說又見楊琳《漢語辭彙與華夏文化》，語文出版社1996年版，第163頁。

〔註32〕參見蕭旭《呂氏春秋校補》，花木蘭文化出版社2016年版，第422～423頁。

〔註33〕孫詒讓《荀子校勘記上》，收入《籀廎遺著輯存》，中華書局2010年版，第524頁。

〔註34〕蔣禮鴻《荀子餘義（上）》，《中國文學會集刊》第3期，1936年版，第72頁。

曰：「屑，當爲『份』字之借。《廣雅》：『份，列也。』份然，謂至寶
藏之，行列粲然，不取細碎爲義。」楊柳橋曰：「李賢《後漢書》注：
『屑，猶介也，俗誤作屑。』」李滌生曰：「屑，古音與『介』雙聲通
用。『屑然』疑猶『介然』，特異之貌。」林源河曰：「屑然乃盡有之
貌。」〔註 35〕王天海曰：「徐說是，鍾說近之，他說皆非。」樊波成
曰：「屑，當讀爲溢。溢然，猶藏寶溢滿，言其多也。」〔註 36〕王天
海既以徐說爲是，則不得謂鍾說近之；且鍾有二說，又是哪一說近之？
安積信說與鍾氏前說相同，怎麼又是「他說皆非」？王氏之無識有如
此者！各本「屑」作「屑」，乃俗譌字。《說文》：「屑，動作切切也。」
「切切」是擬聲詞，狀其動作之聲。擬聲詞專字又作「偰」，《說文》：
「偰，聲也。讀若屑。」《爾雅》：「偰，聲也。」注：「謂聲音。」《釋
文》：「偰，音屑，動草聲也。字又作屑。」邢昺疏：「言聲音偰偰然
也。」此文「屑然」，乃狀其藏寶的動作之聲偰偰然也。《漢書·武帝
紀》：「遭天地況施，著見景象，屑然如有聞。」此「屑然」狀天地況
施的偰偰聲。

（16）是杅杅亦當（富）人已

> 楊倞注：「杅杅」即「于于」也，自足之貌。《莊子》曰「聽居居，視于于」
> 也。

按：傅山曰：「『杅』與『盂』同，解『自足』，非義。」王引之曰：「于，
　　大也。重言之則曰『于于』。」孫詒讓、王先謙、梁啓雄從王說〔註 37〕。
　　朝川鼎曰：「先君曰：『于于，自優尊之貌。』」陳直曰：「『杅杅』爲
　　『訏訏』之假借字。訏，大也。」楊柳橋曰：「于，借爲夸。」王天
　　海曰：「杅杅，猶裕裕，音近可通。」從「于」得聲之字多有「大」
　　義，此文「杅杅」當是形容大富，王引之、陳直說是也。王天海則亂
　　說音轉。

〔註 35〕林源河《荀子義辨》，收入《荀儒考釋與中國國樂考原》，新加坡青年書局 2007
　　　　年版，第 33 頁。
〔註 36〕樊波成《〈荀子〉舊注補正（〈儒效篇〉〈王制篇〉）》，《傳統中國研究集刊》第
　　　　9、10 合輯，上海人民出版社 2012 年版，第 164 頁；又樊波成《經學與古文
　　　　字視野下的〈荀子〉新證》，上海社科院 2012 年碩士學位論文，第 55～56 頁。
〔註 37〕孫詒讓《荀子校勘記上》，收入《籀廎遺著輯存》，中華書局 2010 年版，第 524 頁。

（17）身不肖而誣賢，是猶傴身而好升高也，指其頂者愈眾

楊倞注：傴，傴僂也。傴身之人而強昇高，則頭頂尤低屈，故指而笑者愈眾。

按：遞修本「身」作「伸」，注作「傴，僂也。伸讀為身，字之誤也。傴身之人而彊升高，則頭頂尤伊（低）屈，故指而笑之者愈眾」。《記纂淵海》卷36引作「傴伸」〔註38〕，同遞修本。金其源、駱瑞鶴讀伸為身。傅山曰：「駝背之人，故意莊伸展之貌耳。」劉台拱曰：「『伸』蓋即『僂』字之譌。」王念孫、孫詒讓、王先謙從王說〔註39〕，安積信說同劉氏。劉說可取。王天海曰：「疑正文『升』字本當作『伸』，字之音誤也。伸高，指駝背之人欲挺身而為高也，非登（升）高之謂也。傅山所解得其意，他說皆非也。」王氏改字無據。

（18）以養生為己至道

按：養生，《韓詩外傳》卷3作「養性」，用借字。

（19）嚴嚴兮其能敬己也

楊倞注：嚴嚴兮，有威重之貌。能敬己，不可以干非禮也。嚴，或為「儼」。

按：《說文》：「敬，肅也。」能敬己，能使己嚴肅，故與「嚴嚴兮」相應。楊柳橋、牟瑞平、王天海讀敬為警，解作警戒，非是。

（20）綏綏兮其有文章也

楊倞注：綏綏，安泰之貌。綏，或為葳蕤之貌。

按：楊注後說是，已詳《仲尼篇》「委然成文」王引之校語。王天海不知王引之前已有說，此處從省，引《廣雅》「綏，舒也」說之，未確。

（21）反而定三革，偃五兵

楊倞注：定，息。偃，仆也。皆不用之義。《國語》說齊桓「定三革，偃五刃」。

按：《慧琳音義》卷8引《國語》「偃五刃」，與楊注引同；《國語·齊語》作

〔註38〕 四庫本《記纂淵海》在卷61，「傴伸」作「傴僂」。
〔註39〕 孫詒讓《荀子校勘記上》，收入《籀廎遺著輯存》，中華書局2010年版，第524頁。

「定三革，隱五刃」，韋昭注：「定，奠也。隱，藏也。」《管子・小匡》作「定三革，偃五兵」。偃，當讀爲隱，謂隱藏不用也。王天海曰：「偃，停息之義。楊注訓爲仆，未確也。」楊說固誤，王說亦非。

（22）無弧矢則無所見其巧

按：王天海曰：「弧矢，明世本、四庫本作『弓矢』，《外傳》亦作『弓矢』。」遞修本作「弓矢」，《記纂淵海》卷 16 引同〔註40〕。作「弓矢」是，摹宋本誤也。下文「弓調矢直」，即承此而言。

（23）是大儒之稽也

楊倞注：稽，考也。考，成也。

按：惠棟曰：「稽，同也。」〔註41〕豬飼彥博曰：「此節論應變之妙。『稽』蓋應變不窮之意歟？」安積信曰：「稽，謂歸趣也。」高亨曰：「稽讀爲楷。」楊柳橋說同高氏。王天海曰：「稽，止也，亦至也。至，猶極也。楊注非，他說亦未得。」「稽」訓至是動詞義，不得轉爲副詞「極至」義。王天海亂轉一通。楊注「稽，考也」不誤，上文云「是大儒之徵也」，楊注：「徵，驗。」「稽」、「徵」同義對舉〔註42〕。

（24）天不能死，地不能埋，桀跖之世不能汙

按：久保愛曰：「埋，元本作『理』。」檢遞修本仍作「埋」，久氏誤記。郭店楚簡《太一生水》：「此天之所不能殺，地之所不能釐。」《淮南子・繆稱篇》：「天弗能殺，地弗能薶也。」《韓詩外傳》卷 1：「天不能殺，地不能生，當桀、跖之世不之能汙也。」《公羊傳・哀公十二年》漢何休注：「天不能殺，地不能理。」諸文並可參證。《外傳》「生」當爲「里」之誤。釐（釐）、里、理，並讀爲薶，俗作埋字，亦汙也。《淮南子・俶真篇》：「夫鑑明者，塵垢弗能薶；神清者，嗜欲弗能亂。」高誘注：「薶，污也。薶讀倭語之倭。」《詮言篇》：「崑山之玉瑱，而塵垢弗能污也。」《文子・九守》：「夫鑒明者，則塵垢不污也；神清者，嗜欲不

〔註40〕 四庫本《記纂淵海》在卷 57。
〔註41〕 惠棟《荀子微言》，收入《續修四庫全書》第 932 冊，上海古籍出版社 2002 年版，第 467 頁。
〔註42〕 參見王先謙《荀子集解》，中華書局 1988 年版，第 75 頁。

誤也。」此「蘋」訓污染之切證〔註43〕。

（25）有不學問，無正義，以富利為隆，是俗人者也

按：《韓詩外傳》卷 5 作「耳不聞學，行無正義，迷迷然以富利爲隆，是俗
人也」，本文當據校正。「有」爲「耳」形誤，下句脫「行」字。遞修本
因下句脫「行」字，並上句「有」字亦刪之。

（26）逢衣淺帶，解果其冠

楊倞注：逢，大也。淺帶，博帶也。《韓詩外傳》作「逢衣博帶」。言帶
博，則約束衣服者淺，故曰淺帶。解果，未詳。或曰：解果，
陋隘也。左思《魏都賦》曰：「風俗以韰傈爲嫮。」韰音下介反。
傈音果。嫮音獲，靜好也。或曰：《說苑》淳于髡謂齊王曰：「臣
笑鄰國之祠田，以一壺酒、三鮒魚祝曰：『蟹螺者宜禾，汙邪者
百車。』」蟹螺，蓋高地也，今冠蓋亦比之，謂強爲儒服而無其
實也。

按：《文選‧魏都賦》「韰傈」作「韰慄」。注「鄰國」，遞修本、四庫本、
盧校本作「鄰圃」。①楊注「逢，大也」，是也，本字作「豐」，已詳
《非十二子篇》「其衣逢」條校補。王天海曰：「逢，鬆也。」非是。
②盧文弨曰：「『韰』當作『𩏑』。所引《說苑》見《復恩篇》，又見《尊
賢篇》。此所引，《尊賢篇》之文也。蟹螺，彼作『蟹堁』，『鄰圃』作
『臣鄰』，皆當從彼爲是。」洪頤煊曰：「『解』與『懈』同，『果』即
『倮』字之誤。解倮猶嬾惰也。《非十二子篇》：『弟佗其冠。』弟，古
『夷』字。夷佗、解倮，皆同聲字。」〔註44〕孫詒讓說同洪氏〔註45〕。
蔣超伯曰：「《淮南子‧本經訓》：『衣無隅差之削，冠無觚蠃之理。』
高誘注：『觚蠃之理，謂若馬目籠相連干也。』『解』即『觚』之訛，
果、蠃音相近而訛。謂觚蠃其冠。楊倞作『蟹螺』解，誤矣。」〔註46〕
俞樾曰：「解果，古語也。《荀子‧儒效篇》：『解果其冠。』楊注引《說

〔註43〕參見蕭旭《淮南子校補》，花木蘭文化出版社 2014 年版，第 253～255 頁。
〔註44〕洪頤煊《讀書叢錄》卷 15，收入《續修四庫全書》第 1157 冊，第 689 頁。
〔註45〕孫詒讓《荀子校勘記上》，收入《籀廎遺著輯存》，中華書局 2010 年版，第 522
頁。疑整理者漏奪「洪云」二字。
〔註46〕蔣超伯《讀荀子》，收入《南漘楛語》卷 7，《續修四庫全書》第 1161 冊，第
356 頁。

苑》『蟹螺者宜禾』爲證。《富國篇》云：『和調累解。』又《韓非子・揚搉篇》：『若天若地，是謂累解。』累解亦即蟹螺也。蟹螺、累解，語有倒順耳。《說苑》以『蟹螺』、『汙邪』對文，則蟹螺猶平正也。注者不知古語，均失其解。」〔註 47〕久保愛曰：「解果，《非十二子篇》作『第佗』，未詳孰是？」劉師培曰：「案『蟹螺』，今《說苑》作『蟹埠』，《史記・滑稽傳》則作『甌窶』，《正義》以爲高地狹小之區。蓋『蟹螺』倒文爲『螺蟹』，與『甌窶』一聲之轉……『甌窶』即『岣嶁』、『痀僂』，山巓爲岣嶁，曲脊爲岣嶁。凡物之中高而旁下者，其音皆近於『甌窶』。」梁啓雄、閻步克從劉師培說，閻氏又曰：「『解果』即『蠏螺』，就是把冠弄得像螺一樣高聳起來，以炫人耳目的意思。」〔註 48〕劉盼遂曰：「『薜苫』爲曉母雙綿字（引者按：『雙綿字』是雙聲連綿詞的省語），亦即支離之意。《莊子・胠篋篇》：『堅白解垢同異之變多。』《釋文》引崔譔、司馬彪云：『解垢，隔角。或云詭曲之辭。』『解垢』即『薜苫』也。《荀子》云云，按『解果』即『解垢』之音轉，謂章甫之冠棱角峩峩也。」〔註 49〕楊柳橋曰：「解果，謂如木果之皮甲坼裂然也。」王天海曰：「解果，當讀作『懈墮』。解，通『懈』，鬆懈也。果、墮一聲之轉。懈墮其冠，猶言冠纓不繫，其冠鬆懈欲脫之狀。楊注不審，引《說苑》以強解之，致導後說者入歧途，懸疑至今，實爲可歎！」楊倞注引《說苑》「蟹螺」得之，而引《魏都賦》「蛬倮」則不當。俞樾謂「累解」即「蟹螺」、「解果」倒語，是也，而未得「解果」之誼。劉盼遂謂「解果」與「解垢」、「薜苫」爲轉語，亦是也，又音轉作「解構（搆、遘）」，猶言交構〔註 50〕。故高地謂之蟹埠，高冠謂之解果，其義一也。《韓詩外傳》卷 5 略去「解果其冠」四字，是漢人已不解此語。王天海之說，實自馬敍倫說化出，

〔註 47〕 俞樾《古書疑義舉例》卷 7，收入《古書疑義舉例五種》，中華書局 1956 年版，第 138 頁。

〔註 48〕 閻步克《服周之冕——〈周禮〉六冕禮制的興衰變異》，中華書局 2009 年版，第 45 頁。

〔註 49〕 劉盼遂《說文漢語疏》，《國學論叢》第 1 卷第 2 期，1927 年版，第 114～115 頁；又收入《劉盼遂文集》，北京師範大學出版社 2002 年版，第 501 頁。

〔註 50〕 參見姜亮夫《詩騷聯綿字考》，收入《姜亮夫全集》卷 17，雲南人民出版社 2002 年版，第 289 頁。又參見蕭旭《淮南子校補》、《韓非子校補》，花木蘭文化出版社 2014、2015 年版，第 53～60、34～35 頁。

改原文「懈惰」作「懈墮」〔註51〕，「懈墮」不辭（古書中的「懈墮」都是「懈惰」的假借用法，沒有「鬆懈欲脫」的用法）。王天海徒增紛擾，不能會通群籍，以不誤爲誤，亦爲可歎！

（27）呼先王以欺愚者，而求衣食焉；得委積足以揜其口，則揚揚如也
楊倞注：揚揚，得意之貌。

按：物双松曰：「言得餬其口也。」陳直曰：「委積謂貨賄蓋藏也。」王天海曰：「委積，積聚、儲備。揜，同『掩』。掩其口，即餬口之意。」物、王二氏未達荀子之指。陳直說近之。委積，指財貨。揜，覆也。言俗儒得到別人的賞賜，則揜口不言其非，揚揚得意〔註52〕。

（28）偨然若終身之虜，而不敢有他志
楊倞注：「偨」字書無所見，蓋環繞囚拘之貌。《莊子》曰：「睆然在纆之中。」

按：王念孫曰：「『偨』蓋『億』字之誤。《說文》：『億，安也。』《左傳》、《國語》通作『億』，『億』行而『億』廢矣。億然，安然也。」洪頤煊曰：「『偨』當是『億』字之譌。《說文》『億』作『億』，與『偨』形相近。『億』通作『抑』。抑然志氣卑下，故若終身之虜而不敢有他志也。」〔註53〕二氏皆以爲「偨」字是「億（億）」形譌，而解釋則不同，孫詒讓、王先謙、陳直、梁啓雄、牟宗三、李滌生、楊柳橋並從王說〔註54〕。無論解爲「安然」還是「抑然」，皆與文意不相貫，二說非是。《辭海》：「一說『偨』爲『患』的累增字，字書失收。『偨然』有患得患失之意，故曰『若終身之虜』。」〔註55〕林源河曰：「偨字從患受義，施於人事，故從人。患然，即『串然』，近習之貌。」

〔註51〕《莊子·天下》：「謑髁無任。」馬敍倫曰：「或謂『謑髁』即《荀子·儒效》『解果其冠』之『解果』。彼文楊注云云……疑『謑髁』即『懈惰』之借。髁、惰聲同歌類，故通。」馬敍倫《〈莊子·天下篇〉述義》，（上海）龍門聯合書局 1958 年版，第 39～40 頁。
〔註52〕參見金德建《先秦諸子雜考》，中州書畫社 1982 年版，第 181～182 頁。
〔註53〕洪頤煊《讀書叢錄》卷 15，收入《續修四庫全書》第 1157 冊，第 689 頁。
〔註54〕孫詒讓《荀子校勘記上》，收入《籀廎遺著輯存》，中華書局 2010 年版，第 522 頁。疑整理者漏奪「洪云」二字。牟宗三《荀學大略》，收入《名家與荀子》，《牟宗三先生全集（2）》，聯經出版事業有限公司 2003 年版，第 178 頁。
〔註55〕《辭海·語詞分冊（上）》（修訂本），上海辭書出版社 1979 年版，第 245 頁。

〔註56〕二說亦非是。《漢書‧賈誼傳》《鵩鳥賦》:「傗若囚拘。」顏師古注引蘇林曰:「皆人肩傴傗爾,音欺全反。」沈欽韓曰:「《玉篇》『傗』求敏、口窘二切,引此文謂『肩傴傗也』,與蘇林音異義同。《荀子‧儒效篇》:『傂然若終身之虜。』楊倞云:『傂,字書無所見,蓋環繞囚拘之貌。』則與此傗字同,《文選》作『窘』,《廣韻》:『窘,瘣也。』《史記》作『摳』,義與『櫎』同,《集韻》:『閉門橛也。』」〔註57〕《史記集解》引徐廣曰:「摳,音華板反,又音晥。」《索隱》:「摳,音和板反。說文(者)云:『摳,大木柵也。』」〔註58〕《漢書》作『傗』,音去隕反。」沈欽韓謂「摳」同「櫎」,是也,俗作「栓」、「拴」。《荀子》此文「傂」當同《史記》「摳」,沈欽韓謂同「傗」,非是。傂然,拘繫之貌,故爲囚拘之貌也。「摳」音同「晥」、「睆」,故《莊子》作「睆然」,亦囚拘之貌也。《莊子‧天地》:「睆睆然在纆繳之中而自以爲得。」《釋文》:「睆睆,環版反,李云:『窮視貌。』一云眠目貌。」二說亦非是。

(29) 倚物怪變,所未嘗聞也,所未嘗見也,卒然起一方,則舉統類而應之,無所儗怎張法而度之,則晻然若合符節

　　　楊倞注:倚,奇也。儗,讀爲疑。「怎」與「怍」同。奇物怪變卒然而起,人所難處者,大儒知其統類,故舉以應之,無所疑滯慙怍也。「晻」與「暗」同。

　按:久保愛曰:「『怎』當作『懘』,字之誤也。『懘』與『滯』同。」劉師培曰:「《外傳》卷5述此文云:『卒然起一方,則舉統類以應之,無所據援,法而度之,則晻然若合符節。』以義繹之,似彼文『據援』連文,『法』上脫『張』字。此文『儗怎』當與『據援』之義相當。

〔註56〕林源河《荀子義辨》,收入《荀儒考釋與中國國樂考原》,新加坡青年書局2007年版,第36～37頁。
〔註57〕沈欽韓《漢書疏證》卷28,收入《續修四庫全書》第266冊,上海古籍出版社2002年版,第787頁。
〔註58〕《集韻》:「摳,戶版切,木柵也。《史記》『摳若囚拘』,劉伯莊讀。」小司馬說當本劉伯莊,「說文」乃「說者」之誤。桂馥、沈濤、鄭珍據《索隱》,以「摳」爲《說文》逸字,非也。桂馥《說文解字義證》,齊魯書社1987年版,第1068頁。沈濤《說文古本考》卷6,收入《續修四庫全書》第222冊,第322頁。鄭珍《說文逸字》卷下,咸豐八年刻本,第217頁。

竊以『儗』與『擬』同，『怎』亦訛字（『作』疑『依』字，『怎』又後人所改。擬、依義同。或曰：『作』即『籍』字之叚，謂憑籍也。其說亦通，誌以存疑），蓋謂無所依倣也。」尚節之曰：「『儗』與『擬』通，『怎』通『作』。」〔註59〕久氏改字無據，劉氏所據的《外傳》是誤本，其說皆非是。現存最早的元刻明修本《外傳》卷5作「……無所疑，援法而度之，奄然如合符節」，嘉靖芙蓉泉書屋刊本、早稻田大學藏寶曆本「疑」皆誤作「據」。《外傳》「疑」下脫「怎」字。此作「張法」，彼作「援法」，義同。楊注讀儗爲疑，謂「怎」與「作」同，皆是也，但解爲「疑滯慙作」則誤。王念孫、席世昌、桂馥、王筠、朱駿聲、高翔麟並從楊說〔註60〕，蓋亦偶疏矣。朱駿聲曰：「儗，叚借爲疑。《荀子·儒效》：『無所儗怎。』按：惑也。注『無所凝（疑）滯慙怎也』，則謂借爲礙。」〔註61〕朱說是也，「疑」是「疑惑」義本字。「怎」訓慙作，與「疑惑」義不屬。《禮記·曲禮上》：「將即席，容毋怎。」鄭玄注：「怎，顏色變也。」怎之言作，猶言心動、驚駭，心動則見之於顏色，故鄭注曰「顏色變」。《管子·弟子職》：「少者之事……出入恭敬，如見賓客，危坐鄉師，顏色毋作。」尹知章注：「作，謂變其容貌。」《文選·與山巨源絕交書》李善注引「作」作「作」。《禮記·祭義》：「孝子臨尸而不作。」鄭玄注：「色不和曰作。」慙作、色不和都是顏色變的一種表現形式。本文不取慙作義，意謂突然見到奇物怪變，沒有疑惑、驚駭變色。又龍宇純謂「物」當作「爲」，「爲」即「化」，「奇化」與「怪變」相對成文〔註62〕，不足信。《管子·任法》：「珍怪奇物不能惑也。」文義與此相近。

（30）工匠之子莫不繼事，而都國之民安習其服

楊倞注：安習其土風之衣服。

〔註59〕 尚節之《荀子古訓考》，北京《雅言》1941年第5期，第30頁。

〔註60〕 王念孫《廣雅疏證》，收入徐復主編《廣雅詁林》，江蘇古籍出版社1992年版，第56頁。席世昌《席氏讀說文記》，桂馥《說文解字義證》，王筠《說文解字句讀》，朱駿聲《說文通訓定聲》，高翔麟《說文字通》，並收入丁福保《說文解字詁林》，中華書局1988年版，第10537~10538頁。

〔註61〕 朱駿聲《說文通訓定聲》，武漢市古籍書店1983年版，第165頁。

〔註62〕 龍宇純《荀子集解補正》，收入《荀子論集》，學生書局1987年版，第141頁。

按：冢田虎曰：「服，謂職業也。工匠皆相續父祖之家業，故各安習其職事也。倞注失之。」王天海曰：「服，職事也。楊注非，冢說亦非也。」王說明明就是鈔的冢說，而竟曰「冢說亦非」，竟鈔糊塗了。

（31）積靡使然也

楊倞注：靡，順也。順其積習，故能然。

按：《記纂淵海》卷 138 引「積靡」作「積習」〔註63〕。鍾泰、梁啓雄、于省吾、朝川鼎、李滌生均謂「靡」通「摩（磨）」，注訓「順」非是。豬飼彥博曰：「靡，磨切也。積靡，猶積習也。」楊柳橋曰：「《毛詩傳》：『靡，累也。』」余戴海曰：「《荀子》之『積靡』，亦當作積細積小解。」〔註64〕史冬青曰：「『積靡』即『積僞』。」〔註65〕王天海曰：「積，有積久漸成之義。靡，有習染、影響之義。《說苑·君道》：『上之化下，猶風靡草。』楊注未切，他說亦未得。」楊柳橋所引《詩》毛傳「靡，累也」，是損壞義〔註66〕，而非積累義，所引不切。王天海所引《說苑》之「靡」是披靡、倒伏之義，亦不切。「靡」訓習染、影響，即取義於摩，王天海不能會通，而遽曰「他說亦未得」，陋甚矣。惠士奇曰：「靡，讀爲磨。……《荀子》曰：『靡使然也。』……《管子》曰：『漸也順也靡也久也服也習也，謂之化。』然則漸順服習久而化者，靡之義也。故曰『劘靡勿釋，牛車絕轔（轔，戶限）』，靡古作劘，見《法言》，省作靡。」〔註67〕所引《管子》見《七法篇》。《漢書·枚乘傳》《上書諫吳王》：「泰山之霤穿石，單極之統斷幹。水非石之鑽，索非木之鋸，漸靡使之然也。」《說苑·正諫》略同，《御覽》卷 456 引《說苑》「靡」作「摩」，正字。楊注靡訓順不誤，亦與「摩」義相承，《管子》是其確證。《漢書·淮南衡山濟北王傳》：「亦其俗薄，臣下漸靡使然。」顏師古注：「靡謂相隨從。」顏說與楊注合。

〔註63〕四庫本《記纂淵海》在卷 66。
〔註64〕余戴海《荀子字義疏證（續）》，《實學》第 3 期，1926 年版，第 38 頁。
〔註65〕史冬青《〈荀子〉校釋札記三則》，《古漢語研究》2001 年第 2 期，第 84 頁。
〔註66〕參見馬瑞辰《毛詩傳箋通釋》，中華書局 1989 年版，第 1048 頁。
〔註67〕奇《易說》卷 6，收入阮元《清經解》卷 213，上海書店 1988 年版，第 2 冊，第 22 頁。

（32）大積靡

楊倞注：大積靡，謂以順積習為〔大〕也。

按：豬飼彥博、徐仁甫並謂注「為」下脫「大」字，是也。鍾泰曰：「大，猶隆也。楊注未是。」王天海曰：「大，推崇，敬重。」「大」即大小之大，言積靡而至於大也。

（33）知而好問，然後能才

楊倞注：其智慮不及，常好問，然後能有才藝。

按：王先謙曰：「知而好問，不自以為知也。楊注非。」王天海曰：「才，與『裁』通，決也。楊注增字為訓，非也。」楊注是，二王說誤。「知」同「智」。「才」即「才能」義。

（34）公脩而才

按：王天海曰：「公，公正。脩，修養。公脩而才，即公正有修養並能決斷。」王說非是。上文云：「志不免於曲私，而冀人之以己為公也；行不免於汙漫，而冀人之以己為脩也。」又「志忍私，然後能公；行忍情性，然後能脩；知而好問，然後能才。」「公脩而才」即承上文而來，言其志公、行脩而有才能。「脩」與「汙漫」對言，當是脩潔義。上文王天海注曰：「脩，通『修』，美也，善也。」亦誤。王氏居然沒有看出二「脩」字一脈相承，而隨文亂解一通。

（35）禮者，人主之所以為群臣寸、尺、尋、丈－檢式也

楊倞注：檢，束也。式，法也，度也。尺、寸、尋、丈，所以知長短也。檢束，所以制放佚。

按：注「檢束」當作「檢式」。王念孫曰：「檢、式，皆法也。楊注分『檢式』為二義，失之。」孫詒讓、王先謙從王說〔註68〕。王天海曰：「檢，查驗也。式，法式也。檢式，猶言查驗之法式。」王念孫說是，王天海說誤。「檢式」是並列之詞，《淮南子・主術篇》：「是故人主之立法，先自為檢式儀錶，故令行於天下。」亦是其例。王天海以「檢式」與「寸、尺、尋、丈」並列，中間施頓號，亦誤。

〔註68〕孫詒讓《荀子校勘記上》，收入《籀廎遺著輯存》，中華書局 2010 年版，第 527 頁。

卷第五

《王制篇》第九校補

（1）賢能不待次而舉，罷不能不待頃而廢

　　楊倞注：頃，須臾也。

　按：頃，四庫本同，遞修本作「須」，注作「須，須臾也」。盧文弨曰：「須，
　　　俗本誤作『頃』，宋本、元刻並作『須』。」久保愛曰：「須，舊本、宋
　　　本作『頃』，今從元本改之。」劉師培曰：「『須』係『相』字之訛。相，
　　　視也，擇也。言不待考察而廢也。」鍾泰曰：「須，猶緩也，不作『須
　　　臾』解。」楊樹達曰：「『頃』與『須』形近易亂，以他篇勘校，『頃』
　　　字是，『須』字非也。《正論篇》云：『蹎跌碎折不待頃矣。』《性惡篇》
　　　云：『天下之悖亂而相亡不待頃矣。』楊注並云：『頃，少頃。』《性惡
　　　篇》注又云：『頃，或為須。』知《荀》書二字多相亂，『須臾』不得
　　　單為『須』，楊注殊為強說。盧以作『頃』者為誤，非是。」〔註1〕梁
　　　啓雄曰：「須，俗本作『頃』，義較勝。《正論篇》：『蹎跌碎折，不待頃
　　　矣。』」龍宇純曰：「『須』當讀同頚，待也。」〔註2〕包遵信說同龍氏
　　　〔註3〕。王叔岷曰：「『待頃』既又見於《正論篇》，則作『頃』不誤。

〔註 1〕　楊樹達《荀子集解二十卷（思賢講舍刻本）》，《湖南文獻匯編》第 2 輯《省
　　　　　志初稿・藝文志》，湖南人民出版社 2008 年版，第 106～107 頁。楊樹達《鍾
　　　　　泰〈荀注訂補〉》說同，《清華學報》第 11 卷第 1 期，1937 年版，第 236 頁。
〔註 2〕　龍宇純《讀荀卿子三記》，收入《荀子論集》，學生書局 1987 年版，第 251 頁。
〔註 3〕　包遵信《讀〈荀子〉札記（上）》，《文史》第 5 輯，1978 年出版，第 211 頁。

《韓詩外傳》卷 5 作『不肖不待須臾而廢』。竊疑《荀子》此文本作『不待頃』，《外傳》易『頃』爲『須臾』，其義一也。頃之作須，蓋又後人據《外傳》所改者耳。」楊柳橋曰：「須，通『需』，疑也。」李中生曰：「『須』通『需』，懦弱。」王天海曰：「頃，巾箱本、題注本、遞修本皆作『須』，故注文亦隨之。然作『頃』是。頃，與『傾』同，危也。不待有所危害才廢之也。楊注未得，諸說以『須』爲訓者亦非。明世本、四庫本正文及注皆作『頃』。」楊樹達、王叔岷說是，宋人李劉《四六標準》卷 15、劉述《上神宗五事》、呂公著《上神宗論除監司條制》引《荀子》作「頃」，宋人劉弈《誡諭士大夫敦尚名節》：「罷弗任事者不待頃而廢。」是宋人所見本正作「頃」。《增韻》卷 1「須」字條、《皇王大紀》卷 78 引皆誤作「須」。《戰國策・韓策一》：「須秦必敗。」鮑彪注：「須，言少待。」「須」亦「頃」誤。王天海解作「危害」，殊誤。

（2）雖王公士大夫之子孫也，不能屬於禮義，則歸之庶人

　　楊倞注：屬，繫也。

按：久保愛曰：「屬，當作『厲』，字似而誤。」王天海曰：「屬，猶歸也。」《韓詩外傳》卷 5 作「行絕禮儀」，則「不能屬」是斷絕義。楊注是也。

（3）反側之民，職而教之，須而待之

　　楊倞注：反側，不安之民也。職而教之，謂使各當教其本事也。須而待之，謂須暇之而待其遷善也。

按：物双松曰：「須而待之，言待之須臾也。」梁啓雄曰：「須，借爲頊，待也。」梁說同於桂馥﹝註4﹞。包遵信曰：「反側者，反覆無常也。楊注不確。」王天海曰：「反側，反覆無常之謂也。職，事也。事，役使也。」楊注「反側」不誤。王天海說全誤，「職」不得轉訓役使。《詩・何人斯》：「作此好歌，以極反側。」毛傳：「反側，不正直也。」《書・洪範》：「無反無側，王道正直。」孔傳：「言所行無反道不正，則王道平直。」元刻明修本《韓詩外傳》卷 5 作「傾覆之民，牧而試之……

────────────

〔註4〕桂馥《說文解字義證》，齊魯書社 1987 年版，第 886 頁。

傾而待之」，嘉靖芙蓉泉書屋刊本同，早稻田大學藏寶曆本「傾」作
「敬」。「須」形譌作「頃」，又易作「傾」，復音誤作「敬」。

（4）五疾，上收而養之，材而事之，官施而衣食之，兼覆無遺

楊倞注：官爲之施設所職而與之衣食也。

按：久保愛曰：「『施』讀如字。」王先謙曰：「『收而養之』以下三句一律，
皆上之事也，不應此處又增入『官』字。官者，任也。施者，用也。《王
霸篇》云『論德使能而官施之』，尤其明證。」陶鴻慶以「官」字屬上
句，云：「施，讀爲弛。廢弛不可任者，但衣食之而已。」王天海曰：
「官，館舍也。施，予也。猶言爲之提供館舍與衣食。《管子‧入國》：
『不耐自生者，上收而養之，疾官而衣食之。』俞樾曰：『疾官，乃有
疾者所居之館舍。』楊注未得，他說亦非是。」王天海說殊不合句法。
「官」就是指官府，與「上」皆作分句主語，「材而事之」後用分號（；）。
《王霸篇》王天海又解作「官施之，官府施行之也」〔註5〕，皆信口
臆說耳。施，讀爲賜，賜予也，《王霸篇》「施」同。王引之曰：「施捨
之言賜予也。」又曰：「舍之爲言予也，施之爲言賜也，賜亦予也，故
名舍字施。」〔註6〕《管子》當校作「不耐自生者，上收而養之；疾，
官〔施〕而衣食之」，「官」後脫「施」字。

（5）若是，名聲日聞，天下願，令行禁止，則王者之事畢矣

楊倞注：願，謂人人皆願矣。

按：名聲日聞，王念孫據《致仕》、《樂論》、《堯問》校作「名聲白」，王
先謙、梁啓雄從其說。李中生、王天海謂王念孫不明修辭而妄改，樊
波成亦謂「日聞」不誤〔註7〕。考本書《君道》：「欲白貴名。」又「貴
名果明。」《韓詩外傳》卷5：「能以禮扶身，則貴名自揚，天下順焉，
令行禁止，而王者之事畢矣。」王念孫說至確。

（6）爭則必亂，亂則窮矣。先王惡其亂也，故制禮義以分之

〔註5〕 王天海《校釋》第497頁。
〔註6〕 王引之《國語述聞》、《春秋名字解詁》，分別收入《經義述聞》卷20、22，江
蘇古籍出版社1985年版，第488、540頁。
〔註7〕 樊波成《〈荀子〉舊注補正（〈儒效篇〉〈王制篇〉）》，《傳統中國研究集刊》第
9、10合輯，上海人民出版社2012年版，第169頁。

按：遞修本無「必」字，是也。下文「爭則亂，亂則離」，是其比。本書《富國》、《禮論》並有「爭則亂，亂則窮」語。

（7）成侯、嗣公，聚斂計數之君也，未及取民也；子產取民者也，未及為政者也；管仲為政者也，未及脩禮者也

按：久保愛謂「未及取民」下脫「者」字，劉師培據《御覽》卷 627 引，於「未及取民」下補「者」字。王念孫曰：「元刻『未及爲政』、『未及脩禮』下皆無『者』字，宋龔本同，是也。《韓詩外傳》、《治要》及《文選・永明十一年策秀才文》注引皆無兩『者』字，上文『未及取民也』亦無『者』字。」王說是也，《外傳》見卷 3，惟《選》注但引「管仲爲政者也，未及脩禮」一句。《皇王大紀》卷 77、78 引三句皆無「者」字，《通鑒》卷 4 同。

（8）故脩禮者王，為政者彊，取民者安，聚斂者亡

按：《御覽》卷 472 引作「循禮者王，爲政者強，節民者安，聚斂者亡」，「循」、「節」皆誤。

（9）故王者富民，霸者富士，僅存之國富大夫，亡國富筐篋、實府庫。筐篋已富，府庫已實，而百姓貧夫，是之謂上溢而下漏

楊倞注：士，卒伍也。

按：《御覽》卷 472 引「士」作「土」，形之譌也。王天海曰：「《說苑・政理》：『王國富民，霸國富士，僅存之國富大夫，亡道之國富倉府，是謂上溢而下漏。』向宗魯《校證》曰：『《淮南》云：「王主富民，霸主富武。」（武即士也）。』故知楊注是也。」《淮南子》見《人間篇》，下句作「亡國富庫」，亦當引證。《尉繚子・戰威》：「王國富民，霸國富士，僅存之國富大夫，亡國富倉府，所謂上滿下漏，患無所救。」《治要》卷 37 引「滿」作「溢」。楊注是，林源河謂「士」指「士大夫」之士〔註8〕，非是。《管子・山至數》：「管子對曰：『王者藏於民，霸者藏於大夫，殘國亡家藏於篋。』」《鹽鐵論。禁耕》：「民人藏於家，諸侯藏於國，天子藏於海內。故民人以牆垣爲藏閉，天子以四海爲匣

〔註8〕 林源河《荀子義辨》，收入《荀儒考釋與中國國樂考原》，新加坡青年書局 2007 年版，第 41 頁。

置……是以王者不蓄聚，下藏也於民。」皆足參證。

（10）然後漸慶賞以先之，嚴刑罰以糾之

楊倞注：漸，進也，言進勉以慶賞也。

按：下文有「漸賞慶以先之，嚴刑罰以防之」語，「漸慶賞，嚴刑罰」亦見本書《富國》，又《富國》：「慶賞不漸則兵弱。」郝懿行曰：「漸，子廉切，讀若『漸民以仁』之漸，其訓漬也、浸也、深染入也，楊注凡漸皆訓進，多失之。」王先謙、梁啓雄從郝說。朝川鼎曰：「猶言先慶賞以漸之。《議兵篇》：『隆勢詐，尚功利，是漸之也。』」鍾泰曰：「漸，深也。深慶賞，猶言重慶賞。」高亨曰：「漸慶賞猶言重慶賞也，猶言峻慶賞也。漸借爲嶄，高也。」潘重規曰：「此言施政先賞後刑之意，楊以進訓漸，於義爲長。」李中生從潘說〔註9〕。楊柳橋曰：「漸，借爲潛，深也。」王天海曰：「漸，進也。進，用也。楊注是，他說非。」楊注漸訓進，則是讀爲薦，復以「進勉」申說之，是認爲「進」爲勸勉義〔註10〕。王天海不達楊說，又轉訓爲用，漸無用義，王說非是（上文王天海云：「閱，容也。容與用通，故閱亦用也。」亦是亂說轉訓，「閱」無用義）。郝懿行、朝川鼎說是也，漸猶言習染、浸漬。

（11）脩友敵之道，以敬接諸侯，則諸侯說之矣

按：冢田虎曰：「脩友敵之道，言爲朋友匹敵之交也。」梁啓雄從冢說。鍾泰曰：「此『敵』乃敵體之敵，非仇敵之敵。言友又言敵者，正以見其不欲相臣也。」王天海曰：「友敵，與匹敵之國相友好。冢說是也。」林源河曰：「冢說以『友敵』爲並列詞，非是。下文云『所以說之者，以友敵也，臣之見，則諸侯離矣』，『友敵』與『臣敵』義正相反，一則以敵爲友，修睦之道也；一則以敵爲臣，結怨之路也。『友』字動詞，『敵』字名詞賓語。」〔註11〕林說是。且如冢說，「友敵」乃並列連文，

〔註9〕 李中生《從王先謙〈荀子集解〉看清代訓詁學的得失》，收入《荀子校詁叢稿》，廣東高等教育出版社2001年版，第113頁。
〔註10〕《禮記·樂記》鄭玄注：「進，謂自勉強也。」《呂氏春秋·壹行》、《至忠》高誘注並曰：「勸，進也。」又《季春紀》高注：「勉，進。」
〔註11〕 林源河《荀子義辨》，收入《荀儒考釋與中國國樂考原》，新加坡青年書局2007年版，第43頁。

王天海根本就沒有讀懂冢說。

（12）彼王者不然，仁眇天下，義眇天下，威眇天下

楊倞注：眇，盡也。盡天下皆懷其仁，感其義，畏其威。

按：王懋竑曰：「『眇』字難解，註『盡也』，似未然。」〔註12〕郝懿行曰：「眇，古妙字。古書皆以眇為妙，荀書亦然，注皆失之。」王念孫曰：「余謂眇者，高遠之稱。言仁高天下、義高天下、威高天下耳。」王先謙謂郝、王二說並通，梁啟雄、陳直從王說。胡懷琛曰：「『眇』字作未解，不當如念孫言解為高。眇天下者，視天下甚微小也，與『登泰山而小天下』之『小』字正相同。」〔註13〕桂馥曰：「古妙字皆作眇。眇，小也。」〔註14〕朱駿聲曰：「眇，叚借為杪為秒。注：『盡也。』按：高也。」徐灝曰：「眇者，極盡微妙之義。」〔註15〕物双松曰：「『眇』、『妙』通。」冢田虎曰：「『眇』是深妙之意也。」久保愛引世璠曰：「『眇』當作『縣』，字似而誤。」〔註16〕帆足萬里曰：「眇，少也。」安積信曰：「『眇』與『藐』音義並同，輕之也。」姜亮夫曰：「謂仁、義、威，皆足以達天下之微妙也。」〔註17〕龍宇純曰：「余謂眇當是昒字之誤，昒讀為冥，冥合也。謂仁彌合天下，義彌合天下，威彌合天下。」〔註18〕林源河曰：「眇者，小也。」〔註19〕趙清慎曰：「眇，應訓示。」〔註20〕王天海曰：「眇，成也。言其仁、義、威皆形成於天下也。」久保愛、龍宇純改字，趙清慎謂眇訓示，皆毫無根

〔註12〕 王懋竑《荀子存校》，《讀書記疑》卷11，收入《續修四庫全書》第1146冊，第354頁。

〔註13〕 胡懷琛《王念孫〈讀書雜志〉正誤·荀子》，收入《叢書集成續編》第24冊，新文豐出版公司1988年印行，第667～668頁。

〔註14〕 桂馥《札樸》卷5，中華書局1992年版，第178頁。

〔註15〕 朱駿聲《說文通訓定聲》，徐灝《說文解字注箋》，並收入丁福保《說文解字詁林》，中華書局1988年版，第3881頁。

〔註16〕 王天海誤以為久保愛語。

〔註17〕 姜亮夫《楚辭通故（一）》，收入《姜亮夫全集》卷1，雲南人民出版社2002年版，第521頁。

〔註18〕 龍宇純《讀荀卿子札記》，收入《荀子論集》，學生書局1987年版，第191～192頁。

〔註19〕 林源河《荀子義辨》，收入《荀儒考釋與中國國樂考原》，新加坡青年書局2007年版，第43頁。

〔註20〕 趙清慎《野狐集：古書新讀》，學林出版社2003年版，第111頁。

據。宋徽宗《沖虛至德眞經義解》卷 3：「故仁眇天下而無不懷，義眇天下而無不服，是謂常勝之道。」是所見本亦作「眇」字。「眇」當訓高、遠，「小」義亦相因，胡懷琛未會通。

（13）明振毫末

　　楊倞注：振，舉也，言細微必見也。

按：冢田虎曰：「振，收也。」豬飼彥博曰：「『振』當作『眰』，視也。」龍宇純曰：「振，當作『挀』，分析義。」王天海曰：「振，通『整』，整治。」豬飼、龍宇純改字，毫無根據。宋・呂祖謙《祭汪端明文》：「明振毫末而終出於恕，智兼僚寀而各付以職。」是所見本亦作「振」字。振，讀爲診，診視、明察〔註21〕。言其明察於毫末也。

（14）王者之論

　　楊倞注：論，謂論說賞罰也。

按：陳直取楊注。古屋鬲曰：「『論』即下文『定論』。」王先謙曰：「楊說非。論亦當讀爲倫。倫者，等也。」陶鴻慶曰：「王讀爲倫，是矣，而訓爲等，則非。倫者，理也。」鍾泰曰：「論字不得讀倫。『論』即論官之論，謂考其德藝也。」駱瑞鶴曰：「論，當爲論擇、論量之論。」李中生曰：「論應讀爲倫，是合理安排人或事，使各適其宜的意思。」王天海曰：「論，議也，評定也。」「論」當讀如字，考察之義，鍾泰說是。《韓詩外傳》卷 3 作「王者之論德也」，下有「德」字，義尤明顯。

（15）無德不貴，無能不官，無功不賞，無罪不罰

按：《韓詩外傳》卷 3 作「不尊無功，不官無德，不誅無罪」。

（16）尚賢使能而等位不遺，析（折）愿禁悍而刑罰不過

　　楊倞注：不遺，言各當其材。等位，等級之位也。

按：久保愛曰：「《韓詩外傳》作『上賢使能而等級不踰』，是也。」帆足萬里曰：「不遺，言無所遺失也。」鍾泰說同帆氏。屈守元曰：「『遺』當

〔註21〕古字從辰從今相通之例，參見張儒、劉毓慶《漢字通用聲素研究》，山西古籍出版社 2002 年版，第 845 頁。

爲『逾』，字之誤也。『逾』即『踰』字。」王天海曰：「不遺，不失也，即不錯亂也。『不遺』自通，且於義爲長，不煩改字。」屈守元說是，「不踰」、「不過」同義對舉。「遺」訓失，是遺失義，沒有錯亂義，王說非是。

（17）相地而衰其政，理道之遠近而致貢

楊倞注：相，視也。衰，差也，政爲之輕重。政，或讀爲征。衰，初危反。

按：盧文弨曰：「《齊語》正作『相地而衰征』〔註22〕，韋昭注云：『視土地之美惡及所生出，以差征賦之輕重也。』」駱瑞鶴曰：「《管子·小匡》文同。郭沫若等《集校》引劉師培《斠補》云：『《九章算術》六李籍《音義》云：「衰，次也，不齊等也。《管子》曰相地而衰征。」是《管子》古有作「征」之本。』衰之言殺，謂以次減殺，故楊以等差爲解。」諸說皆是，衰、差、殺一聲之轉。劉師培說本惠棟《九經古義》〔註23〕。元本《韓詩外傳》卷3作「相地而攘正，理道而致貢」，義同；《管子·乘馬數》：「郡縣上臾（腴）之壤守之若干，間壤守之若干，下壤守之若干。故相壤定籍而民不移。」《呂氏春秋·季秋紀》：「諸侯所稅於民輕重之法，貢職之數，以遠近土地相宜爲度。」〔註24〕義亦同。《外傳》「攘正」，沈本、薛本、早稻田大學藏寶曆本、龍谿精舍叢書趙懷玉校本、周廷寀校本、四庫本並作「正壤」，是也。正壤謂正其土地之差次。屈守元曰：「元本『攘』字當即『衰』字之誤。」〔註25〕非是。

（18）南海則有羽翮、齒革、曾青、丹干焉，然而中國得而財之

按：劉師培曰：「《通典·食貨八》引『財』作『賦』。」李滌生曰：「財，通『材』。財之，作材料應用。」李中生曰：「財，寶也。此是名詞活用作意動詞，意思是把它們當作財寶。」王天海從李中生說。二李說非是。財，讀爲裁，裁製、製作。

〔註22〕 王天海引「征」誤作「政」，鈔書亦鈔錯了。
〔註23〕 惠棟《九經古義》卷9《儀禮古義上》，收入《叢書集成初編》第255冊，中華書局1985年影印，第105頁。
〔註24〕 《禮記·月令》、《淮南子·時則篇》同。
〔註25〕 屈守元《韓詩外傳箋疏》卷3，巴蜀書社1996年版，第339頁。

（19）東海則有紫紵、魚、鹽焉，然而中國得而衣食之

　　楊倞注：紫，紫貝也。「紵」未詳，字書亦無「紵」字，當爲「蚼」。郭璞
　　　　《江賦》曰：「石蚼應節而揚葩。」注云：「石蚼，龜形，春則生
　　　　花。」蓋亦蚌蛤之屬。今案：《本草》謂之石決明，陶云：「俗傳
　　　　是紫貝，定小異，附石生，大者如手，明耀五色，內亦含珠。」
　　　　古以龜貝爲貨，故曰衣食之。

按：盧文弨曰：「注『蚨』，元刻作『蚼』，同，今從宋本。」物双松曰：「紵，
　　想是『緒』字誤。《說文》：『緒，赤繒。』」王引之曰：「下文云『中國
　　得而衣食之』，則紫紵爲可衣之物，魚鹽爲可食之物。『紫』與『茈』
　　通。『紵』當爲『綌』。葛精曰絺，麤曰綌。紫與綌皆可以爲衣。」王
　　先謙從王說。久保愛曰：「『紫紵』二物。『紫』謂染紫草也。『紵』疑
　　當作『紈』。古屋鬲曰：『紵，恐是絺誤。』暫記兩說，以待知音。」
　　劉師培曰：「《通典》引『紵』作『蛤』。」于省吾曰：「王說以『紵』
　　爲『綌』是也。然尚未知『紫』即『絺』假字。」梁啓雄從王、于二
　　氏說。陳直從王說讀紫爲茈，又謂「紵疑絓字之誤，紬也」。龍宇純曰：
　　「王以『紫』爲『茈』，亦不然而已。于（省吾）以『紫』借爲『絺』，
　　則不僅二字韻不同部，聲尤遠隔，于（省吾）固不知音者。『紫』當爲
　　『嵍』之誤，借『嵍』爲『絺』。」包遵信曰：「『紫紵』當從楊注，即
　　爲『石蚨』，亦作『石蚼』。江淹《石蚨賦序》：『石蚨，一名紫蕚，蚌
　　蛤類也。』《本草》作『石決明』，一名『腹魚』。」王天海曰：「龍說
　　紫爲嵍誤，嵍又借爲絺，是也。王說紵乃綌字誤，亦是也。」于省吾
　　說音轉固誤，龍宇純改字，尤是妄改，毫無依據。北宋陳襄《古靈集》
　　卷 10《易講義》、《爾雅翼》卷 31、《楚辭·九歌·湘夫人》洪興祖《補
　　注》引作「紫紵」，同於今本。「紫」字不誤。「衣食」二字泛指生活用
　　品，不必坐實指衣與食。「紵」當作「蚨」，字亦作「蚼」〔註26〕。《集
　　韻》：「蚼、蚨：石蚼，蟲名，足如龜，或省。」《文選·江賦》：「瓊蚌
　　晞曜以瑩珠，石蚨應節而揚葩。」李善注引《南越志》：「石蚨形如龜
　　腳，得春雨則生花，花似草華。」《廣韻》「蚼」字條引《南越志》作

〔註26〕　「蚨」從「劫」省聲，故或作「蚼」。《說文》：「鉣，從金，劫省聲，讀若劫。」
　　　　《集韻》：「鉣、蚼：或從劫。」《說文》：「屐，從戶，劫省聲。」是其比。「怯」
　　　　亦當從「劫」省聲，《說文》謂從「去」聲，非是。

「石蜐」。《本草綱目》卷 46：「石蜐：〔釋名〕紫蚨（音劫，與蜐同），
紫蘇（音枴），龜腳（俗名）。〔集解〕時珍曰：石蜐，生東南海中石上，
蚌蛤之屬，形如龜腳，亦有爪狀，殼如蟹螯，其色紫，可食。《荀子》
云『東海有紫蚨、魚、鹽』，是矣。或指爲紫貝及石決明者，皆非矣。」
「紫」非紫貝。

（20）故澤人足乎木，山人足乎魚

按：《韓詩外傳》卷 3：「聖人刳木爲舟，剡木爲楫，以通四方之物，使澤人
足乎木，山人足乎魚，餘衍之財有所流。」

（21）農夫不斲削、不陶冶而足械用，工賈不耕田而足菽粟

按：《鹽鐵論・水旱》：「故農民不離畦畝而足乎田器，工人不斬伐而足乎陶
冶，不耕田而足乎粟米。」即本此文。

（22）故虎豹為猛矣，然君子剝而用之

按：馬王堆帛書《稱》：「虎狼爲孟（猛），可揗（馴）。」《說苑・敬慎》：「虎
豹爲猛，人尚食其肉、席其皮。」爲，猶雖也〔註27〕，《意林》卷 3 引
《說苑》作「虎豹雖猛，人食其肉。」周家臺 30 號秦墓簡牘第 335 簡
《病方及其他》：「泰山〔之〕高也，人居之；□□（虎豹）之孟（猛）
也，人席之。」〔註28〕「之孟」亦猶言雖猛也。《淮南子・兵略篇》：「今
夫虎豹便捷，熊羆多力，然而人食其肉而席其革者，不能通其知而壹其
力也。」

（23）上無君師，下無父子，夫是之謂至亂

按：冢田虎、朝川鼎謂「君師」當作「君臣」，王天海從其說，非是。本書
《禮論》：「君師者，治之本也。無天地惡生？無先祖惡出？無君師惡
治？」《大戴禮記・禮三本》、《史記・禮書》略同。君師是治之本，故
無君師則謂之至亂。

〔註27〕 參見蕭旭《古書虛詞旁釋》，廣陵書社 2007 年版，第 42 頁。
〔註28〕 《關沮秦漢墓簡牘》，中華書局 2001 年版，第 131 頁。缺文疑是「虎豹」或
「虎狼」，「孟」是「猛」省文。整理者以「□□之孟也」屬上句，以「人席
之」屬下句，非是。

（24）聖王之用也，上察於天，下錯於地

　　楊倞注：順天時以養地財也。錯，千故反。

按：冢田虎曰：「錯，交錯也。」久保愛曰：「察，明也。錯，如字。」帆足萬里曰：「察，明察也。『錯』、『措』通。」朝川鼎曰：「先君曰：『錯如字，猶參也。』」高亨曰：「《廣雅》：『察，至也。』察訓爲至，當讀爲際。《小爾雅》：『際，接也。』《禮記·中庸》：『《詩》云：「鳶飛戾天，魚躍於淵。」言其上下察也。君子之道，造端乎夫婦，及其至也，察乎天地。』《管子·內業篇》：『上察於天，下極於地。』三『察』字亦當讀爲際。《莊子·刻意篇》：『上際於天，下蟠於地。』正作『際』字。」龍宇純說同高氏〔註29〕。王天海曰：「察，審也，考究也。錯，通『措』，施行也。」高亨、龍宇純說是。錯，讀爲措，楊氏讀千故反，即是「措」字音。措，置也。察，讀爲際，極也，至也。上博楚簡《凡物流形》：「旻（得）而解之，上方（賓）於天，下番（蟠）於淵。」馬王堆帛書《十六經·成法》：「一之解，察於天地；一之理，施於四海。」馬王堆帛書《十問》：「坡（彼）生之多，尚（上）察於天，下播（蟠）於地。」《管子·心術下》：「是故聖人一言解之，上察於天，下察於地。」許維遹謂察、際聲同義通，與「極」同訓「至」〔註30〕。《文子·道原》：「一之理，施於四海；一之詛（解），察於天地。」皆可以參證。《莊子·刻意》：「精神四達並流，無所不極，上際於天，下蟠於地。」際亦極也。《淮南子·原道篇》：「是故一之理，施四海；一之解，際天地。」又《道應篇》：「若神明四通並流，無所不及，上際於天，下蟠於地。」又《覽冥篇》：「上際九天，下契黃壚。」際亦及也。四例皆正作「際」字。

（25）塞備天地之間

按：惠棟曰：「塞備，充塞備具也。」〔註31〕王懋竑曰：「塞備，猶充備也。」〔註32〕王引之曰：「『備』當爲『滿』，字之誤也。」王先謙從王引之

〔註29〕龍宇純《讀荀卿子札記》，收入《荀子論集》，學生書局1987年版，第194頁。

〔註30〕許維遹說轉引自郭沫若《管子集校》，科學出版社1956年版，第658、787頁。

〔註31〕惠棟《荀子微言》，收入《續修四庫全書》第932冊，上海古籍出版社2002年版，第469頁。

〔註32〕王懋竑《荀子存校》，《讀書記疑》卷11，收入《續修四庫全書》第1146冊，

說。邵瑞彭曰：「《廣雅》：『備，具也。』《方言》卷 12：『備，咸也。』王引之說太迂，不改字義自可通。」〔註33〕梁啓雄曰：「備，盡也。」裴學海曰：「《國語・楚語》韋注曰：『備，滿也。』（『備』訓滿是借『畐』字之義。《說文》：『畐，滿也。』字通作『偪』，《方言》：『偪，滿也。』《禮記》曰：『福也者備也。』是以同音爲訓。）」〔註34〕蔣禮鴻曰：「王引之說非是。『備』乃『偪』字形近之誤。」〔註35〕李滌生曰：「備，滿也，見《楚語》注。」王天海曰：「《國語・楚語上》：『四封不備一同。』韋昭注：『備，滿也。』王說非也。」裴說非王天海所能知，王氏不引李說，竊作己說。裴、李說是也，蔣氏謂形譌，隔於古音。裴氏所引《禮記》見《祭義》，衍上「也」字；所引《方言》見卷 6。字亦作愊，《廣雅》：「愊，滿也。」音轉亦作服，馬王堆漢墓帛書《十六經・三禁》：「毋服川，毋逆土，毋逆土功，毋壅民明。」《晏子春秋・內篇問上》：「以無偪川澤。」「服川」即「偪川澤」。《晏子春秋・內篇問上》：「以無偪山林。」銀雀山漢簡本「偪」作「服」。

（26）司馬知師旅、甲兵、乘白之數

　　　　楊倞注：《周禮》：「四井爲邑，四邑爲丘，四丘爲甸。」亦謂之乘。以其治田，則謂之甸，出長轂一乘，則謂之乘。每一乘又有甲士三人，步卒七十二人。白，謂甸徒，猶今之白丁也。或曰：「白」當爲「百」，百人也。

　　按：王懋竑曰：「『白』字誤，當作『乘甸』。」〔註36〕郝懿行曰：「『乘白』似不成文，『白』蓋『甸』字形近之譌。《周禮》：『四丘爲甸。』注云：『甸之言乘。』《詩》曰：『維禹甸之。』甸即乘也，故此言乘甸矣。」洪頤煊曰：「『白』即『甸』字之譌，白、甸字形相近。」〔註37〕劉台拱曰：「《管子・乘馬篇》：『白徒三十人，奉車兩。』又《七法篇》：『以

第 353 頁。

〔註33〕邵瑞彭《荀子小箋》，《唯是》第 3 期，1920 年版，第 25 頁。

〔註34〕裴學海《評高郵王氏四種》，《河北大學學報》1962 年第 2 期，第 88 頁。

〔註35〕蔣禮鴻《義府續貂》，收入《蔣禮鴻集》卷 2，浙江教育出版社 2001 年版，第 207 頁。

〔註36〕王懋竑《荀子存校》，《讀書記疑》卷 11，收入《續修四庫全書》第 1146 冊，第 353 頁。

〔註37〕洪頤煊《讀書叢錄》卷 15，收入《續修四庫全書》第 1157 冊，第 689 頁。

教卒練士，擊毆眾白徒。』尹注云：『白徒，謂不練之卒，無武藝。』
《呂氏春秋‧決勝篇》：『廝輿白徒。』高注云：『白衣之徒。』」王引
之曰：「白丁、白徒，皆不得但謂之白。竊謂『白』與『伯』同。《逸
周書‧武順篇》：『五五二十五曰元卒（此以二十五人為卒，與《周官》
百人為卒不同），四卒成衞曰伯。』是百人為伯也。《昭二十一年左傳》：
『不死伍乘，軍之大刑也。』彼言伍乘，猶此言乘伯也。《隱元年傳》：
『繕甲兵，具卒乘。』彼言甲兵卒乘，猶此言甲兵乘伯也。作白者，
借字耳（《史記‧五子胥傳》『伯嚭』，《吳越春秋》作『白喜』。古鍾
鼎文多以白為伯）。乘乃車乘之乘，非四邱為甸之甸。或謂白為甸之
譌，尤非（乘可言數，甸不可言數，『乘甸之數』則尤不成語）。」楊
柳橋從王引之說。鄒漢勛曰：「勛謂白即白徒，一曰甸徒也。《司馬法》
所云『炊家子十人，固守衣裝五人，廝養五人，樵汲五人』（引見杜
牧之《孫子》注），即甸徒也，但《管子》所言，一乘多五人。」〔註
38〕物双松曰：「乘白，後注似是。」古屋鬲曰：「『白』當作『馬』，
音之誤也。」于省吾曰：「白謂白旗，大白小白統稱之曰白。《逸周書‧
克殷解》：『武王乃手大白以麾諸侯。』注：『大白，旗名。』又云：『折
懸諸大白。』又云：『懸諸小白。』由是言之，乘白謂車與旗至明墻
矣。」王天海曰：「白即白馬。白與駁聲近。諸說未知『白』可讀作
『駁』，故所訓皆未得也。」樊波成謂「乘白」是「乘馬」之誤，為
軍賦之單位〔註39〕。王天海妄說音借，所言只是添亂，其所知不如不
知耳。楊注後說及王引之說是也，戴家祥有專文詳考，戴氏曰：「綜
此以觀，假白為百，乃顯然矣……古文本無百字，段白為百……古多
以伯為百，蓋古文伯作 ⊖。後世僅知白為伯之古文，不知白即百之
段借，乃易古書之白為伯，故伯有百之訓，白伯、百伯展轉相訓。不
究白之本字，安能互通其義乎？《說文》：『佰，相什百也，從人百。』
《孟子‧滕文公上》作『或相什百』，此即百、伯之孳乳字也。又《孟
子》『百里奚』，《韓非子‧難言》作『伯里奚』。《漢書‧食貨志》：『亡
農夫之苦，有仟伯之得。』顏師古注：『伯謂百錢也。』《淮南‧氾論

〔註38〕 鄒漢勛《讀書偶識》卷9，中華書局2008年版，第194頁。
〔註39〕 樊波成《經學與古文字視野下的〈荀子〉新證》，上海社科院2012年碩士學
位論文，第58、82頁。

訓》：『隊伯之卒。』《兵略訓》：『正行伍，連什伯。』《史記・秦始皇本紀》：『躡足行伍之間，而崛起什伯之中。』賈誼《過秦論》：『起於仟伯之中。』《史記索隱》以爲千人百人之長。《荀子・王制篇》云云，楊倞注：『或曰白當爲百，百人也。』王引之曰：『白與伯同。《逸周書・武順篇》云云，是百人爲伯也。』凡此皆白、百、伯、佰互相通叚之證，亦可證伯、百均白之叚借與孳乳字也。《盂鼎》：『錫汝邦司四白（百）人。』又曰：『錫夷司王臣有三百人。』百字均作 ⊖……」

〔註 40〕

（27）脩憲命……大師之事也

楊倞注：脩憲法之命，所以表示人也。

按：物双松曰：「脩憲命，不關大師職掌，當是錯誤。」冢田虎曰：「憲命，謂學宮之法令與？」久保愛曰：「憲命，猶憲令也，謂學宮之法令也。」諸說皆未得，章太炎曰：「憲得聲於丰，其字當由㓞孳乳……《孫卿子》云云，瞽師不掌法令條教，此憲字借爲㓞而言書㓞，命之言名，謂書名也。」〔註 41〕

（28）以時順脩……大師之事也

楊倞注：謂不失其時而順之、脩之。

按：黃紹箕曰：「所謂順者，即順時令之陰陽也。」〔註 42〕李中生曰：「當讀爲『以時愼脩』。」王天海曰：「以時，因時。順，整理。脩，脩筋也。」諸說皆誤。下文「治田之事」、「鄉師之事」二條亦言「以時順脩」，《管子・立政》皆作「以時鈞脩焉」。考《賈子・輔佐》：「……以時巡循……大輔之任也。」文例相同。鈞、順，並讀爲巡。「脩」爲「循」形誤。劉台拱曰：「均（鈞）、順音相近。」劉師培曰：「叚鈞爲順。」亦皆未盡。

〔註 40〕戴家祥《釋百（申《說文》義）》，《國學論叢》第 1 卷第 4 號，1928 年版，第 44 頁；又收入《戴家祥學術文集》，上海人民出版社 2012 年版，第 232～233 頁。

〔註 41〕章太炎《小學答問》，收入《章太炎全集（7）》，上海人民出版社 1999 年版，第 446 頁。

〔註 42〕《黃紹箕集》第 4 章《陰陽變化之學》（俞天舒輯），《瑞安文史資料》第 17 輯，浙江人民出版社 1998 年版，第 290 頁。

（29）行水潦，安水臧

　　　　楊倞注：行，巡行也，下孟反。

　按：臧，遞修本、四庫本作「藏」，《管子‧立政》同。冢田虎曰：「『行』如
　　　字，言使之通行也。注非也。」冢說是，《管子》「行」作「決」。

（30）順州里

　　　　楊倞注：使之和順。

　按：豬飼彥博曰：「順，古文作巡。順、巡蓋通用。《管子》作『行鄉里』。」
　　　李滌生從其說。劉師培曰：「《管子‧立政篇》作『行鄉里』，順當讀循，
　　　即巡行也。楊注非是。」許維遹曰：「順、循古通用。循，行視也。」
　　　〔註43〕鍾泰曰：「順，謂次序之也。」蔣禮鴻曰：「順讀爲訓。」〔註44〕
　　　王天海曰：「順，理也。理，調治也。」豬飼說是，劉、許說未盡。循
　　　亦巡借字。

（31）養六畜，閒樹藝

　　　　楊倞注：樹藝，種樹及桑柘也。閒之，使疏密得宜也。

　按：郝懿行曰：「閒，更代也。」王念孫曰：「閒，與『閑』同，習也。」王
　　　先謙、楊柳橋、王天海從王說。豬飼彥博曰：「《管子》作『觀樹藝，簡
　　　六畜』，『閒』當作『簡』，閱也。」劉師培曰：「閒當讀簡，爲選擇也。
　　　『養』疑『省』訛，義與『觀』同。」蔣禮鴻曰：「『養』當作『觀』。『閒』
　　　與『簡』同，《荀子》誤倒耳。」〔註45〕豬飼說是，李滌生從其說，指
　　　出簡是視察之意。

（32）知其吉凶妖祥，傴巫跛擊之事也

　　　　楊倞注：擊，讀爲覡，男巫也。古者以廢疾之人主卜筮巫祝之事，故曰「傴
　　　　　　　巫跛覡」。

　按：楊注是也。《集韻》：「覡，或作擊。」方以智曰：「跛擊，跛覡也。朵
　　　覡，滇中巫人之稱。《楚語》觀射父曰：『在男曰覡。』音檄。《荀子》

〔註43〕郭沫若、聞一多、許維遹《管子集校（上）》，科學出版社 1956 年版，第 59
　　　頁。
〔註44〕蔣禮鴻《荀子餘義（上）》，《中國文學會集刊》第 3 期，1936 年版，第 76 頁。
〔註45〕蔣禮鴻《荀子餘義（上）》，《中國文學會集刊》第 3 期，1936 年版，第 76 頁。

注云云。」〔註46〕《正字通》卷 4：「擊。亦作撃。擊，與覡別。《刑法志》擊音檄，男巫也，與覡同。《荀子》註云云。按《楚語》觀射父曰：『在男曰覡，在女曰巫。』本作覡，譌作擊。從覡爲正。擊溷覡，非。」王念孫、桂馥、朱駿聲、梁啓雄、尚節之、李滌生皆取楊注〔註47〕。徐復曰：「《孫卿子》云云，《小斅答問》曰：『擊借爲覡。』」〔註48〕是章太炎、徐復亦取楊倞注。孫詒讓曰：「《正論篇》云『譬之猶傴巫跛匡』，注云：『匡，讀爲尫，癈疾之人。《王霸篇》曰「賤之如尫」，與此匡同。』〔註49〕擊者，《修身篇》云：『行而俯項，非擊戾也。』注云：『擊戾，謂項曲戾不能仰者也。』此『擊』亦謂擊戾不能仰之人。」「擊戾」不能單稱「擊」，孫說非是。沈祖緜曰：「按楊註：『擊讀爲覡，男巫也。』其說非。上云『傴巫』，合男女而言，而『跛擊』亦同。《正論篇》：『出戶而巫覡有事。』而不言巫擊有事。《漢書·藝文志》陰陽十六家云：『推刑德，隨斗擊，因五勝，假鬼神以爲助也。』是『擊』爲『斗擊』之擊，古時陰陽術之一種，與巫異，以跛爲之，故稱跛擊。《正論篇》：『譬之是猶傴巫跛匡。』匡即尣，《說文》：『曲脛也。』徐鍇曰：『尣，一足跛曲也，古文從壬。』鍇曰：《春秋左傳》：「焚巫尪。」』擊係巫尪之術也。」〔註50〕其說亦非是。

（33）脩採清

楊倞注：脩其採清之事。採謂採去其穢，清謂使之清潔，皆謂除道路穢惡也。

〔註46〕 方以智《通雅》卷 19，收入《方以智全書》第 1 冊，上海古籍出版社 1988 年版，第 665 頁。

〔註47〕 王念孫《廣雅疏證》，收入徐復主編《廣雅詁林》，江蘇古籍出版社 1992 年版，第 331 頁。桂馥《說文解字義證》，齊魯書社 1987 年版，第 403 頁。朱駿聲《說文通訓定聲》，武漢市古籍書店 1983 年版，第 534 頁。尚節之《荀子古訓考》，北京《雅言》1941 年第 5 期，第 31 頁。

〔註48〕 徐復《說文部首均語注補誼》，《制言》第 32 期，1937 年版，本文第 23 頁。

〔註49〕 「《王霸篇》曰『賤之如尫』，與此匡同」，是楊倞注語，王天海誤以爲孫詒讓語，而竟不覆檢楊注原文。

〔註50〕 沈颷民《讀荀臆斷》，《制言》第 58 期，1939 年版，本文第 11 頁：其說又見沈颷民《〈漢書·藝文志〉校補存遺》，《制言》第 42 期，1938 年版，本文第 2 頁。

按：呂飛鵬、朱駿聲皆取楊注〔註51〕。俞樾曰：「『採』乃『堁』字之誤，冢也。清者，《說文》：『廁，清也。』蓋墟墓之間，清溷之處，皆穢惡所積聚，故必以時修治之也。楊注非。」王先謙、梁啓雄、徐復觀、楊柳橋、李滌生從俞說〔註52〕。于鬯曰：「『採』疑本作『釆』。『釆』非『采』字。釆即糞字所從之矢字。釆、清二字同類。」劉師培曰：「《管子·五輔篇》云：『發伏利，輸壖積，修道途，便關市。』『採清』疑即『壖積』之誤。『脩』亦訛文。」于省吾曰：「俞氏謂清為廁，是也。改『採』為『堁』，誤矣。採應讀作采，官也。采清，猶今之官廁。」王天海從于省吾說。尚節之曰：「廁亦音測，故採讀為廁。清者小便。修廁清者，言潔治廁中清溺也。」〔註53〕龍宇純曰：「採、廁古韻同在之部，採為清母，廁為穿母二等，穿二與清古不分。採清即廁清也。荀書言『脩採清』，《急就篇》云『屏廁清』，即採通廁之證。俞說亦非。」〔註54〕龍宇純所說音借，無證據支持其說。清指廁，俞說是。採，當讀為滓，污穢。《廣雅》：「堁，冢也。」王念孫曰：「堁之言宰也，宰亦高貌也……宰與堁聲相近，故冢謂之堁，亦謂之宰；官謂之宷，亦謂之宰；事謂之采，亦謂之縡。」〔註55〕《禮記·曲禮下》：「有宰食力。」王念孫曰：「宰，當讀為采……古字采與宰通，《爾雅》：『尸，寀也。』即主宰之宰。『宷，官也。』即官宰之宰。」〔註56〕《莊子·天地》：「其心之出，有物採之。」楊樹達曰：「採，疑當讀為宰。采、宰古通作。」〔註57〕

〔註51〕呂飛鵬《周禮補注》卷5，收入《續修四庫全書》第81冊，上海古籍出版社2002年版，第535頁。朱駿聲《說文通訓定聲》，武漢市古籍書店1983年版，第192頁。

〔註52〕徐復觀《周官成立之時代及其思想性格》，收入《徐復觀論經學史二種》，上海書店出版社2002年版，第217頁。

〔註53〕王念孫《廣雅疏證》，收入徐復主編《廣雅詁林》，江蘇古籍出版社1992年版，第331頁。桂馥《說文解字義證》，齊魯書社1987年版，第403頁。朱駿聲《說文通訓定聲》，武漢市古籍書店1983年版，第534頁。尚節之《荀子古訓考》，北京《雅言》1941年第5期，第31～32頁。

〔註54〕龍宇純《荀子集解補正》，收入《荀子論集》，學生書局1987年版，第142頁。

〔註55〕王念孫《廣雅疏證》，收入徐復主編《廣雅詁林》，江蘇古籍出版社1992年版，第778頁。

〔註56〕王念孫說轉引自王引之《經義述聞》卷14，江蘇古籍出版社1985年版，第319頁。

〔註57〕楊樹達《莊子拾遺》，收入《積微居讀書記》，上海古籍出版社2006年版，第161頁。

皆其相通之證。《釋名》：「泥之黑者曰滓。」指污泥。字或作莘，《慧琳音義》卷16：「滓穢：《坤蒼》作『莘』。」

（34）使百吏免盡而眾庶不偷

按：王懋竑曰：「『免』與『勉』同，勉盡其力也。」〔註58〕盧文弨曰：「『免』與『勉』同。」王念孫曰：「免盡，當作『盡免』。『免』與『勉』同。盡勉，皆勉也。」梁啟雄、李滌生從王念孫說。蔣禮鴻曰：「王念孫說非也。『免盡』二字平列，『盡』謂盡其材力。不當輕為乙轉。」〔註59〕物双松曰：「免盡，當是『勉進』。『盡』、『進』通，《列子》多此。」冢田虎曰：「免盡，勉強盡力之謂與？」久保愛曰：「免，讀為勉。」豬飼彥博曰：「『盡』當作『薑』，進也。」陳直曰：「免為勉字。盡為薑字省文。」潘重規曰：「『勉盡』平列字，猶言勉力盡力耳。」李中生曰：「『免盡』義也可通。『盡』指精於事。」王天海曰：「免盡，猶言勤勉盡職也。」諸家讀免為勉，是也。物双松讀盡為進，亦是也，但物氏未解「進」字。進亦勉也，已詳上文校補。

（35）殷之日，案以中立，無有所偏，而為縱橫之事

按：安積信曰：「或云『而』當作『無』。」王天海曰：「巾箱本、題注本、遞修本『而』字皆作『無』，於義為長。」「而」是「無」誤，《皇王大紀》卷78引作「無」。

（36）以觀夫暴國之相卒也

按：四庫本同，《皇王大紀》卷78引亦同，遞修本誤作「以觀天暴國之相謀也」。服部元雅曰：「『卒』恐『率』之誤。按：『卒也』下疑脫『為是之日而權剸天下之重矣』十二字。」皆無據。

（37）故權謀傾覆之人退，則賢良知聖之士案自進矣

按：王天海曰：「故，巾箱本、題注本、遞修本、明世本、四庫本皆無。」遞修本「謀」誤作「誠」，王氏失校。

〔註58〕王懋竑《荀子存校》，《讀書記疑》卷11，收入《續修四庫全書》第1146冊，第353頁。
〔註59〕蔣禮鴻《荀子餘義（上）》，《中國文學會集刊》第3期，1936年版，第76頁。

（38）刑政平，百姓和，國俗節，則兵勁城固，敵國案自詘矣

　按：王天海曰：「國俗節，國之貪欲有節制。俗，通『欲』。」王說非是，
　　「俗」指風俗。國俗節謂國之風俗節儉。上文「其國失俗」是反面之
　　筆。

（39）務本事，積財物，而勿忘棲遲薛越也

　按：方以智曰：「升菴引《荀子》：『薛越之中野，我今將聚之於倉廩。』
　　賈閏甫謂李密曰：『民以食爲天，而有司屑越如此。』注：『狼戾也。』
　　乃引『薛，草名；越可爲布』，則迂矣。《說文》：『縩綟，散之也。』
　　即屑越之意，縩與屑通。」〔註60〕物双松、久保愛從其說。盧文弨曰：
　　「薛越，即『屑越』。」王先謙從盧說。王懋竑曰：「棲遲薛越，似是
　　分散遺棄之意。」冢田虎曰：「此與畜積、并聚對，則知耗散之意也。」
　　鍾泰說同冢氏。帆足萬里曰：「棲遲，委棄不收也。屑，粉也。越，
　　播棄也。」朝川鼎曰：「王納諫本《標注》曰：『薛，與屑同。棲遲屑
　　越，遺滯耗廢。』先君曰：『忘，疑「妄」。棲遲，蓋費耗之意。』」
　　陶鴻慶曰：「忘讀爲妄。」梁啓雄曰：「忘，當爲『妄』。」邵瑞彭曰：
　　「『薛』疑『劈』之叚（叚）借，《說文》：『劈，斷也。』『越』謂顚
　　越。『劈越』蓋疊韻連語。」〔註61〕丁惟汾曰：「拋埽，拔掇也，薛越
　　也，散越也，縩綟也，屑越也。棄捐穀物謂之拋埽（讀去聲），『拋埽』
　　爲『拔掇』之雙聲音轉，《文選・洞簫賦》：『或拔掇以奮棄。』李善
　　注：『拔掇，分散也。』『拔掇』爲『薛越』之疊韻音轉，《荀子・王
　　制篇》：『貨財粟米者，彼將日日棲遲薛越之中野，我今將畜積并聚之
　　於倉廩。』『薛越』雙聲音轉爲『散越』，又『薛』雙聲音轉爲『縩』，
　　『越』字亦作『綟』。《說文》：『縩綟，散之也。』『縩綟』字又作『屑
　　越』。」〔註62〕徐仁甫曰：「『忘』當作『妄』。薛越，耗散之意。」于
　　省吾曰：「薛越，盧氏讀爲『屑越』，是也。『屑』、『价』古同字，『价』、
　　『逸』字通。逸，亡也，失也。是『逸越』即失散之義。越，散也。
　　屑、薛、欿三字同音相假。」朱起鳳說同于氏〔註63〕。李滌生曰：「棲

〔註60〕 方以智《通雅》卷7，收入《方以智全書》第1冊，上海古籍出版社1988年
　　　　版，第278頁。
〔註61〕 邵瑞彭《荀子小箋》，《唯是》第3期，1920年版，第25頁。
〔註62〕 丁惟汾《俚語證古》卷5，齊魯書社1983年版，第163頁。
〔註63〕 朱起鳳《辭通》卷22，上海古籍出版社1982年版，第2376頁。

遲，爲『委棄』之音轉。薛越，與『狼戾』古音雙聲，又雙聲音轉作
『屑越』。」楊柳橋曰：「《爾雅》：『棲遲，息也。』《廣雅》：『棲，竢
也。』謂擱置也。胡三省《通鑑》注：『屑越，猶言狼藉而棄之也。』」
謝紀鋒曰：「薛越，散亂堆放的樣子。」〔註64〕樊波成曰：「『薛越』
就是『散越』，散、薛聲紐相同，寒、月陽入對轉，例得通轉。『越』
亦可訓爲散。故而『散越』即『散』。『蠞蠻』就是『躝跚』，古書或
作『槃散』。『弊搬』即『蠞蠻』，可知『殺』、『薛』可以相通。『殺』、
『散』音近可通；典籍『薛』、『殺』互作，也能證明『薛』與『散』
之關係。要之，『薛越』無疑作『散越』讀。」〔註65〕諸家說「薛越」
同「屑越」，是也，其說本於宋人胡三省、史炤。《通鑑》卷186胡三
省注引《荀子》「棲遲薛越」以解「屑越」。史炤《資治通鑑釋文》卷
20：「屑越：《荀子》：『棲遲薛越之中野。』言輕棄之也。」樊波成謂
「薛越」是「散越」音轉，舉「蠞蠻」即「弊搬」爲證，是也。「蠞
蠻」音轉亦作「抹殺」、「拔搬」、「蠞殺」、「徹徦」、「婆屑」、「勃屑」、
「躝躃」〔註66〕，亦其證；至謂轉語爲「躝跚」、「槃散」則非，《文
選·子虛賦》：「便姍婺屑，與世殊服。」又「婺姍勃窣而上乎金堤。」
又《南都賦》：「躝躃蹁躚。」「勃窣」即「婺屑」，「便姍」、「蹁躚」
是「躝跚」轉語〔註67〕，與「婺屑（躝躃）」義近，而非音轉，故二
賦以近義詞連文。字亦作「歇越」，《淮南子·精神篇》：「膈下迫頤。」
高誘注：「膈讀精神膈（歇）越無之歇也。」字亦作「泄越」，《素問·
調經論》：「衛氣不得泄越，故外熱。」《道德指歸論·知者不言篇》：
「若病在人，陽泄神越。」倒言則作「越泄」，《說文》：「歇，一曰气
越泄。」棲遲，遷延不進、止息之貌，楊柳橋引《廣雅》「棲，竢也」，
謂即擱置，其說非是。王天海曰：「棲遲，猶言棄置也。」亦臆說無
據。

〔註64〕 謝紀鋒《漢語聯綿詞詞典》，外語教學與研究出版社2011年版，第935頁。
〔註65〕 樊波成《經學與古文字視野下的〈荀子〉新證》，上海社科院2012年碩士學
　　　　位論文，第52頁。
〔註66〕 參見蕭旭《「抹殺」考》，收入《群書校補（續）》，花木蘭文化出版社2014年
　　　　版，第2459~2469頁。
〔註67〕 參見蕭旭《〈說文〉「蠞姍」疏證》，收入《群書校補（續）》，第1852~1864
　　　　頁。

（39）暴國之君案自不能用其兵矣，何則？彼無與至也；彼其所與至
者，必其民也

　按：王天海曰：「與，相與也。」王說非是，「與」是介詞，本書《議兵篇》：
　　　「且夫暴國之君將誰與至哉？彼其所與至者，必其民也。」《新序·雜
　　　事三》「暴國」作「暴亂」，餘同。「無與」與「誰與」義相因，一爲陳
　　　述句，一爲疑問句耳。

（40）其民之親我，歡若父母；好我，芳若芝蘭

　按：王天海曰：「《類聚》卷 89 引《孫卿子》曰：『民之視我，驩若父母；其
　　　好我，芬若椒蘭。』」王氏疏矣，《類聚》所引是本書《議兵篇》文，惟
　　　誤「親」作「視」。

（41）故古之人有以一國取天下者，非往行之也，脩政其所，莫不願

　按：物双松曰：「非往行之也，言非行之於天下也。」冢田虎曰：「非往行
　　　之也，言取天下者，非往來於天下以行之也。」帆足萬里曰：「言己
　　　非故往而行攻伐也。」〔註68〕徐仁甫曰：「『行』疑『征』字之誤。征，
　　　伐取也。」王天海曰：「往，勞也。故『非往行之也』，即『非勞而行
　　　之』也。他說皆未當。脩政，即『修正』，言整飭調正也。《王霸篇》
　　　『內不修正其所以有，然常欲人之有』之『修正』即同此『脩政』。」
　　　帆足說是，王天海說皆誤。「行之」即指取天下而言，徐仁甫說亦備
　　　一通。句謂古之人取天下，非自己前往攻伐之，而是修政以德服天下。
　　　「修政」謂修其政事，《管子·大匡》：「公內修政而勸民，可以信於
　　　諸侯矣。」《淮南子·道應篇》：「文王砥德修政，三年而天下二垂歸
　　　之。」

（42）材技股肱、健勇爪牙之士，彼將日日挫頓竭之於仇敵，我今將來
致之，并閱之，砥礪之於朝廷

　按：豬飼彥博曰：「『竭』上蓋脫一字。」帆足萬里曰：「『竭』上下疑脫一
　　　字。」王叔岷曰：「『竭之』疑本作『竭乏』。」李滌生曰：「『竭』似衍。」
　　　王天海曰：「『頓』下，巾箱本、題注本、遞修本皆有『物』字。竭，
　　　通『揭』，舉也。」王叔岷說必誤，「之」代指上文「材技股肱健勇爪

牙之士」。竭訓舉非是。竭，亡也。言對於材技股肱、健勇爪牙之士，彼將摧折竭亡於仇敵，我則招致於朝廷也。

（43）立身則從傭俗，事行則遵傭故，進退貴賤則舉傭士

按：陶鴻慶曰：「舉，讀為與。」王天海曰：「舉，皆也。」二氏說誤。舉，任用也

（44）事行則蠲疑

按：王懋竑曰：「蠲疑，未詳。」郝懿行曰：「蠲者，明也。謂喜明察而好狐疑也。」楊柳橋從郝說。久保愛曰：「『蠲』當作『嫌』，音之誤也。」帆足萬里曰：「蠲疑言果斷不闕疑也。」章太炎曰：「《閔元年》：『間攜貳。』案：攜為㒓之借字。《說文》：『㒓，有二心也。』《荀子》『蠲』與此『攜』，同皆為『㒓』之借……蠲、疑並言，是蠲與疑同訓。蠲訓疑，亦即訓貳。」〔註69〕劉師培曰：「按古代『蠲』與『圭』同，『圭』又與『巂』同。疑『蠲』應作『攜』……均攜與貳並言，蓋『攜』字本當作『㒓』。《說文》：『㒓，有二心也。』《廣雅》：『攜，離也。』『疑』亦訓二。郝說非是。」鍾泰曰：「《玉篇》：『蠲，疾也。』」高亨曰：「蠲借為眥，惑也。」李滌生從高說。龍宇純曰：「『蠲』當讀挂若絓，義為懸。『蠲疑』即『懸疑』。蠲本音當在佳部，轉音入元，與懸音亦近，蓋並一語之轉也。」〔註70〕王天海曰：「蠲疑，疑為『懸疑』，蠲、懸音近，或音誤也。」王天海不引龍說，而竊作己說，甚為無德。章、劉說可從。余又疑蠲讀為狷，字亦作獧。《論語・子路》：「子曰：『不得中行而與之，必也狂狷乎！狂者進取，狷者有所不為也。』」《集解》引苞氏曰：「狂者進取於善道，狷者守節無為。」《孟子・盡心下》引「狷」作「獧」。《國語・晉語二》韋昭注：「狷，守分有所不為也。」

（45）進退貴賤則舉幽險詐故

按：王懋竑曰：「『故』字誤。《富國篇》亦有『詐故』，字似非誤也。」〔註71〕「《富國篇》」當作「《王霸篇》」，王氏誤記。王先謙曰：「故亦

〔註69〕 章太炎《春秋左傳讀》，收入《章太炎全集（2）》，上海人民出版社1982年版，第219～220頁。

〔註70〕 龍宇純《讀荀卿子三記》，收入《荀子論集》，學生書局1987年版，第253頁。

〔註71〕 王懋竑《荀子存校》，《讀書記疑》卷11，收入《續修四庫全書》第1146冊，

詐也。說見《王霸篇》。」《王霸篇》王先謙指出說本王念孫〔註72〕。
久保愛曰：「詐故，奸詐事故也。」豬飼彥博曰：「故，巧也。」王天
海曰：「詐故，狡詐多變之謂。《國語・晉語二》：『多爲之故，以變其
志。』韋注：『故，謂多作計術。』《淮南子・主術》：『上多故，則下
多詐。』高注：『故，詐。』」「故」訓巧詐是也，其說乃王念孫所發明，
王天海剽竊其說，當是從《王霸篇》王先謙所引轉錄，所引《國語》
及《淮南子》，亦是王念孫所舉眾多例證中的二例，又將高注「故，巧」
誤鈔作「故，詐」。

第 354 頁。

〔註72〕 王先謙《荀子集解》，中華書局 1988 年版，第 227 頁。王念孫說原始出處見
　　　王引之《經義述聞》卷 13，江蘇古籍出版社 1985 年版，第 303 頁。